アジア都市の成長戦略

「国の経済発展」の概念を変えるダイナミズム

Goto Yasuhiro
後藤康浩［著］

慶應義塾大学出版会

まえがき

アジアの成長は1990年代半ばから続いた中国の独走状態から、東南アジア諸国連合（ASEAN）、南アジアまで含めた広域が、国ごとに発展段階は異なりながらも一斉に成長街道を走る時代に突入した。そこで見えてくるのは、国以上に激しい都市間競争である。それは優遇策を武器にした単純な外資導入競争などではなく、インフラ、ネットワーク、人材、教育、文化、環境、政治、リーダーシップ、ビジョン、イノベーションなど幅広い要素で展開される〝総合格闘技〟といってよい。

その競争で都市の盛衰、発展方向が決まっていく。その様相は従来の「ジオ・ポリティクス（地政学）」を越えた「ジオ・アーバノミクス（都市地経学）」である。奇妙な造語に聞こえるかもしれないが、都市からのアングルでしか見えないアジアの競争構図、競争戦略がそこに込められている。

ひとつ明確なのは、今世紀はもはや国家が都市の成長を牽引する時代ではなく、都市が国家を先導し、経済構造を転換させ、成長を加速する時代に到達したということだ。一例を挙げれば、今、世界がそのイノベーション力、活発なスタートアップ（起業）に驚嘆している中国の深圳は、現在の中国の体制が生み出したものではなく、旧来の深圳から独自に進化したものだが、その空気、成長力はこれから中国各地の都市に広がり、中国そのものを大きく変える可能性を秘めている、と考える。

筆者の勤務する亜細亜大学都市創造学部は2016年4月にスタートした新しい学部で、その名の通り、新しい都市のあり方、よりよい都市を創るための戦略、政策などを研究するために設立された。本書はそこで学ぶ学生はもちろん、広くアジアの都市の未来を考えたいというビジネスパーソンズに向けての「都市入門書」として、平易に、しかも現地の様子を活き活きと伝えるべく書き下ろした。学生が学ぶテキストとしての機能も果たすが、現在沸騰中のアジアに関心を寄せる方々のお役に多少なりとも貢献できることを願っている。

筆者は都市創造学部に奉職する前は、日本経済新聞社で32年間、ジャーナリストとして働いてきた。記者生活で住んだ海外の街は、カイロ、バーレーン、ロンドン、北京という、いずれ劣らぬ個性の強い都市で、筆者に多くの刺激と知識を与えてくれた。その経験も本書には込めたつもりである。

ジャーナリズムとアカデミアという二つの世界を経験して実感するのは、両者のハイブリッド（混成）化の必要性である。新聞記者時代は「アカデミック・ジャーナリズム」を志向し、今、大学に身を置いて改めて「ジャーナリスティック・アカデミア」を追究している。本書のスタイルはそこにあり、アジアを活躍の舞台とするビジネス関連の方々の参考にもなると確信している。

本書の執筆には予定以上の時間がかかってしまい、本書の企画段階から〝伴走〟してくださった慶應義塾大学出版会の増山修氏にはいろいろとお手を煩わせながら、なんとか〝かたち〟として本書刊行にたどり着けた。これもひとえに氏のご助力のおかげであったことに御礼を申し上げたい。また、執筆をさまざまなかたちで支え、励ましてくれた妻と娘にも感謝したい。

後藤　康浩

2018年4月　横浜の自宅にて

装丁・坂田　政則

アジア都市の成長戦略

目次

第1章　アジアの大都市の現況

世界の都市圏（Urban Area）を人口規模でみたランキング（米 Demographia「World Urban Areas 2018」[1]）のトップ10は1位の東京に始まり、ニューデリー、ジャカルタなど8位までをアジアの都市が占めている。ようやく8位にニューヨーク、10位にサンパウロが登場するだけで、巨大都市がアジアに集中していることは一目瞭然である。それは単にアジアが世界人口の54%（２０１８年）を占める人口密集地であることの結果だけではない。１９７０年代以降、連鎖的に起きたアジア各国の高度成長が都市に人を呼び集め、人類の歴史上、例をみない急激な都市化が進展したことに注目する必要がある。

21世紀に入って、アジアの成長は巨大需要を生み出す都市の消費力にも後押しされるようになった。国が都市を発展させ、都市が国の成長を牽引する相互作用がアジアでは他地域に比べ強かったといえる。その意味で、都市からアジア経済を視るアングルは21世紀的な意義を持っているだろう。本章ではそうしたアジアの大都市が人口動態、経済構造、都市機能、コミュニティーとしてどのような状況にあるかをみたうえで、アジアの都市の形成を主に20世紀後半以

表１－１　アジアの大都市トップ30

	都市圏	国・地域	人口（万人）	面積（km²）	世界順位
1	東京―横浜	日本	3805	8547	1
2	ジャカルタ	インドネシア	3227	3302	2
3	デリー	インド	2728	2202	3
4	マニラ	フィリピン	2465	1813	4
5	ソウル―仁川	韓国	2421	2745	5
6	上海	中国	2411	4015	6
7	ムンバイ	インド	2326	881	7
8	北京	中国	2125	4144	9
9	広州―仏山	中国	1996	3820	12
10	ダッカ	バングラデシュ	1742	368	13
11	大阪―神戸―京都	日本	1716	3238	14
12	バンコク	タイ	1597	3043	17
13	コルカタ	インド	1509	1347	20
14	天津	中国	1365	2771	24
15	カラチ	パキスタン	1325	1036	25
16	深圳	中国	1290	1748	26
17	成都	中国	1143	1761	29
18	ラホール	パキスタン	1107	896	31
19	バンガロール	インド	1092	1166	33
20	ホーチミン	ベトナム	1069	1580	34
21	チェンナイ	インド	1055	1049	36
22	名古屋	日本	1010	3885	37
23	ハイデラバード	インド	959	1230	39
24	重慶	中国	887	1489	42
25	台北	台湾	860	1140	43
26	東莞	中国	834	1619	44
27	ハノイ	ベトナム	814	868	45
28	瀋陽―撫順	中国	809	1502	46
29	武漢	中国	798	1528	47
30	アーメダバード	インド	788	350	48

出所：Demographia「World Urban Areas 2018」

降の歴史で振り返りたい。

1　アジアのメガシティの形成

世界最大の都市圏「東京—横浜」

米 Demographia は人口密集地帯が途切れなく続く、ひとまとまりの範囲を「都市圏」と定義している。東京都、大阪府など通常の行政単位ではなく、住宅地、商工業地域の広がりの連続性、経済圏、交通網などで都市を再定義したものといえる。その2018年版によれば、世界最大の都市圏は「東京—横浜」地域である。これは東京都、横浜市だけでなく、川崎市、さいたま市、千葉市などの政令指定都市を含む8547㎢に及ぶ広範な地域であり、行政単位としては東京都、神奈川県、千葉県、埼玉県、群馬県、栃木県、茨城県の一部を含み、面積的には東京都の4倍弱にあたる。

具体的な地域の広がりとして、頭に浮かべるとすれば、現在整備が進められている総延長約300㎞の「首都圏中央連絡自動車道（圏央道）」に囲まれる地域に近いが、圏央道の内側の面積がおよそ5000〜5500㎢であることから、圏央道よりひとまわり大きな環状線で囲まれる首都圏が Demographia の定義する「東京—横浜」地域といえるだろう。

そこに3805万人の人口が居住しており、世界最大の人口集積地となっている。実際、東京駅など都心から放射状に伸びる中央線、東海道線、常磐線などの電車に乗れば、住宅地、オフィス街、商業地など人口稠密な地域が23区や東京都の境界を越えて切れ目なく広がっていることが実感できる。1603年の江戸開府以降、江戸は埋め立てによって面積拡大を続け、江戸城周辺の屋敷町の周縁に産業、商業機能を誘致していった。江戸は幕府が置かれた政治都市というだけでなく、人口集中によって市場としての魅力を高め、商業・物流の要となるとともに、地場の江戸産品を産み出すなど、生産活動を活発化させた。歌舞伎、浮世絵など大衆娯楽のコンテンツも花開き、大都市としての経済力を高めていった。

幕末以降は全国各地で、開国、外国技術の導入による産業化が進められたが、近代化、国づくりの先導役を果たしたのは江戸から名前を変えた東京だった。東京湾岸には1853年に常陸水戸藩の第9代藩主で開明的な政策を打ち出した徳川斉昭が建設を主導した幕府直轄の石川島造船所に始まり、日本の工業化を担った工場群が続々建設されていき、東京を日本で突出した経済力を持つ街に発展させた。東京の持つ政治力に加え工業、金融、物流などの機能が都市を発展させ、ますます人口を引き寄せたのである。幕末の開港によって漁村だった横浜が国際貿易の窓口になり、1世紀後には世界有数の港湾都市に変貌した。横浜と新橋の間に日本最初の鉄道が敷設され、東京と横浜が一体の地域になるきっかけとなった。

第二次世界大戦で首都圏は米軍の爆撃によって壊滅的な打撃を受け、焦土と化した。単独作戦としては人類史上最大の空襲とされる1945年3月10日の東京大空襲（下町空襲）では東京の東側を中心に都区部の約3分の1にあたる約40㎢が焼失したとされる。

その焼け跡から東京は立ち上がり、日本の戦後復興の牽引車となり、戦前を上回る多くの機能を吸引して急成長した。１９６０年代に入ってからの高度成長期には東京西部の多摩地区や埼玉県、千葉県などに私鉄路線網を軸として郊外型のニュータウン建設が進められ、住宅地は郊外に延伸した[2]。首都圏には東京中心部のオフィス街から通勤時間で描いた同心円状に重層的に多様な住宅地が形成されていったのである。「東京―横浜」地域は激しい歴史の変転を経て、世界最大の人口集積地となったわけである。

そうした東京の成長、拡大の歴史こそ今、アジアの新興国の都市が経験しつつあるプロセスの一部であり、アジアの都市はそれぞれの歴史的背景、風土のちがいを持ちながらも、共通した道のりをたどっている。

人口集中が深刻なアジアの大都市

Demographia のランキングの2位はインドネシアのジャカルタ、3位はインドのデリーである。インドネシアは世界第4位、インドは第2位の人口大国であり、大都市があるのは当然のように思えるが、ジャカルタ、デリーの特徴は、都市圏面積が決して大きくはないことだ。
ジャカルタは「東京―横浜」地域の約3分の1、デリーは4分の1という都市圏面積しかない。

「東京—横浜」地域では、都市中心部にビジネス・行政地域、高度な商業集積があり、そこから郊外に向け鉄道や地下鉄、幹線道路が伸び、それらの沿線に鉄道駅や幹線道路の結節点など、いくつもの商業集積地が形成され、学校、病院、公園なども含めた生活圏が分散的にできあがる、といったかたちで都市圏が形成された。

これに対し、ジャカルタ、デリーでは公共交通機関の整備がまだ進んでおらず、通勤の便や生活インフラ、環境や治安面などで中流層が住める地域が限られているため、都市圏面積が郊外に向け発展的に拡大せず、住居が密集せざるを得ないという状況が見て取れる。結果的にジャカルタの人口密度は1㎢あたり9700人、デリーは1万1900人と、「東京—横浜」地域の4400人に比べ、2・1~2・7倍の密集度に達している。

人口密度でみれば、バングラデシュのダッカの1㎢あたり4万4000人、インドのムンバイの2万6000人、パキスタンのカラチの2万4100人と、アジアには世界で突出して人口密度の高い大都市が集中している。他地域でみれば、コンゴ民主共和国のキンシャサの1万9500人、コロンビアのボゴタの1万6900人などの例があるが、それぞれに人口密集の原因がある。

キンシャサはコンゴ川流域で河川港のある交通の要衝で行政地域としては9965㎢と広大な面積があるが、農村や熱帯雨林地域が広く、都市住民向けの住宅地域の面積は全体の6%前後しかないといわれる。そのうえ1997年にモブツ政権が打倒されて以降、危険な農村部を離れた多数の難民が流入、都市内部でもギャングがスラム街を支配するなど危険な地域が多いため、治安のよい地域に人々は密集して居住することになった。

コロンビアの首都ボゴタは高度2640メートルの高地で南米ではラパス（ボリビア）、キト（エクアドル）に次ぐ高高度の山岳首都であり、地理的制約に加え、1990年代には「世界で最も殺人発生率の高い街」と言われたように、治安面から狭い都市圏に人が集中した。アジアの大都市の人口密度の高さとは異なる要因がある。ダッカ、ムンバイなどは都市計画、住宅地域の開発など行政対応の遅れが人口密集、住環境の悪化を招いており、アジアの都市問題の縮図である。

人口過密を防いだ中国の大都市

中国の大都市は Demographia 2018のランキングでは、6位に上海、9位に「北京―河北」地域、12位に「広州―仏山」地域など、ランキングの上位にはあるものの、人口規模から想像されるほど上位を独占しているわけではない。第一に、中国は2012年頃まで都市戸籍と農村戸籍を峻別する戸籍制度が厳しく適用され、大都市への人口流入を制限してきたことが大きな理由である。戸籍による居住地管理の歴史的背景には、第一に農民を農地に固定化して食糧生産に集中させ、「国民を腹一杯にする」ことが中国共産党の統治に不可欠だったことがある。第二に、上海のような大都市と農村部の経済水準、居住、雇用、教育、衛生などの格差があまりに大きく、移動の自由を認めれば国民が大都市に大量流入し、大混乱が起きるおそれがあったことだ。こうした理由で都市部への人口流入を抑制したことが中国の大都市をバングラデシュやインドのような極限的で劣悪な人口密集、スラム化に至らせなかったといえる。

とはいえ、1980~90年代の途上国時代の中国の大都市は都市戸籍の住民だけでも人口密集、居住環境の悪化の問題に直面した。上海はその典型であり、朱鎔基元首相が上海市のトップである党委書記時代、上海市内の労働者住宅を視察した際に、あまりの劣悪さ、狭小さに落涙したとのエピソードもあるほどだ。それを機に朱氏は上海で住宅制度改革を始め、浦東地域の開発を加速させた。上海の旧市街は黄埔江の西側、すなわち「浦西」と呼ばれ、黄埔江沿いに歴史的建造物が並ぶ外灘地区やフランス、日本はじめ各国がつくった租界（租借地）など1930年代に「世界の魔都」と名づけられるほどの繁栄を極めた「上海」そのものである。ただ、浦西地域の面積は小さく、人口密集によって朱氏が上海のトップを務めていた時代には都市機能は麻痺しつつあった。上下水道、通信など都市インフラも租界時代に構築されたものが使われ続け、老朽化が深刻化していた。浦東は「川向こう」に広がる湿地帯で、人も住まず、何もない土地だったが、そこを埋め立て、土地を造成し、金融地区を設け、工場を誘致し、労働者向け住宅も建設しよう、という発想は上海の再生そのものであり、浦東開発によって上海は21世紀に通用する新たな成長力を獲得した。

1990年4月の「浦東開発宣言」の時点では350㎢の開発予定だったが、現在は浦東新区は1200㎢超にまで面積が拡がっている。開発の進行とともに浦西と浦東を結ぶ橋、地下トンネル、地下鉄が続々整備され、1999年に上海浦東国際空港が開港し、高速道路も整備されると、一気に上海のベッドタウン化が進み、高層の集合住宅が林立するようになった。現在は黄埔江を挟んで外灘の対面となる陸家嘴地区に国際金融センター、金橋地区に輸出型産業、外高橋地区に保税区など貿易拠点が置かれ、新興住宅地とともに総合的に開発されている。

上海都市圏の人口密度は2016年には1㎢あたり5800人であり、「東京―横浜」地域の4400人とジャカルタの9700人との中間的な密集水準にある。すなわち、上海は浦東地区に都市圏を拡大することで、アジア特有の人口密集の問題を解決してきたといえる。中国の大都市では「北京―河北」地域の人口密度が5200人、「広州―仏山」地域が4900人、天津市が5600人、成都市が6300人など、ほぼ上海と似通った水準であり、中国の主要な大都市は郊外でのニュータウン、副都心建設など都市圏の外側への展開によって、人口密集の問題の解決を図ってきたと考えられる。

これを経済成長との関係で考えれば、途上国は道路や地下鉄、鉄道などの都市の中枢機能にアクセスする交通インフラが弱体で、郊外型住宅地開発の資金力にも乏しいため、住民は職を維持しようとすれば通勤可能な都市中心部に集住してしまい、人口密度が高くなり、生活の質は低下するといったメカニズムに陥ってしまう。その後、経済が急成長し、インフラ建設や郊外の住宅開発、いわゆるベッドタウン開発が進み始めると、次第に人口は都市の周縁に移動するようになり、中心部の人口密度は低下する。

経済発展初期における密集のプロセスをどれだけ短期間で通過するかが重要であり、日本や中国はそのプロセスを20～30年といった期間で駆け抜けることに成功した。そのカギを握るのは都市計画、資金調達、行政の効率、官民投資の連携などである。インド、インドネシアにおいては地権者の確定と権利調整、土地収用の困難さ、工事発注における腐敗、民間企業の資金不足などがネックとなり、そうしたプロセスを抜けるのに時間がかかっているのが現状だ。

北京の都市改造

北京市を例にとると、北京市北部郊外を走る地下鉄13号線の沿線にベッドタウンが続々、開発されていったケースが大都市の周縁への発展的拡大の実例といえる。13号線は東直門駅と西直門駅を結ぶ40・5㎞の地下と地上を走る鉄道線だが、最も北部では、かつては北京市でも農村エリアと位置づけられ、都市内の「区」より一段下の行政単位である「県」にすぎなかった昌平区を通っている。1990年代には昌平から北京中心部に毎日、通勤することはあまり現実的ではなかったが、今や当たり前のことである。13号線沿線駅の駅前はバスターミナルや駐車場が広がり、駅まで自転車、バスや自家用車で通い、電車に乗り換えて通勤という東京の私鉄沿線に類似した状況となっている。

また、北京から南東に位置する天津に向かう鉄道、道路の沿線にあたる河北省もベッドタウン化しており、かつては古い国有企業の工場しかなかった廊坊市などに高層集合住宅が建ち並び、早朝には北京中心部に向かう長距離バス乗り場には通勤の人々で長蛇の列ができるほどである。

北京都市圏の郊外への劇的な膨張を端的に示しているのは市内を走る環状道路の建設であろう。最も内側の環状2号線（通称、2環路）は1980年代、その外側の環状3号線は1994年、環状4号線は90年代末頃に全線開通し、環状5号線は2003年、環状6号線は2008年に完成、さらに北京市の境界を越え、河北省などを通る実質的な環状7号線である「北京大外環状高速」も2016年末に全線で供用開始された。環状3号線が全長48㎞、4号線が93㎞、6号線が187㎞と北京の都市圏の拡大に合わせて環状線も長くなっており、「大外環状高速」は全長1000㎞にも達している。環状道路の内側がすべて都市化しているわけではないが、北京市域の膨張の速さがうかがえるだろう。

北京の周縁への展開という面で、新たな動きとなったのは「雄安新区」の建設である[3]。2017年4月に公表された計画で、北京市の南南西100㎞に位置する河北省に国家級プロジェクトとして副都心を新設し、北京市中心部などにある国有企業、金融機関などの本社や大学、研究機関などを全面的に移転させるというものである。習近平国家主席が「国家千年の大計」と評する巨大開発事業であり、鄧小平氏の深圳、江沢民氏の上海浦東に並ぶ新都市開発という謳い文句である。

開発の目的は北京に政治、経済、研究開発などの機能が過度に集中し、渋滞や密集による効率の低下が深刻化しているためとされており、現在の北京市は政治・外交機能など「首都が持つべき本来の機能」に集中し、経済・研究開発・教育機能を雄安新区に移転しよう、というものである。中国石油天然ガス集団（ＣＮＰＣ）や国家電網など「央企」と呼ばれる中央政府直轄の国有企業87社や中国工商銀行、中国建設銀行など国有商業銀行４行が本社・本店の移転を迫られている。

都市人口の抑制に動く北京、上海

２０１７年になって人口を抑制しようという新たな動きが北京、上海で始まった。北京市政府は17年９月に「北京市総合計画（２０１６―35年）」を発表した。北京市を政治、文化、国際交流、科学技術イノベーションの四分野を核にして発展させるというコンセプトで、歴代王朝の都であった景観、風情を維持するため、市中心部に位置する故宮や周辺の整備、修復を進めるという。古い建物の撤去や再開発は原則禁止となった。

北京では今世紀初めから朝陽区に「商務中心区（ＣＢＤ）」と呼ばれるビジネス街を建設、高層ビルが林立する威圧的な街並みができたが、市民からの批判は強く、外国人訪問客も歴史を感じられない殺伐とした市街として評判が芳しくなかった。特に「胡同」と呼ばれる路地の入り組んだ古い住宅街やその中に立っていった歴史的価値のある「四合院」形式の中庭付き住宅を取り壊したことへの批判が強かった。

新たな総合計画はそうした高層ビル中心の都市計画への反省が込められているといえる。カギを握るのは人口の抑制であり、北京市総合計画は「２０２０年時点で人口を２３００万人以下、その後も長期にわたって２３００万人の水準に維持する」ことを示した。すでに人口抑制は始まっており、２０１７年末には北京市の人口は２１７０万人と、前年末比２万人減となり、１９９７年以来20年ぶりに減少した。市政府は主に地方からの出稼ぎ者などが住むスラム化した地区の違法建築を取り壊し、出稼ぎ者の市外への移動を半ば強制的に進めている。

上海市政府も同様の人口抑制に動いており、出稼ぎ者の多く住む地域の違法建築の撤去などで人口削減政策を始めている。上海市の人口は17年末で２４１１万人（中国側統計）となり、前年末比で１万人の減少となった。北京市、上海市ともに都市を政治、文化、国際、高付加価値などのキーワードで再定義し、都市の景観、機能を再構築しようという考えだ。高度成長期を経た国家が通過する首都や大都市の見直しの時期を中国も迎えたといえる。

密集でも都市機能高い韓国の大都市

アジアの大都市で、ひとつ例外的なのは韓国の二大都市圏である「ソウル―仁川」地域と「釜山」である。ともに人口密度が１㎢あたり９０００人を超え、途上国並みに高い。韓国において人口や政治・経済機能のソウルへの一極集中の度合いは日本の東京都市圏への集中のレベルをはるかに超えているためだ。

ソウルへの機能集中の結果として、釜山は韓国第二の都市で世界的な港湾とはいえ、日本における大阪ほどの経済力や影響力はない。それでも釜山の人口密度が高いのは山が迫った港町という地形的な条件から来るものだ。韓国は日本と異なって地震が少ないため、ソウル、釜山ともに住宅の高層化が日本以上に進んでおり、居住環境、生活の質をさほど犠牲にしなくても、大人口を都市中心に収容できているという面がある。

ただ、ソウルでも１９８０年代以降、旧市街の土地不足から漢江を渡った反対側の「江南《カンナム》」に住宅地やビジネス街、商業地が拡大した。新興地域としての江南は新しい都市文化とライフスタイルの発信拠点となっている。

2 アジアの都市力

ＧＲＰからみた世界の都市

米国の有力なシンクタンク、ブルッキングス研究所が２０１５年1月に公表した「Global Metro Monitor 2014」は、国家の購買力平価（ＰＰＰ）の国内総生産（ＧＤＰ）を、より細かく都市圏ごとに分解し、算出したＧＲＰ（Gross Regional Product = 地域総生産）を使って、世界の主要３００都市圏を分析している。

これによると、東京首都圏はＧＲＰが１兆６１７０億ドルでトップとなり、２位はニューヨーク、３位はロサンゼルスと続く。４位はDemographiaの都市圏人口でも４位だった「ソ

表１－２　グローバル都市経済規模トップ30

順位	都市名	GRP（十億ドル）	国家GDP比（％）
1	**東京**	**1617**	**32.3**
2	ニューヨーク	1403	8.1
3	ロサンゼルス	860.5	4.9
4	**ソウル**	**845.9**	**47.3**
5	ロンドン	835.7	31.9
6	パリ	822.1	31.6
7	**大阪―神戸**	**671.3**	**13.4**
8	**上海**	**594**	**2.8**
9	シカゴ	563.2	3.2
10	モスクワ	553.3	14.5
11	**北京**	**506.1**	**2.8**
12	ケルン―デュッセルドルフ	485.2	12.9
13	ヒューストン	483.2	2.8
14	ワシントン	442.2	2.5
15	サンパウロ	430.5	13
16	**香港**	**416**	**100**
17	ダラス―フォートワース	412.7	2.4
18	メキシコシティ	403.6	18.7
19	**広州**	**380.3**	**2.1**
20	**天津**	**372**	**2**
21	**シンガポール**	**365.9**	**100**
22	**名古屋**	**363.8**	**7.3**
23	**深圳**	**363.2**	**2**
24	ボストン	360.1	2.1
25	イスタンブール	348.7	19.6
26	フィラデルフィア	346.5	1.9
27	**蘇州**	**339**	**1.9**
28	サンフランシスコ	331	1.9
29	**台北**	**327.3**	**30.2**
30	**ジャカルタ**	**321.3**	**12**

出所：ブルッキングス研究所「Global Metro Monitor 2014」およびIMF統計から筆者作成

ウル―仁川」、5位はロンドン、6位はパリなど世界の大都市が並ぶ。ランキングの上位30都市が表1－2である。

上位30都市にアジアは14都市（イスタンブールは本書ではアジアに含めていない）が入り、国別ではアメリカが9都市、中国が7都市（香港含む）、日本が3都市入っている一方、人口規模の大きいインドは金融、経済の中心であるムンバイ含め、1都市も入っていないのは意外だ。経済力でみる限り、インドの大都市の存在感はまだ薄い。デリーがようやく38位、ムンバイが89位といった位置づけでしかない。ムンバイには上場企業の時価総額合計が220兆円（2017年7月）とドイツ取引所（フランクフルト）と肩を並べ、東京証券取引所の3分の1強の規模を持つ「インド国立証券取引所」がある。金融市場では世界的な存在感を持っているものの、都市のGRPでは必ずしも大きな存在にはまだ達していない。

東南アジアではシンガポールは先進国であり、都市国家ということもあり21位に食い込んでいるが、ジャカルタは30位、バンコク35位といった位置づけにとどまっている。

こうした結果には、インドや東南アジア諸国の都市化率がまだ高くないことが影響していると考えられる。中国もようやく都市化率が50％を超えたところだが、沿海部の主要都市はもちろん内陸の二級都市、三級都市と呼ばれる大都市でも1978年以来の「改革開放」政策によって、農村部に比べ圧倒的に豊かで大きな経済力を持つようになった。経済発展とともに一部の大都市に経済力が集中し、資本の回転、イノベーション、グローバル取引などの成長プロセスが加速する段階には、インドはまだ到っていないとみることができる。中国が世界の上位30都市に7都市も入り、上位１００都市でみれば25都市が名を連ねているのは、農村から都市にヒト、モノ、カネが移転、集約されたことを雄弁に物語っている。

都市への経済集中度

さらに細部をみると、ランキングの各都市が国家全体のＧＤＰに占める比率がアジア各国の大都市それぞれの別の面での特徴を映し出している。都市国家であるシンガポールと香港（香港は中国の特別行政府）は除くとして、一都市への経済集中度はソウルの47・３％が最も高く、東京、ロンドンが続き、30・２％の台北まで5都市が30％超に達している。一国のなかで圧倒的な存在感を持つ都市であり、「一極集中型首都」と類型化できるだろう。

19・６％のイスタンブール、18・７％のメキシコシティ、さらにモスクワ、「大阪―神戸」など7都市が10～20％の範囲にあり、「比較集中型都市」と位置づけられる。これは国内に一極集中型の都市がほかにあったり、国全体で都市化率がまだ低く、農村部や地方の特定工業都市の経済力が大きいことが要因になっている。次に集中度が10％未満の都市をひとつのグループとしてみると、アメリカ、中国の都市が顔を揃えている。ニューヨーク、ロサンゼルス、北京、上海などの都市はグローバルにみても大きな経済力を持っているが、国内でみればいくつもの「中核都市」のひとつにすぎず、「一極集中都市」ではないからだ。

上海、北京という中国を代表し、政治や海外との交流といった面で圧倒的な影響力を持つ都市でも、中国経済全体からみれば、ともに2・8%のシェアにとどまっている。米中両国は国土面積がアメリカが983万㎢、中国が959万㎢と似通っており、人口分布も含め、経済基盤が国内に広く分散した構造を持っていることが、特定都市に経済力が集中しない国家構造につながっているのである。

中国は前述したように都市への野放図な人口流入を抑制していることに加え、沿海部の主要都市以外にも人口数百万人規模の都市が内陸に散在し、各省都、各直轄市には地方政府管轄の国有製造業が立地し、地元政府の政策支援を受けながら成長し、企業規模を拡大してきている。それが一定以上の経済力を持つ都市が分散する背景にある。それは地元企業を優先し、他地域からの製品流入を抑止する「地域保護主義」にもつながっている。人口が全国に分散し、地方都市にもグローバル企業といえる大手企業が本拠を置いているアメリカも一極集中型ではなく、各都市が差別化され、特徴を持った分散型経済基盤を持つ国といえるだろう。都市の成り立ちでは米中両国にはある種の共通性がある。

都市のGRPで世界のトップ100都市をみると、国別では中国（香港を除く）が24都市、アメリカが23都市入っている。前述のように多数の都市に経済機能が分散しているためである。注目すべきはドイツがベルリン、フランクフルト、ミュンヘン、ハンブルクなど7都市も入っていることだろう。人口規模でドイツに勝る日本やブラジルなどを上回っている。連邦制国家で州政府など地方の権限が強く、中央政治はベルリン、金融はフランクフルト、港湾はハンブルクなど国家機能、経済機能が分散しているためである。主要産業である自動車でみても、フォルクスワーゲンがニーダーザクセン州ヴォルフスブルク、BMWがミュンヘン、ダイムラーがバーデン＝ヴュルテンベルク州シュツットガルトなど三大メーカーの本社・主力生産拠点が分散していることがドイツの都市の性格を映し出している。

表1－3はGRPの世界ランキング100位以内に入るアジア都市の一覧である。東京から

表1－3　アジア都市域内総生産ランキング

都市域	GRP（十億ドル）	世界順位
東京	1617	1
ソウル―仁川	845.9	4
大阪―神戸	671.3	7
上海	594	8
北京	506.1	11
香港	416	16
広州	380.3	19
天津	372	20
シンガポール	365.9	21
名古屋	363.8	22
深圳	363.2	23
蘇州	339	27
台北	327.3	29
ジャカルタ	321.3	30
重慶	315.6	33
バンコク	306.8	35
釜山―蔚山	296.5	36
デリー	293.6	38
成都	233.5	44
武漢	231.6	45
杭州	219.5	49
無錫	211.5	50
青島	208.7	52
南京	202.7	55
大連	198.8	57
北九州―福岡	193.3	58
瀋陽	189.3	59
長沙	186.4	60
仏山	184.5	61
マニラ	182.8	63
寧波	179	64
クアラルンプール	171.8	70
唐山	162.3	77
鄭州	156	85
ムンバイ	150.9	89
煙台	149	90
東莞	141.1	93
済南	136.8	98
石家荘	130.5	100

出所：ブルッキングス研究所「Global Metro Monitor 2014」

始まり、100位の中国・河北省の省都、石家荘はアジアでは39位にランクされる。

この表を一覧してわかるのは、2010年あたりから中国に代わって、高成長の波に乗りつつある東南アジア諸国連合（ASEAN）と南アジアの中枢都市の経済力が、人口に比して、小さいことであろう。バンコクやデリーが中国の中央政府直轄都市のひとつとはいえ、一内陸都市にすぎない重慶とほぼ同規模の経済力しかもたず、ASEAN有数の巨大都市マニラや中進国に達したマレーシアの首都クアラルンプールが広東省では中堅都市のひとつにすぎない仏山市にGRPで及ばないという事実は、中国の経済規模の大きさを印象づける一方、ASEANや南アジアの都市の経済力に今後、大きな発展の潜在力があることを示している。ちなみに仏山市のGRPの規模を国に置き換えて考えると、世界でGDP規模が65位のオマーン、66位のエクアドルに匹敵しており、グローバルにみた際の中国の都市の経済力は中小の国家規模に達している。

3　都市と農村——人口移動のモメンタム

都市化の持つ意味

国家にとって都市化の進展が経済発展と同義に近く取り扱われるのは、国の経済成長が第1次産業から第2次、第3次産業への転換で成し遂げられるという「ペティ＝クラークの法則」

に基づいている。「ペティ＝クラークの法則」は第1次産業の場である「農村」から、第2次、第3次産業の舞台である「都市」に人口が移転することが国家経済の発展、近代化につながると読み替えできるからである。

もちろん米国やブラジルのような大規模で、機械化され、かつ精密農業など先進技術を導入した農業は第2次、第3次産業的な要素を持ち、生産性も高く、経済成長率を押し上げる。都市と並ぶ高い生産性を持つ農村は一部には存在するが、アジアにおいては依然として、農業は大量の労働力に依存し、生産性は低く、都市化は経済成長と同義といってよい。むしろ、農村の過剰な人口を都市に移転し、1人あたり耕地面積の分母となる農村人口を減らすことが農村を豊かにし、農業の生産性を高めることになる。都市での第2次、第3次産業向けの労働力供給増のための都市化だけでなく、農村の生産性向上のためにも都市化は必要なのである。

国連の「世界の都市化報告2014年版」はアジアのいくつかの国の都市化率を1990年、2014年、2050年（予測）の3時点で比較している。それをグラフ化したものが図1－1である。2014年時点の数字をみると日本、韓国、マレーシアの3カ国が先進国の目安ともいえる70％を超えている。日本、韓国は1990年時点では70％台だったが、2014年までにさらに日本が16ポイント、韓国が8ポイント上昇した。途上国とあまりちがいのない伸びだが、これを経済発展につながる前向きの意味での都市化と捉えるべきではないだろう。従来から続く東京、ソウルなどへの一極集中化に加え、少子高齢化とそれに連動した山間地域、農村部での人口

図1－1　アジア諸国の都市化率の推移

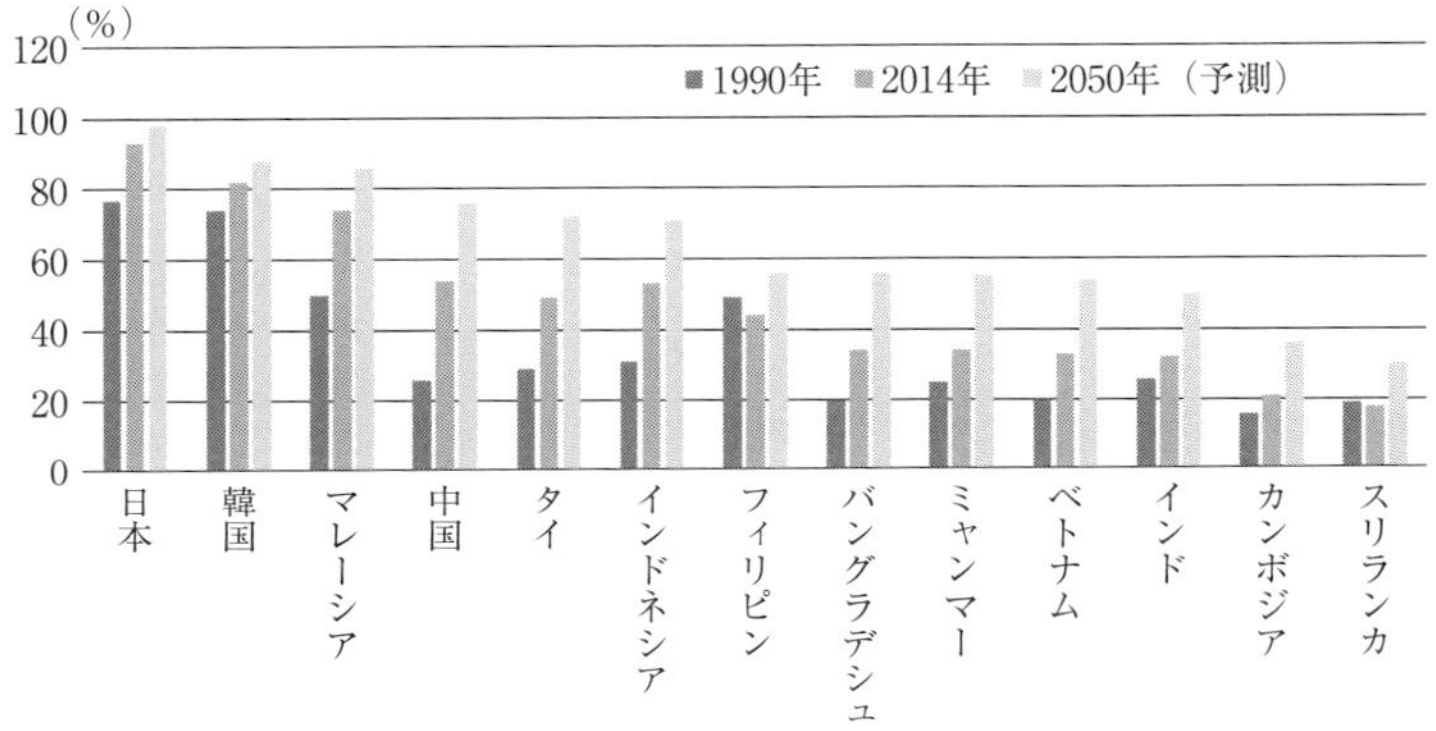

出所：国連都市化報告2014年版より

減少の影響が出ていると考えられるからだ。

地方の農村部、山間部は高齢化による地域経済の沈滞、人口の自然減に見舞われ、「消滅自治体」(4)という言葉が警鐘として発信されるような危機的状況にある。日本、韓国はそうしたネガティブな要因によって、都市化率が高まったと推定される。

人口減少、少子高齢化が都市化率を上昇させるという新たな問題を両国は先行して経験しているわけだが、同じ課題が経済発展と並行して少子高齢化の進む中国、タイはすでに近づいており、さらにほかのアジアの国も21世紀後半には意識せざるを得なくなるだろう。都市化が内包する新たな課題は、アジアにとって、今から考えておくべき問題なのである。

「都市の時代」を迎える中国とタイ

現状の都市化率に話を戻そう。中国、タイなど中進国段階に入った国に加え、フィリピン、インドネシアなどが都市化率50％前後に達し、「都市の時代」を迎えつつある。フィリピンを除く3カ国は１９９０年の時点から都市化率が急上昇しており、都市化と経済成長が並行して進行していることが確認できる。

フィリピン、インドネシアなどを追っているのがバングラデシュ、ミャンマー、ベトナム、インドなどアジアの後発途上国という構造だが、それらの国の都市化率はまだ30％台前半にとどまっている。30％台前半といえばタイ、中国では１９８０年代の水準だが、両国のその後の都市化スピードを考えれば、ミャンマー、ベトナム、インドなどは２０３０年に向け、急激な都市化に向かうのは確実である。ミャンマー、ベトナム、インド、バングラデシュ、フィリピンの都市化率は２０５０年にはいずれも50％を超えると予測されている。

カンボジア、スリランカは1人あたりＧＤＰはベトナム、インドなどと大きく異なっているわけではないが、２０１４年時点でも都市化率は20％前後にとどまっている。理由としては地理的条件から大人口を集中させる都市が形成されにくいことや社会構造的に農村社会が強固に維持されていることなどが考えられる。また両国に政治的、社会的に共通する要因として、国内勢力間の激しい衝突、内戦の歴史が挙げられる。

言うまでもなく、カンボジアはフランスの植民地からの独立、ベトナム戦争という苦難を経た後、１９７５年に政権を奪取したポル・ポト政権の毛沢東主義に影響された狂信的な原始共産主義によって、自国民３００万人が自国の政府によって虐殺されるという悲劇を経験した。スリランカは人口比率では20％のタミル人の一部がつくる分離独立運動「タミル・イーラム解放の虎（ＬＴＴＥ）」が70％を占めるシンハラ人主導の政府に対して武力闘争を仕掛け、１９８３年から２００９年まで26年間にわたって内戦が続いた。

カンボジア、スリランカともに国民はプノンペンやコロンボ（現在はスリジャヤワルダナプラコッテ）といった首都を離れ、安全な農村や山間地に待避した結果、都市化はきわめて低い水準にとどまっている。国内の平和が回復した現在も住民の生活基盤は首都以外の地域に緩やかに広がっており、両国とも２０５０年に至っても都市化率は30％台にとどまると国連の報告書は予想している。個別の国の特殊事情と読むこともできるが、国民が体験した悲劇は深く刻み込まれ、居住地の選択や都市の形成にも大きな影響を与え続けることを示していよう。

国の豊かさと都市化率

図１－２ではアジア諸国の都市化率と１人あたりＧＤＰ（名目）の相関関係を見た。明らかに都市化が進めば１人あたりＧＤＰは伸びる、という「正の相関関係」がある。中国、インドネシアのような国土面積の大きい国家とタイ、ベトナム、フィリピンなど面積的には中小規模の国など地理的条件のちがいに左右されることなく、都市化率と１人あたりＧＤＰに正の相関

図1－2　アジア諸国の都市化率と1人あたりGDP

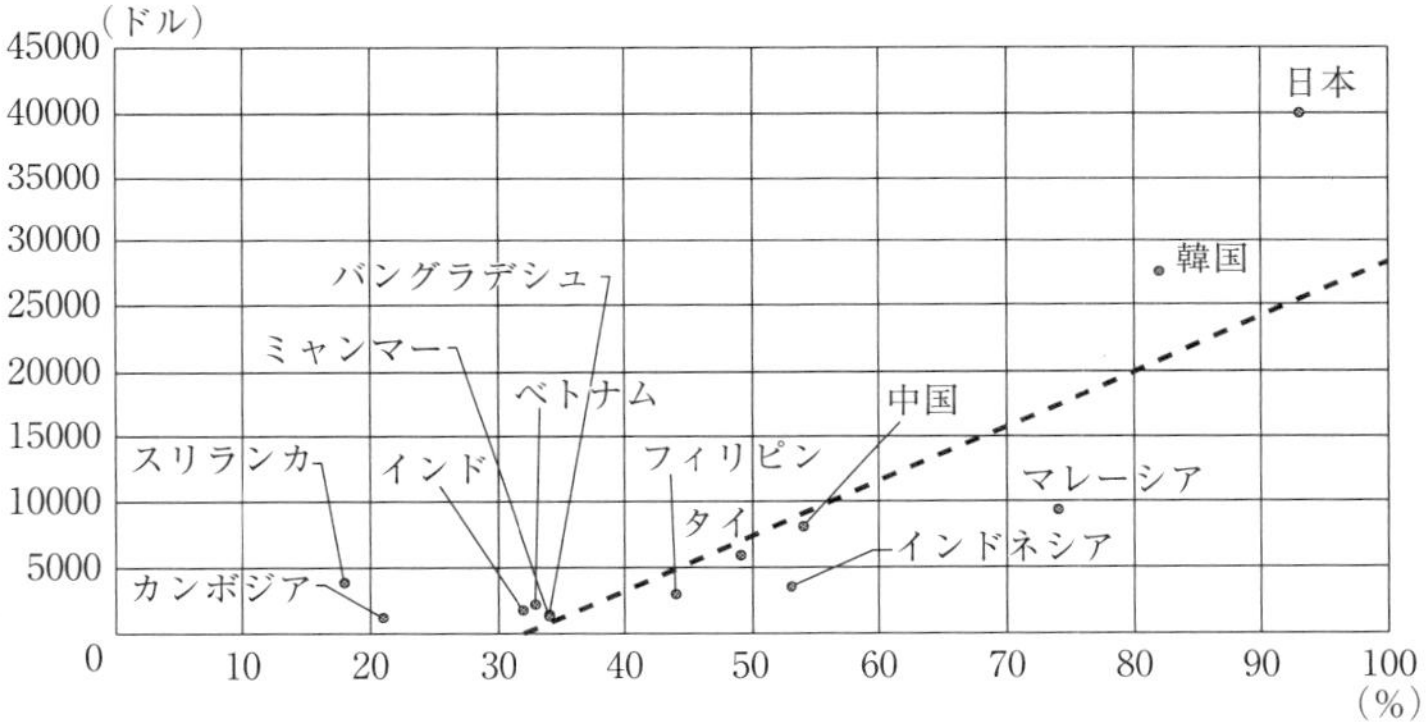

関係があることは注目すべきだろう。都市化率の高い日本、韓国、マレーシアは近似線からやや乖離しているが、これは都市化率が一定水準を超えれば、経済成長率や国民の豊かさを決定する要因が、イノベーションや国家のブランド力ソフトパワーに基づく国際競争力など別の要因に転換することを示唆していると考えられる。

図1－3は同じ都市化率と1人あたりGDPを南米諸国について見たものである。ここでも明らかに正の相関関係を確認できる。ウルグアイ、アルゼンチンのように1人あたりGDPが高い国が近似線からやや離れている点も日本、中国などアジアにおけるグラフと共通性がある。

図1－4は欧州諸国（ロシア含む）を同様のグラフで見たものである。アジア、南米に比べ拡散の度合いが大きいが、正の相関関係を見ることはできる。アジア、南米と異なるのは都市化率が60％台と

図１－３　南米諸国の都市化率と１人あたり GDP

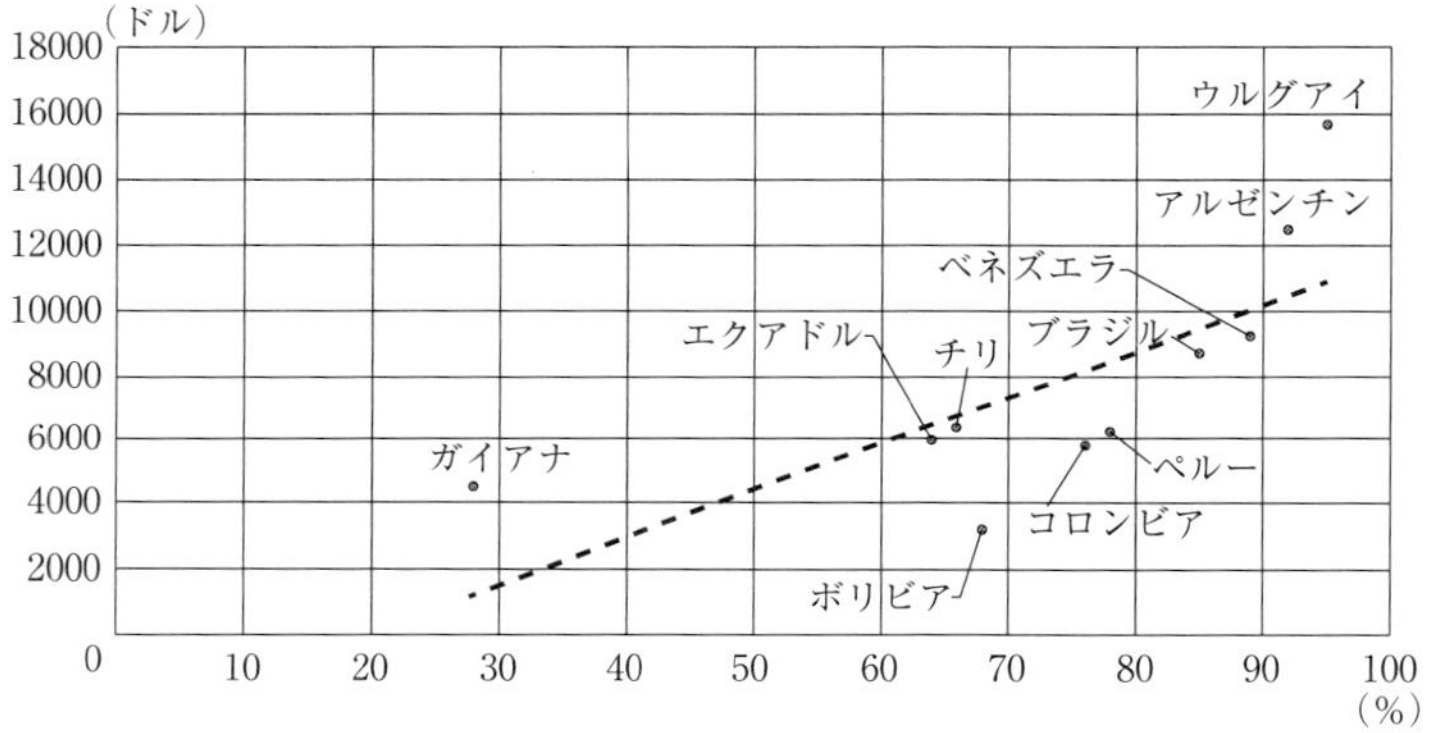

図１－４　欧州の都市化率と１人あたり GDP

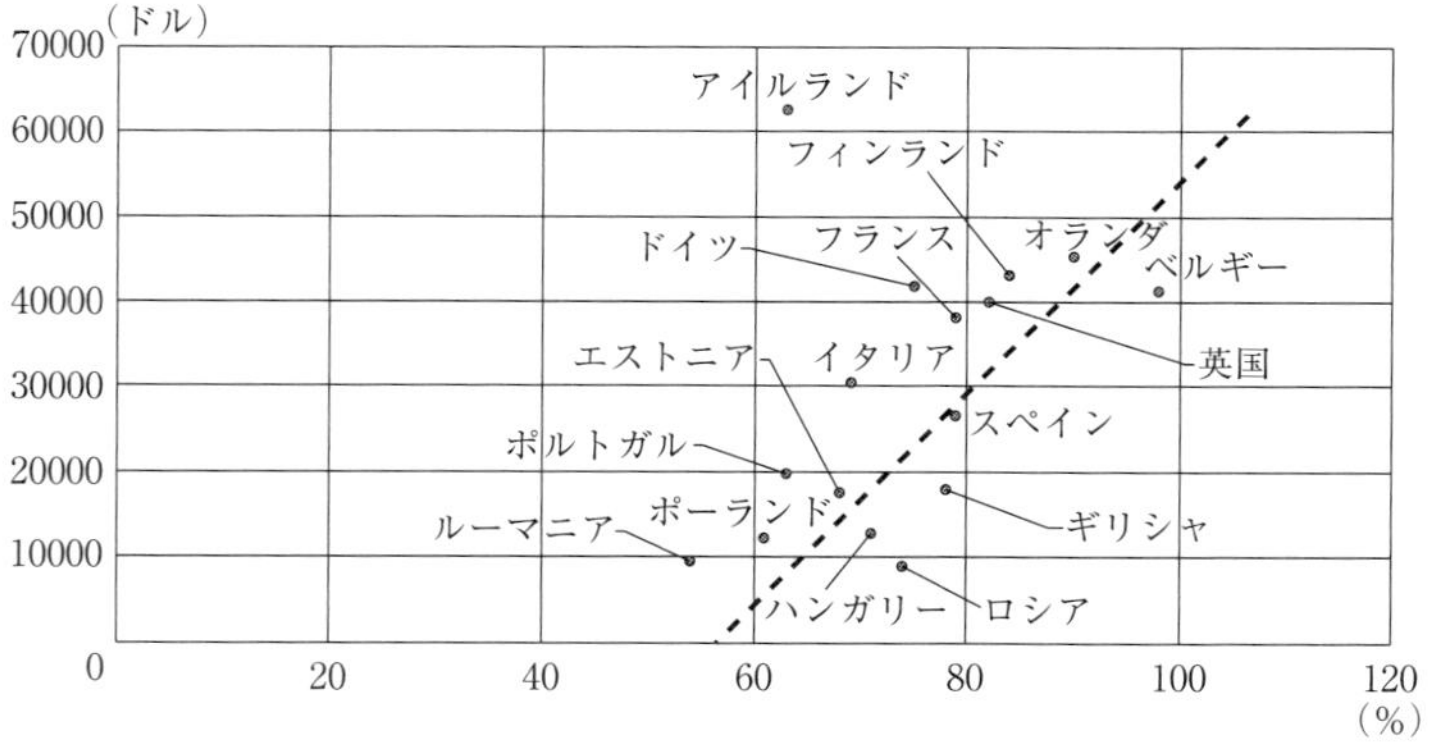

いった低い段階のほうが80％台など高い段階に比べ、拡散しており、都市化率が低いほど正の相関関係がはっきりしていたアジアとはやや異なる状況を示している。

その背景として考えられるのは、ポーランド、ルーマニア、エストニアなど、かつての東側（ソ連陣営）やギリシャなど南欧諸国が１９９０年代以降の市場経済化や財政悪化などによって経済危機に見舞われたことで、より豊かなＥＵ域内国に向け、大量の労働力が移動したことである。

米ソ冷戦構造が崩壊し、市場経済化が進んだ東欧・バルト諸国は２００４年に欧州連合（ＥＵ）に８カ国が一斉に加盟した。ポーランド、ハンガリー、チェコ、スロバキア、リトアニア、エストニア、ラトビア、スロベニアであり、「Accession eight（Ａ８）」と呼ばれた。ＥＵ加盟によってＡ８の労働者たちは域内移動の自由を使って、英国、フランス、ドイツなどに職を求めて移住した。英国では加盟直後の２００４年以降、年間20万人前後の移民が入国し、工場ワーカー、清掃、ビル・倉庫管理、飲食店・ホテルなどに職を得た。欧州ではかつてない大きな人口移動であり、１９９０年と２０１６年を比較すると、Ａ８諸国はすべて人口が減少した。そのうちラトビアは２６６万人から１９６万人に26・３％減、リトアニアは３６９万人から２８７万人に22・３％減、ブルガリアは８７１万人から７１２万人に19・３％減など、大幅な人口減少に見舞われた。一方、同じ期間に英国は14・６％、フランスは14・３％、ドイツも４・１％それぞれ人口が増加している。

こうした動きはピーター・ドエリンガーとマイケル・ピオールが提唱した「二重労働市場論」によって説明される。すなわち、企業など組織内で能力、勤勉性などの人事評価で人材が適性に配分される「内部労働市場」に対し、賃金によって競争的に配分される「外部労働市場」にA8からの移民労働力は参入し、英国、フランスなどの地元の労働力を排除するかたちで雇用機会を獲得したのである（Doeringer and Piore［1971］）。かつては国内に限定されていた外部労働市場が地域統合によって国境を越えた市場に変質し、大規模な人的移動を生み出し、国内に限定された都市化の一般的なセオリーを崩すことになった。これにより、各国国内での都市化率に他地域にはみられない変動が生じたと考えられる。本来、それぞれの国で農村から大都市に流入すべき労働力が外国に流出したわけで、中国でいえば内陸農村から沿海都市部への出稼ぎ労働力、いわゆる「農民工」が沿海部ではなく外国に向かったということである。

結果的に1人あたりGDPの低い段階でも、各国の労働力移動の行き先、そのスピードと規模などのちがいによって、都市化率に大きなちがいが生まれることとなった。「外資企業の工場誘致による都市の工業化」という新たな高度成長手法となった中国モデルはアジアの途上国全体に広がり、都市化と経済成長という各国共通の「発展の方程式」を生み出した。その方程式はアジア以外では、メキシコや北アフリカなど、一部の地域のみにしか応用されていない。欧州の移民労働力問題は、途上国が自国に先進国企業の工場を誘致できるだけの社会的安定性や政策の継続性を実現し、国内に雇用を創出できなかった場合、国民が国を捨て、みずからが雇用のある場所に移動するという事実を突きつけている。移民問題は都市化の問題とも深く結びついているのである。

【第1章　注】

(1) 米国の都市プランナー、コンサルタントであるウェンデル・コックス氏が調査、集計している世界の都市圏に関する調査で、人口、面積、人口密度などを示している。ランキングは都市圏の人口規模に応じて決定されるが、都市圏の定義は人為的に決められた行政単位ではなく、商業地、住宅などの連続性による実質的な一体性に着目している。ランキングは毎年改定される。http://www.demographia.com/db-worldua.pdf

(2) 1970年代以降、東京都内にあった大手製造業の工場は人手の確保と人件費抑制の目的で東北、九州など地方に移転するようになり、製造業の多くは東京都から姿を消した。東京都は1965年には工業生産額で全都道府県のトップだったが、2016年には全国14位となり、トップの愛知県の6分の1しかない。今なお大田区などには優秀な中堅・中小企業が残っているが、東京都は製造業で全国を牽引する都市ではなくなった。東京は金融、情報、サービスなど第3次産業に経済の軸足を完全に移したのである。

(3) 「雄安新区」は河北省の雄県、容城県、安新県の3つの行政地域にまたがっており、雄県と安新県から1字ずつとって名付けられた。北京から高速道路と鉄道が新設されるほか、北京の空の玄関である首都国際空港と並ぶ第二空港として北京南部に2019年の完成予定で建設される北京大興国際空港からは50㎞程度の距離にある。北京の補完的機能を期待される一方、上海や広東省とちがって、外資の進出も少なく産業基盤もない場所に建設される人工的な経済新都心が成功するかには疑問もある。同じ河北省には「世紀のプロジェクト」として9兆円といわれる資金をかけ、胡錦濤政権が推進した曹妃甸《そうひでん》工業区があるが、期待された工場進出は進まず、大失敗と評されている。

（4）日本生産性本部が設立した民間組織の「日本創生会議」の人口減少問題検討分科会は2014年に、日本全国の約1800の自治体のうち半数の896自治体が「人口を維持できなくなり、消滅するおそれがある」と指摘した。2010～40年の期間に出産適齢期の20～39歳の女性の人口が半分以下に減る自治体が896あり、仮に出生率が上向いたとしても人口を維持できないためである。そのうち523の市町村は人口が1万人を割り込む見通しを示した。岩手県知事、総務相などを務めた増田寛也氏が座長を務めた会議の発表のため注目され、「消滅自治体」というセンセーショナルな用語がメディアを賑わせたが、人口動態だけで自治体の将来を判断できるものではなく、あくまで人口対策や経済振興策など自治体に警鐘を鳴らしたと受け止めるべきだろう。

第2章　人口移動と大都市圏の形成

20世紀後半以降のアジアの成長は、経済の中軸が農業から工業に転換することで達成された。工業部門は大量生産のために多数の労働力を必要とし、農業は豊かになるためには1人あたりの耕地面積を増やす必要があり、農村人口の外部移転が求められていた。農村から都市への人の移動は、経済発展の必然的な結果となった。成長したアジア各国に共通する現象は、大規模な国内の地域間人口移動であり、一部の大都市への人口集中、都市の成長、都市数の増加、膨張である。

国内の人口移動は農村と都市の所得格差の縮小などさまざまなプラスの効果をもたらした一方、人口が流出した地域の困窮や人口構成の年齢面での歪みなど、国全体でより深刻な問題を生んでいる。都市内部でも貧富の格差が拡大し、スラム化など衛生、環境、治安問題も深刻化する一方、日本だけでなく韓国、中国、タイなどでは高齢化が進み、高齢者への社会的対応も喫緊の課題となってきている。さらに東南アジアでは労働力不足に直面するタイがカンボジア、ミャンマーから大量の労働力を吸引するという、国境を越えた人口移動の問題も引き起こしている。

本章では、アジア各国の近年の人口移動を時系列的に追い、人口流動化の状況を確認するとともに、経済成長や社会構造との関係、人口移動がもたらした歪みや新たな問題を考えてみたい。

1　人口移動と経済発展

住民が短期に別の場所を訪れる「旅行」ではなく、定住地を離れて別の場所に引っ越す「人口移動」の活発さを国別に比較した「人口移動の国際比較」(1)によると、1人あたり国民総所得（GNI）と移動性向（日本を基準値の1としたときの指標で、高いほど人口移動が活発であることを示す）には高い相関関係がある。つまり経済的に豊かな国ほど国民の移動は活発という傾向がある（林［2014］）。図2－1はその手法に基づきアジアの17カ国に絞って、GNIに近似する1人あたり国内総生産（GDP）との相関関係をみたものである。

韓国が頭抜けて移動性向が高く、日本、台湾、マレーシア、シンガポールと続いていることをみれば、経済的に豊かな国の人口移動の活発さはアジアにおいても明確な傾向といえる。ただ、前述の世界92カ国の移動性向指標における1人あたりGNIとの相関係数0・816に比べ、アジア17カ国の移動性向指標と1人あたりGDPの相関係数は0・693とやや低く、世

図2-1　国の豊かさと人口移動

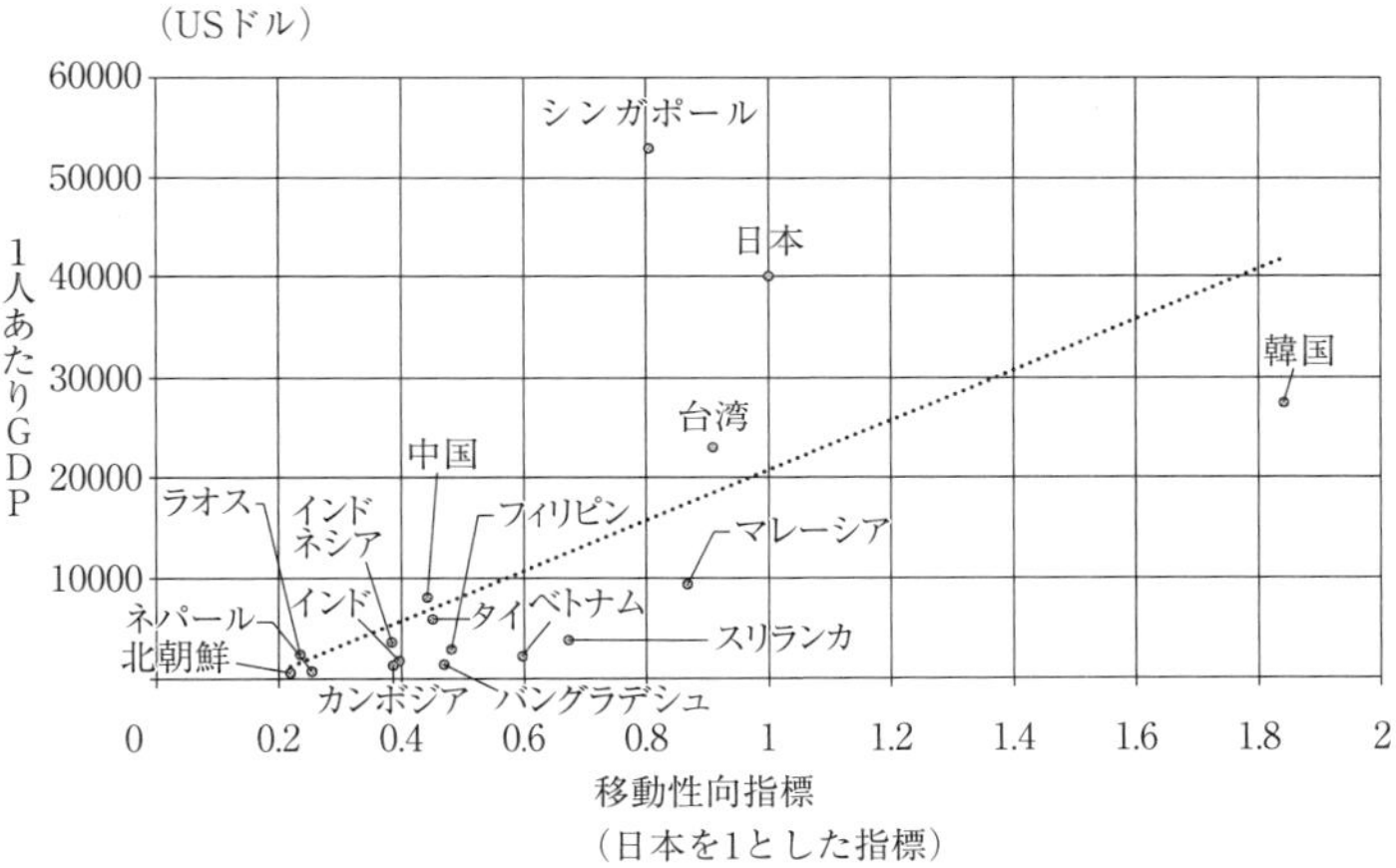

界平均に比べれば相関関係が低いことを示している。

その理由として、まず考えられるのは政治的、制度的な人の移動の制限である。中国、ベトナム、ラオスの社会主義体制を維持する３カ国は、かつて戸籍制度などによって住民の自由な移動を厳しく制限していた。中国では１９４９年の新中国発足以来、国民は農村戸籍と都市戸籍に厳格に分けられ、農民が都市に居住することは制度的には許されず、都市に移っても住宅や食糧配給、子供の教育などが正式には受けることができない時代が長く続いた。農民を農村に固定化することで、食料生産を拡大する必要があったためだ。１９９０年代に入って、外資企業が中国の沿海都市部に工場進出を始め、都市部の労働力が不足する事態が生じるようになって、農民の都市への出稼ぎが始まり、都市戸籍のない人間が期間限定とはいえ、都市に〝定住〟するようになった。それが次第に既成事実化し、外資の工場にとっても出稼ぎ農民は不可欠な労働力になってきた。都市は農村戸籍者をインフォーマルなかたちで受け入れざるを得なくなったが、都市住民の農民に対する差別意識は強く、行政も住宅、年金など農民に対する社会保障をほとんど用意していなかった。(2)

戸籍による国民の分断の問題は3節で改めて触れるとして、戸籍制度による移動制限は言論の自由の制限と並んで、国民の不満を高めた。だが、国民の居住地の固定化は旧ソ連を含め社会主義諸国にとって体制の安定化、計画経済の運営の基盤をなすものであり、市場経済化が進んだ後も長らく社会的影響を残した。それが経済発展の水準に比して、中国、ベトナムなどの移動性向指標が低いことの主な要因といえる。

北朝鮮も社会主義体制とみなされているが、その移動性の極端な低さは社会主義の影響というよりも、強権的で横暴な独裁体制によるものといって間違いない。ただ、北朝鮮では国外に逃れる「脱北者」が累積で韓国に3万人超（韓国統一部が2016年に発表）、吉林省など中国東北部に数万人規模、タイ、ラオスなど東南アジア諸国には数十万人いるとみられるが、移動性向指標は政府のセンサスをベースに算出されており、脱北者が公式統計で「移動人口」に反映されているはずはない。そのため、国内の移動性はきわめて低く、国外への移動性は高い、という体制の深刻な実態は、この図の移動性向には表現されていない。

一方、文化的に生まれ育った地元を出ることに強い抵抗感を持ったり、経済的に豊かになるために家族と一緒に生活することを犠牲にするような移動を好まない国民もいる。稲作を中心とする定住型農業社会で、家族の紐帯、親戚や友人との関係を重視する精神性、文化も強いアジア地域では、移動性向は元来、高くはならないと考えられる。ラオスやインドの移動性向の低さにはそうした農耕社会としての伝統があるのだろう。

また、インドネシアは1人あたりＧＤＰが３６００ドル（２０１６年）と東南アジアでは比較的高い国であるにもかかわらず、移動性向指標はベトナムなどより低い。これは1万５０００以上の島が存在し、国土が東西に長いこともあって、人口が国内に広く分散し、それぞれが独自性の強い文化を持ち、多民族国家でもあることから、国民がジャカルタなど豊かな都市部への移住にインセンティブを見出さない、といった背景が推定できる。地理的、文化的、民族的な境界によって、人口の移動性向が低くとどまっていると考えられる(3)。

そうしたアジア各国国民の移動性向は１９８０年代以降、東南アジアの一部の国や中国が高度成長を遂げるなかで大きく変化した。工業化が国内の人口移動を促した事例は産業革命期の英国に始まり、戦後日本でも起きたが、アジアにおける国内人口移動の速度と規模は人類史のなかでも、突出した異例といえる大きなものだった。その実例として、タイ、ベトナム、中国をみてみたい。

2　タイ、ベトナムの人口移動

タイの7地域の人口動態

タイを地域区分する時、バンコク首都圏、中部、東部、東北部、北部、南部、西部の7地域に分けるのが、現在ではタイ政府などの公式統計を含め一般的になっている。図2－2はその地域分けをみたものだ。面積的には「バンコク首都圏」が、国土の1・5％しかないものの、経済力は他地域を圧倒している。バンコクから東側に広がる「東部」地域は多数の工業団地が立地し、高速道路網も整備され、自動車、電機・電子、機械、化学などの一大産業集積が構築されている。「東北部」「北部」は面積ではそれぞれ33％前後を占める広大な地域であり、言うまでもなく農村地帯である。「西部」はミャンマー国境沿いの地域で開発は遅れているが、これからミャンマーの経済成長が進めば、新たな工業地帯になる可能性を秘めている。「南部」はマレー半島を南下しマレーシアとの国境に至る地域で、イスラム教徒の武装グループが警察署や政府機関の出先をたびたび襲撃するなどイスラムの影響が強い地域で、農業地帯でもある。

タイへの外資の直接投資が急増したのは1985年9月のプラザ合意後の急激な円高によって、輸出採算の悪化した日本の製造業が生産拠点をASEANに移転する際に、タイを高く評

図２－２　タイの地域区分

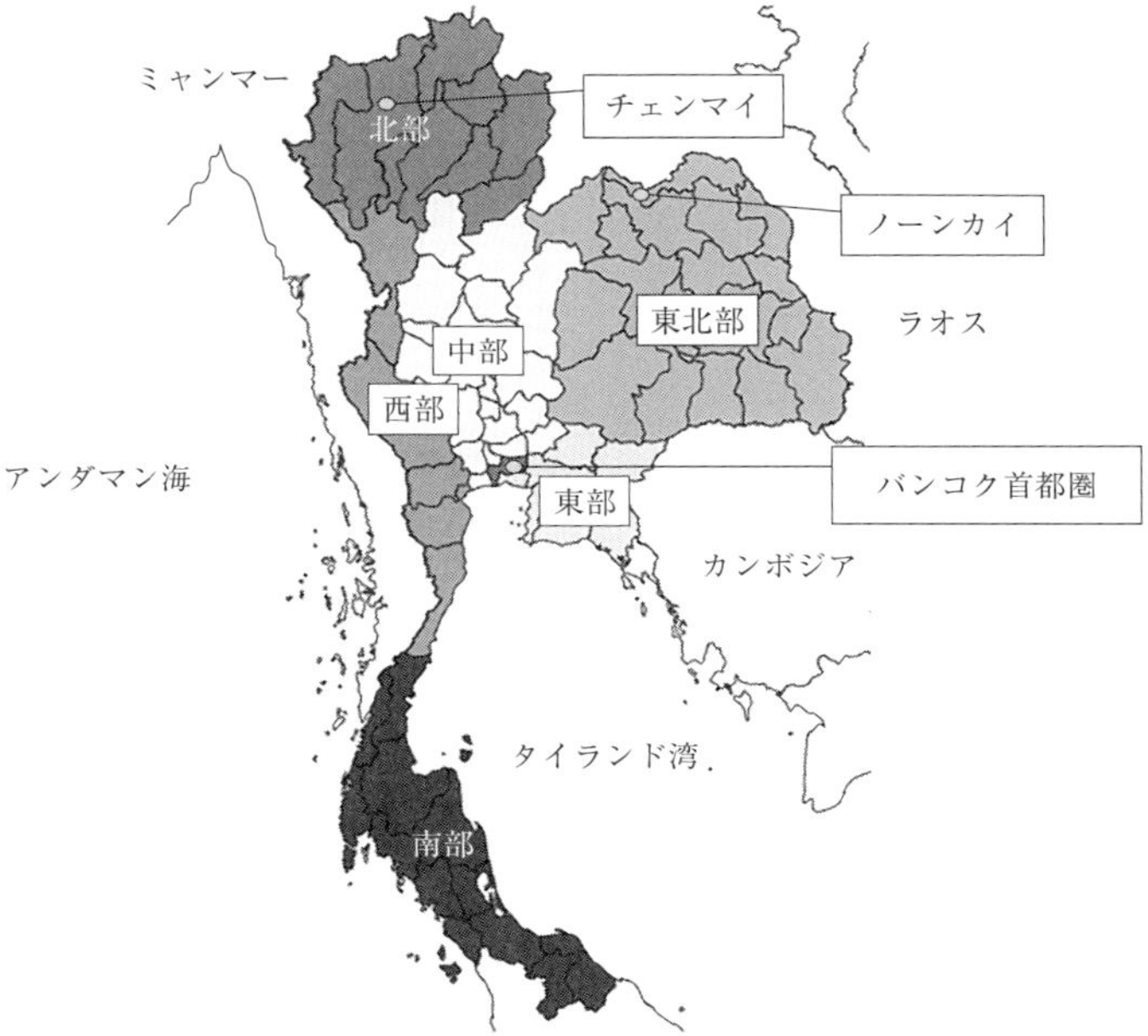

価したからである。理由は人件費が安く、国民の気質が穏やか、政治はクーデターが多発するなど問題含みだったものの、プミポン国王（当時）がスタビライザーとなり、混乱からの復原力があり、政策の継続性も高かったからである。

日本企業を中心とする外資の直接投資はバンコク首都圏や広大な敷地を確保しやすい東部地域に集中した。完成品メーカーの進出が部品、素材、加工メーカーを呼び寄せ、サプライチェーンが充実すると、さらに完成品メー

図2-3　タイの地域別人口構成

（タイ国勢調査より）

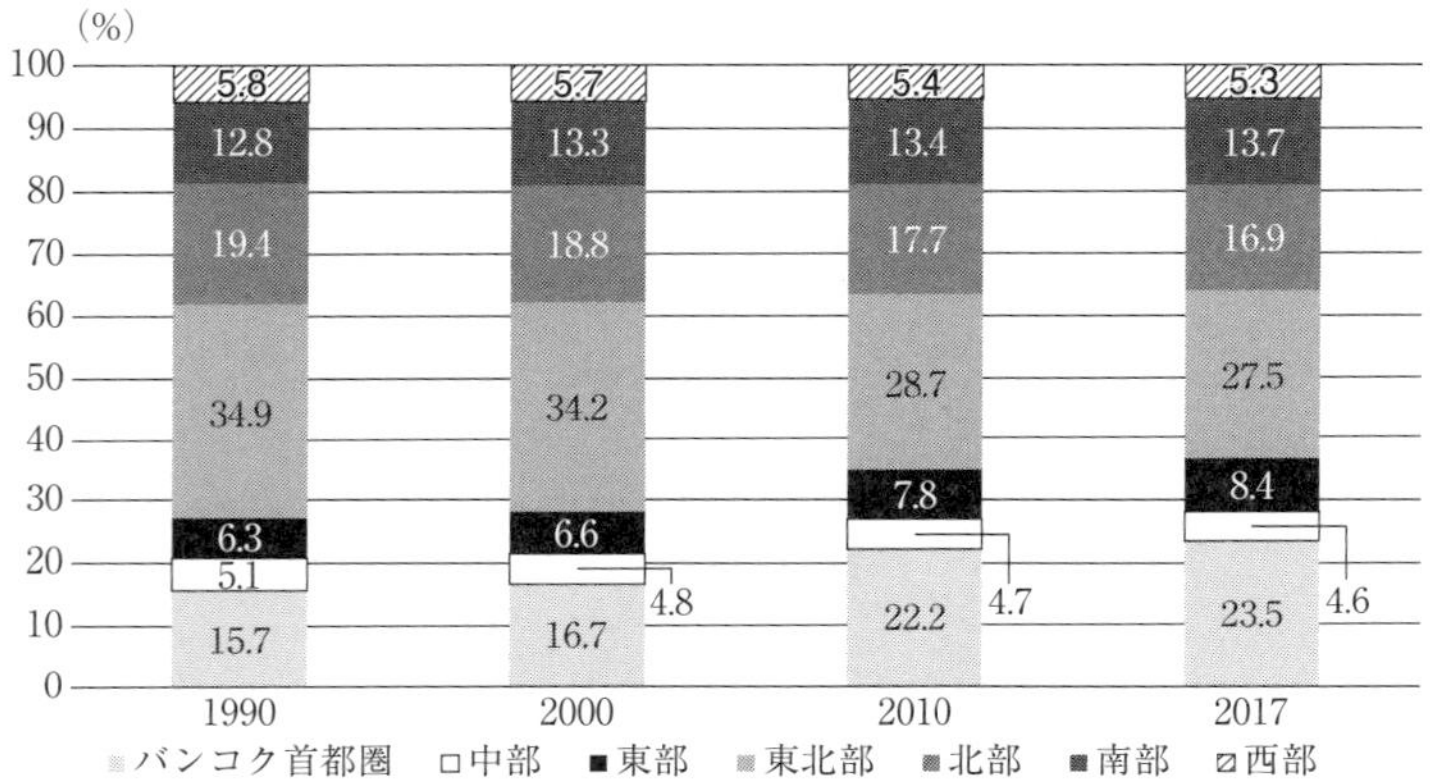

カーがその地域に進出するという好循環が続いた。日本の中小企業にとっても、タイは制度的、心理的に敷居の低い進出しやすい国となった。

だが、工場進出が増加するとともに大きな問題が持ち上がった。工場従業員の確保が次第に困難になってきたのである。外資の工場進出の初期段階では、近隣の余剰労働力で十分に足りていたが、工場の数が増え、数千人以上の規模の工場が増加すると、範囲を拡げて人材を集めざるを得なくなった。バンコクや東部地域では工場側が多数のルートを設定した通勤バスを仕立て、朝晩の出退勤の足を確保することで労働力の調達を拡大し、なんとか対応していたが、人手不足がさらに進むと、遠く離れた地方から労働力を調達せざるを得なくなり、人口の地域間移動が発生した。北部、東北部の農村から若い働き手が大量にバンコク周辺に移住し、工場労働者に転換したのである。

人口急増のバンコク首都圏

図2－3はタイの7地域の人口が全国の人口に占める比率の変化を追ったものである。1990年に15・7％にすぎなかったバンコク首都圏の人口比率は21世紀に入って急拡大し、2010年には22・2％に達した。わずか20年間で6・5ポイントの上昇、人口の実数でいえば604万人の増加である。その後、伸びは鈍化したものの、このペースでいけば、2020年にはタイは全人口の4分の1がバンコク首都圏に集中する、典型的な一極集中型国家になる。

バンコクに隣接する東部地域も21世紀に入って人口が急増し、2000年から2017年の間に41％増となった。人口の急増に合わせて、両地域では、生産年齢人口（15歳から64歳まで）比率が高まった。バンコク首都圏では90年に72・5％だった生産年齢人口比率が2010年には77・6％に達したのである（末広・大泉［2017］）。首都圏や東部地域に流入したのが働き手だったことを裏づけている。

ほかの地域では南部地域の人口が1990年から2017年の期間に230万人増えたものの、全国に占める比率では0・9ポイントの伸びにすぎない。南部は前述のようにイスラム系住民が多い地域で、出生率がバンコク首都圏や北部などに比べてはるかに高く、自然増が人口増加の主な要因として考えられる。２０１０年の国勢調査ではタイは国民の93・５％が仏教徒だったが、イスラム教徒も４・９％を占めており、古い国勢調査のデータと照らし合わせれば、イスラム教徒の比率は過去半世紀で１・０ポイント以上、上昇している[4]。南部のイスラム教徒の人口増加はタイの宗教別人口構成をわずかとはいえ、変えつつある。

一方、東北部と北部の農村地帯では全国に占める人口の比率低下が激しい。21世紀に入って、東北部は６・７ポイント、北部は１・９ポイントの低下となった。特に東北部は２０００年以降、人口の絶対数も減少に転じ、２０１７年までに２２０万人も減少した。こうした人口動態は明らかに労働力の地域間移転によって引き起こされたものである。国勢調査によると、東北部からバンコク首都圏と東部地域への人口移動は、76～80年の期間では16万６０００人にすぎなかったが、86～90年には43万９０００人、06～10年には72万７０００人と70年代後半の４倍以上の規模に達し、移動の規模が膨張したことを示している。

人口移動で高齢化が加速するタイ東北部

働き手である青年、壮年層をバンコク首都圏、東部地域に供給したかたちの東北部、北部では必然的に高齢化が進んだ。タイは東南アジア諸国では高齢化が進んだ国家で、国全体の高齢化比率（65歳以上が占める比率）が１９９０年に４・７％、２０００年に６・３％、２０１０年に８・７％と速いピッチで上昇している。そのなかで、東北部は１９９０年に４・０％と全国平均を下回っていた高齢化比率が、２０００年に５・７％、２０１０年に９・４％と、21世紀に入ってからは全国を上回るペースで高齢化が進行した。逆に若い人口が流入したバンコク首都圏の高齢化比率は２０１０年でも６・３％と全国平均を大きく下回った水準にとどまっている。

86年以降にバンコク周辺への人口移動が加速したのには、大きく二つの理由があるだろう。第一の理由はすでに触れたように、外資の工場進出の急増で工場労働者やオフィスワーカーの雇用が大量に創出されたことである。そのなかで、日本は２０１４年まで40年間連続でタイへの投資額の国別トップ（15年はシンガポールがトップだが、中国からの迂回投資が多く、実質は中国がトップとみられる）を続け、外資による累積投資額（２０１６年末時点）の40％近くを占めている。プラザ合意以降の日本製造業のタイ進出ラッシュは、タイ国内の人口動態に大きな影響を与えたといって過言ではない。

第二の理由は外国人観光客の増加によるサービス産業の発展である。国連・世界観光機関（ＵＮＷＴＯ）によると、２０１６年にタイを訪れた外国人観光客は３２５３万人にのぼり、外国人観光客数では世界第９位という観光大国である。さらに外国人観光客がもたらす観光収入（宿泊、飲食、ショッピングなど）でみると、２０１６年にタイは４９８億ドルとアメリカ、スペインに次ぐ第３位で、２０１３年の７位（４２１億ドル）から順位を急上昇させている。タイの観光産業の競争力は高く、観光は成長を支える大きな分野となっている。(5) ２００６

年のタクシン首相（当時）追放クーデター、その後の政府側と反政府側の間での度重なる衝突など政治混乱にもかかわらず、タイ経済が成長を続けられたのは観光産業の高成長があったからである。

そうした外国人観光客の4分の3以上はバンコクに滞在しており、バンコク首都圏ではホテルや小売業、飲食店など観光関連の雇用が多数生み出された。とりわけ資源価格が上昇した2001年以降はサウジアラビアやアラブ首長国連邦（UAE）など中東産油国からの観光客が増加、バンコク中心部にはアラブ街ができあがったほか、2008年以降の中国の海外旅行ブームでは、香港、マカオの両特別行政府を除けば、渡航先のトップをタイが占め続けている。バンコク首都圏の人口吸引力は製造業だけでなく、サービス産業にも広がっているのである。

ベトナムの人口移動

ベトナムの行政地域はハノイ、ホーチミン、ハイフォン、ダナン、カントーの中央直轄の5大都市と58の省の合計63省・直轄市からなっているが、それをベトナム政府は「社会・経済開発戦略2001～10年」の国家戦略構想において、6地域に区分けした。「北部内陸及び山岳地域（14省）」「紅河デルタ（11省・市）」「中部沿岸（14省・市）」「中部高原（5省）」「南東部（6省・市）」「メコン河デルタ（13省・市）」である（図2－4）。

図２－４　ベトナムの地域区分

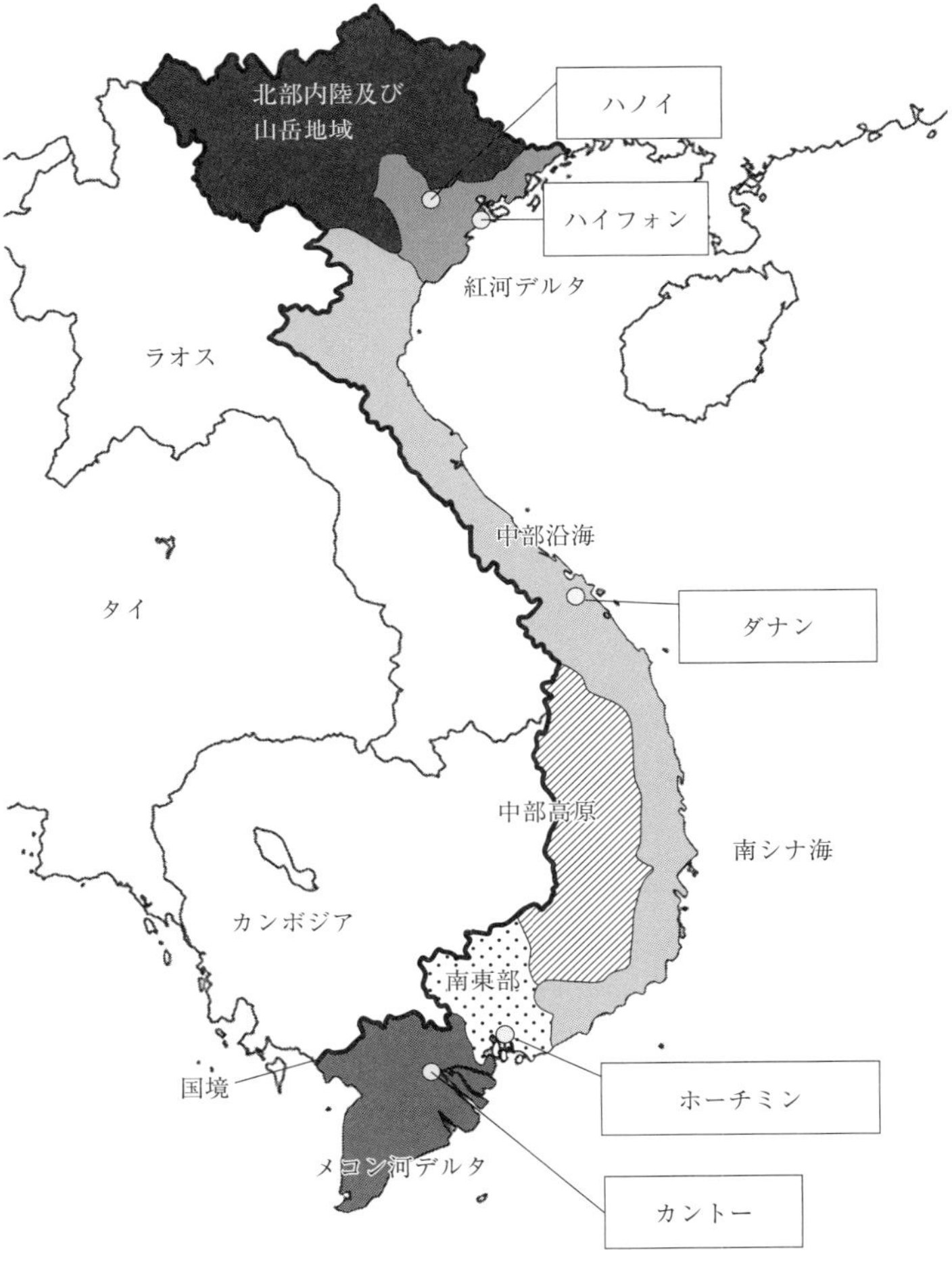

6地域を概観すると、「北部内陸及び山岳地域」は中国、ラオスと国境を接する山岳地帯で面積の55％を森林が占めている。「紅河デルタ」は首都ハノイと港湾都市ハイフォンを含むベトナム北部の主要地域であり、ハノイに隣接するバクニン省含め、トヨタ自動車、ホンダ、パナソニック、フォスター電機や韓国のサムスン電子など外資の大企業の工場が集積している。サムスンのスマホ工場は２０１６年には2億５０００万台のスマートフォンを生産しており、この地域には世界有数のスマホ生産集積が形成されつつある。

「中部沿岸」地域は北部、南部に比べ、産業発展は遅れていたが、２０１０年あたりからダナンを中心に外資の工場進出が加速している。ダナンはインドシナ半島を横断する「東西経済回廊（ダナンとミャンマーの港湾都市モーラミャインを結ぶ全長１８００㎞の産業道路）の起点として発展が加速している。ハノイやホーチミンに比べ、人件費が安く、依然として労働力を確保しやすいため、外資の新たな進出先となっている。

「中部高原」は平均高度が１０００メートルの高原地帯で、レタスなど野菜やコーヒー、さとうきびなど換金性農産物の生産の中心地。ブラジルに次ぐ世界第二位のコーヒー生産国であるベトナムのコーヒー栽培の中心だ。

「南東部」はホーチミンを中心にベトナム最大の経済力を誇る地域で、ホーチミンやビンズン省などに多数の工業団地が立地、電機・電子、自動車・二輪車部品や雑貨、縫製、靴など労働集約型産業も集積している。ホーチミンからカンボジアのプノンペンを経由し、バンコクに

表２－１　ベトナムの地域別人口の変化

	2016年（万人）（全国比、%／対11年増率、%）		2011年（万人）（全国比、%）		面積（万㎢）
北部内陸・山岳	1198.4	（12.9／6.1）	1130.0	（12.9）	95222
紅河デルタ	2113.8	（22.8／5.4）	2006.0	（22.8）	21260
中部沿岸	1979.8	（21.4／3.6）	1910.4	（21.7）	95871
中部高原	569.3	（6.1／7.8）	528.2	（6.1）	54508
南東部	1642.4	（17.7／11.0）	1479.9	（16.8）	23552
メコン河デルタ	1766.0	（19.1／2.0）	1730.6	（19.7）	40816
全国合計	9269.5	（100／5.5）	8786.0		331230

出所：ベトナム国家統計局データより

至る「南部経済回廊」（長さ約１０００㎞）はインドシナ半島の最重要の物流ルートになりつつあり、ホーチミン（サイゴン）港は東南アジア有数の荷動きのある港になっている。

「メコン河デルタ」はベトナムのコメ生産の半分強を生産する農業地帯で、果樹、漁業など含め、ベトナムの食料庫の役割を果たすが、労働力も多いことから直轄都市のひとつであるカントーなどでは外資系企業の工場進出も進み始めている。

表２－１は６地域の人口と全人口に占める比率、２０１１年から16年にかけての増減をみたものである。これをみてわかるのは、ベトナムの人口が沿岸部に比較的バランスよく分布していることである。ベトナムの地理的特長である南北に細長く、深い内陸エリアを持たないことやハノイ、ホーチミンさらにダナンなど複数の中核都市があり、極端な一極集中にはなっていないことがその背景にある。先にみたタイや後ほど分析する中国とは人口分布の傾向が大き

く異なる。

2011年から16年はベトナムの1人あたりGDPが1750ドルから2200ドルに急増、ベトナム経済の飛躍期となったが、その期間でも人口の地域分布には大きな変化はみられない。唯一、人口の対全国比が伸びたのは、ホーチミンを中心とした南東部地域であり、0・9ポイント上昇した。低下したのは隣接するメコン河デルタと中部沿岸地域である。外資の工場が相次ぎ進出したハノイとバクニン省を中心とする紅河デルタは、人口そのものは100万人強増加したものの、全国に占める比率に目立った変化はなかった。ベトナムでは高度成長期のタイで起きたような農村地帯から大都市や周辺の工業地帯への大規模で迅速な国内人口移動、言い換えれば人口の流動化は劇的なかたちでは起きていないのである。

こうした動きを別の統計からみてみたい。2010年4月1日の常住地と1年後の2011年4月1日の常住地を比較したベトナム国家統計局のデータによると、その1年間の人口移動数は全国で64万4550人で、うち54・0%が南東部への流入と圧倒的で、2番目に多かった紅河デルタへの流入者の13・9%を大きく上回った。南東部が製造業の雇用を中心に人口吸引力を発揮していることはわかるが、全人口からみれば年間の人口流動数は0・6%程度にすぎず、タイにおけるバンコクや中国における上海周辺、広東省、北京市などの吸引力ほどの人口移動を引き起こしていない。移動の距離も東南部への流入者の46・1%が隣のメコン河デルタ、35・1%が北に隣接する中部沿岸からであり、国を横断、縦断するほどの長距離大移動ではない。

ハノイを中心とする紅河デルタへの流入者にしても53・９％が北に隣接する北部山岳地帯、24・７％が南に隣接する中部沿岸地域からである。ベトナムでも人口移動は次第に加速しつつあるものの、隣接した地域への比較的短距離の移動にとどまっている。住み慣れた土地から一歩踏み出したといった程度である。タイ、中国のような故郷を事実上捨てて、都会に移って定住するなどの人口流動とは様相が異なっている。

現地に進出した日本の製造業へのヒアリングではしばしば、ベトナムの労働市場は「自宅からの通勤を前提にした狭い地域に完結する傾向がある」という話を耳にする。中国やタイのように外資の製造業が宿舎を用意し、内陸農村を回って、人をかき集めるという雇用環境ではない。ベトナム人の多くは高い賃金を提示されても、故郷を離れ、遠くに出稼ぎに出るという発想にはなりにくく、仕事は自宅からの通勤圏内で見つけようという考えが一般的である。そこが給与や待遇によっては大移動も厭わないという中国とは大きなちがいであり、中国で「民工潮」が加速した１人あたりＧＤＰが８００～１０００ドルといった水準を突破しても大規模な国内人口移動が起きていない理由だろう。

とはいえ、一部の大都市への人口集中が進み始めているのも事実である。ハノイ、ホーチミンなど直轄５都市の人口の合計は、２０１１年の１８２９万人から２０１６年には１９９０万人と、５年間で１６１万人増加し、全人口に占める比率も20・８％から21・５％に上昇した。

なかでも人口増が目立つのはホーチミンとダナンであり、従来の製造業の雇用拡大だけでなく、観光、金融、不動産など非製造業セクターが労働力を吸引し始めている。

こうした一部の大都市への人口移動は人口構成からうかがうことができる。ベトナムの統計では国際的な「生産年齢人口」より年齢上限が5歳若い15〜59歳の年齢層を働き手とみなし、統計をとっている。その年齢層の人口（2008年）はホーチミンを中核とする南東部が68・6%と高く、ハノイ、ハイフォンを中核とする紅河デルタも66・5%と、ベトナム全体の66・2%より高い。これに対し、農業中心の中部高原地域は61・8%と低く、青年、壮年の働き手の流出がうかがわれる。また、中部高原地域は0〜14歳の比率が31・3%と他地域に比べ突出して高く、両親が子供を残して、都会に「出稼ぎ」に行っている、という状況も観察できるのである。

ベトナムはASEAN域内でも後発国であり、外資の進出は今、ようやく本格化している。これまでは家族中心主義で、人口の地域間移動も起きにくかったが、今後、タイと同様の農村から都市への大きな人の流れが生まれる可能性はあり、その予兆はないわけではない。

3　中国の人口移動

内陸から沿海部へ

中国の行政地域には北京、天津、上海、重慶の4直轄都市と22省（台湾は除く）、5自治区

表２－２　中国の省・市・自治区人口の全国シェアの推移

省・市・自治区＼年	2015	2005	1995
北京市	1.6	1.2	1.0
天津市	1.1	0.8	0.8
河北省	5.4	5.2	5.2
山西省	2.7	2.6	2.5
内蒙古自治区	1.8	1.8	1.9
遼寧省	3.2	3.2	3.4
吉林省	2.0	2.1	2.1
黒竜江省	2.8	2.9	3.1
上海市	1.8	1.4	1.2
江蘇省	5.8	5.8	5.8
浙江省	4.0	3.8	3.6
安徽省	4.5	4.7	5.0
福建省	2.8	2.7	2.7
江西省	3.3	3.3	3.4
山東省	7.2	7.1	7.2
河南省	6.9	7.2	7.5
湖北省	4.3	4.4	4.8
湖南省	4.9	4.8	5.3
広東省	7.9	7.0	5.7
広西壮族自治区	3.5	3.6	3.8
海南省	0.7	0.6	0.6
重慶市	2.2	2.1	*
四川省	6.0	6.3	9.4
貴州省	2.6	2.9	2.9
雲南省	3.5	3.4	3.3
チベット自治区	0.2	0.2	0.2
陝西省	2.8	2.8	2.9
甘粛省	1.9	1.9	2.0
青海省	0.4	0.4	0.4
寧夏自治区	0.5	0.5	0.4
新疆ウイグル自治区	1.7	1.5	1.4

注：重慶市は1997年に分離（*）。
出所：中国統計年鑑

の計31省・市・自治区、さらに香港、マカオの2特別行政区がある。香港、マカオを除いた大陸の行政地域をみると、人口規模（2015年末）では最大の広東省の1億849万人から最小のチベット自治区の324万人まで大きな差がある。1995年、2005年、2015年のそれぞれの年末の31省・市・自治区の人口が国全体の人口に占める比率を示したのが表2－2である。1995年から2015年までの期間はまさに中国経済が長年の計画経済による停滞と1989年6月に起きた天安門事件で世界から受けた経済制裁による不振を脱し、市場経済化を推し進めながら「世界の工場」にのし上がり、国民の所得向上によって「世界の市場」にもなった大転換期であり、当然ながら人口動態にも大きな変化があった。

だが、変化の方向や度合いは地域によって大きく異なっていることがわかる。1995年から2015年の20年間に中国全体に占める人口シェアが高まった省・市・自治区は北京市、上海市、広東省、浙江省など12にのぼる一方、安徽省、遼寧省、河南省など14でシェアは低下、4省・自治区はほとんど変化がなかった。

最も人口シェアが伸びたのは広東省で、20年間に2・2ポイントも拡大した。続いて北京市と上海市が0・6ポイントずつ上昇、浙江省も0・4ポイント伸びた。言うまでもなく、沿海部で外資の工場やオフィスの進出が集中した地域である。

逆に、シェアが低下した省・自治区のなかで最も落ち込みが激しかったのは四川省である。四川省は1997年に直轄市に昇格した重慶市を分離したため、それ以降の人口を四川省と重慶市の合計として考えると、95年に比べ15年には１・２ポイントもシェアが低下している。続いて河南省が０・６ポイント、湖北省、安徽省がそれぞれ０・５ポイント、湖南省が０・４ポイント低下した。

人口シェアが低下したのは沿海部に近接した後背地にあたる内陸地域で、もともと人口規模が大きい省・市・自治区の落ち込みが目立っている。明らかに近距離沿海部への出稼ぎの急激な増加が人口シェア低下を招いているわけである。同じ内陸でも沿海部から遠い新疆ウイグル自治区や雲南省、寧夏自治区などはむしろ人口シェアが伸び、青海省やチベット自治区は増減がみられなかった。新疆ウイグル自治区や雲南省が伸びたのは、もともと中国の総人口の92％を占める漢族とは異なる少数民族が主体の地域であり、中国共産党は支配の強化を狙って、民族同化政策を進める目的で、漢族の移住を推進したからである。漢族に給与、住宅、子弟の教育などで優遇策を提示し、移動の流れをつくった(6)。

新疆ウイグルなど内陸に移った漢族の多くは政府部門や医者、教師、エンジニアなど専門職として勤務した。漢族支配の強化策としてとりわけ目立つのは新疆ウイグル自治区であり、人民解放軍の部隊が農業生産大隊として派遣され、治安・防衛任務と農業生産を兼営する屯田兵として定住した。新疆ウイグルの各地に「○○兵団」という地名がつけられた場所が多いのはそのためである。新疆ウイグル自治区と同じように中央政府の抑圧、取り締まりが厳しいチベット自治区でも人口シェアが横ばいとなっているのは、チベット族の減少を上回る規模で、漢族が多数送り込まれたためである。

政策的な人口移動

もうひとつ、四川省や重慶市、湖北省、河南省などの落ち込みが厳しかった理由には、毛沢東時代に進められた「三線建設」の後遺症、反作用という面がある。1950~60年代の中国は米国と激しく対立し、核戦争の可能性もささやかれる安全保障上の危機状況にあった。毛主席は米国の先制攻撃によって、中国の工業地帯が全滅することを懸念し、沿海から離れた内陸に重要な国有製造業を移転した。沿海から数えて「三番目のライン」という位置づけだった西安（陝西省）、武漢（湖北省）、合肥（安徽省）、重慶（当時は四川省）などに鉄鋼、化学、機械、輸送機器や軍需などの工場が移転した。

三線建設は内陸振興の一環にもなり、人口移住も進められたが、物流や需要獲得、人材確保などで決して好適地ではない場所に重化学工業が立地したことで、その後、90年代の国有企業の停滞、不振の一因にもなった。後年、経営が行き詰まった国有企業の労働者が沿海都市部に職を求めて逆方向で移転した。三線の国有企業は90年代に出稼ぎ農民を意味する「農民工」が登場する前の有力な都市部への労働力の供給源でもあったのである。

中国では戸籍制度による国民の地域固定化、人口抑制のための「一人っ子」政策など人口をめぐって権力による「束縛」が進められた一方、少数民族地域への漢族の移住、軍事戦略に沿った重要産業の内陸移転など権力による人口移動が半ば強制的かつ大規模に数次にわたって進められたことに大きな特徴がある。1966～76年の文化大革命中の1968年頃から始まった「下放」、すなわち都市戸籍を持つ高学歴青年を農村に移住させ、農業労働者として働かせることで思想改造を進め、社会主義の完成を目指すという政治運動も、権力による強制的な人口移動の一つであり、農村に下った青年の総数は1600万人にのぼったといわれる。習近平国家主席も1969年から7年間、陝西省延安市に下放されるなど、現在の中国の指導部の多くは下放経験を持つ。

このように、中国は国内の人口移動が政治によって操作され続けてきた国家なのである。かつて国民の7割以上を占めた農民は農地に縛り付けられ移動の自由を持たない一方、都市部のエリート層や国有製造業の従業員は共産党権力によって強制移動させられるという二面性を中国の人口動態は持っていたのである。

省を越えた「出稼ぎ」の増加

本章第2節で見た1980年代半ば以降のタイのように、農民が自分自身の選択でバンコクや東部地域などに移住し、工場労働者に転換する、言わば「市場原理に基づく流動性」は、中国では90年代になってようやく本格化した。中国政府は「戸籍を残したまま他の行政地域（いわゆる外地）に移住した人口」を「流動人口」と定義しており、そのなかには省・市・自治区

図２－５　中国の流動人口の流出入状況（2013年）

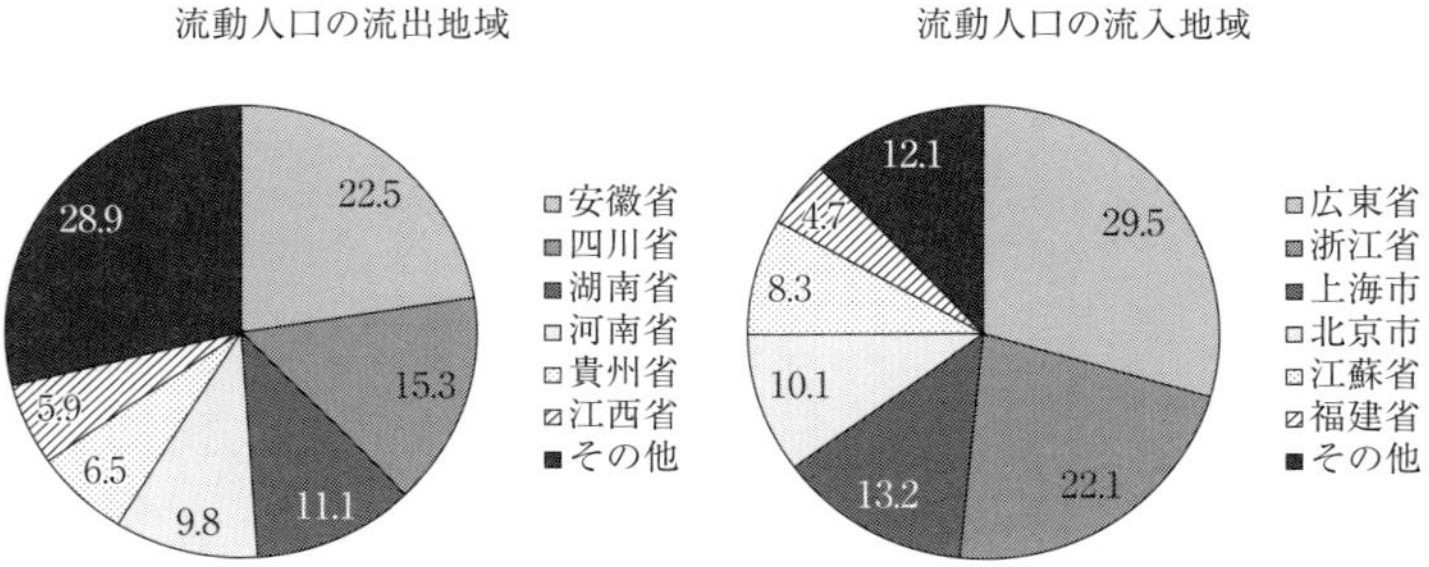

出所：MUFG 経済週報2015年

の境界を越えた移動のほか、同じ省内であっても「県（県級市）」の境界を越えて移動したものも含まれる。中国では省の下に「市（地級市）」、その下に「県」、その下に「郷・鎮」という四層の行政単位がある。２０１６年版の「中国流動発展報告」によると、２０１５年の流動人口は２億４７００万人と２０００年の１億２１００万人の２・04倍に拡大した。流動人口の居住先は沿海部を中心とする東部が74・７％と圧倒的に多いが、東部への集中傾向はすでにピークを越え、現状では定常状態からやや緩和される方向に向かっている。

人口移動のうち省・市・自治区の境界を越えた移動（２０１３年）は全体の38・９％、省内での地級市や県級市の境界を越えた移動が61・１％を占めており、省内での短距離の移動が半分以上を占めるが、省・市・自治区の境界を越えた長距離の移動の比率が上昇傾向にある。省・市・自治区を越えた移動を示したのが図２－５で、流出のトップ５は安徽省、四川省、湖南省、河南省、貴州省で、この５省で全体の約65％を占めている。いずれも内陸に位置している。流入のトップ５は広東省、浙江省、上海市、北京市、江蘇省で、５省・市で全体の約83％を占めている。いずれも沿海部の省・市であり、北京、長江デルタ、珠江デルタという中国の三大経済圏である。こうした人口流動の地域別状況は前述の省・市・自治区別の人口シェアの変動とほぼ一致している。

流動人口の移動理由は２０１０年の人口センサスによると、「出稼ぎ」が45・１％、「家族随伴」が14・２％、「進学・研修」が11・４％、「転居」が９・３％、「婚姻」が４・８％などとなっており、「出稼ぎに来た農民が家族を同伴したか、事後的に呼び寄せた」というパターンが60％近くを占めることがわかる。

「転居」は高齢者が子供のもとに身を寄せるケースも多く、これも「出稼ぎ」の関連で増加している。高齢者が子供夫婦と同居し、孫の面倒を見るケースである。ただ、中国では高齢化の進展とともに介護の問題も出ており、老人ホームなど介護施設が圧倒的に不足するなか、高齢者介護のために出稼ぎ先で同居するケースもある。中国では高齢者の流動も拡大していることに注目すべきであろう。流動人口は戸籍を残しているため、いずれ出身地に戻る人も多いが、「外地」での平均滞在期間は２０１５年時点で４・４年に達しており、延びる傾向を示している。

人口流入で突出する広東省

すでにみたように、中国の流動人口の流入先では圧倒的なトップは広東省であり、2000年時点の流入人口は1506万人で、全国の35%を占めた。これが2010年には2150万人まで増加したものの、全国に占める比率は25%に低下し、中国の人口流動化が全国的に広がっていることを示している。ただ、広東省は電機・電子産業や自動車産業、さらに不動産などサービス産業も含めた雇用創出力の大きさから依然、中国では頭抜けた人口吸引力を持っている。

広東省内の都市でみると、2010年の人口センサスによると省外からの出稼ぎ者で「出稼ぎ」目的が多かったのは東莞市90・9%、中山市87・5%、深圳市87・4%など電機・電子などの製造業の集積地であり、やはり製造業が遠くからの出稼ぎを吸引していることがわかる。流動人口を吸引した結果、広東省は省都の広州市と深圳市という人口1000万人を超える大都市を二つ抱えているだけでなく、人口500万人を超える都市が東莞市、仏山市、湛江市、茂名市、汕頭市、掲陽市の6都市もある。これに匹敵するのは人口1000万人を超える南陽市と500万人以上の都市が鄭州市、周口市、洛陽市、新郷市など9都市もある河南省くらいしかない。河南省は人口流出、広東省は人口流入のポジションにあり、中国のなかで人口重心が動きつつあることを示すものだ。

表２－３　中国の各省・市の人口年齢構成

	0～14歳	15～64歳	64歳以上
天津市	10.1	79.6	10.3
北京市	10.1	79.2	10.7
黒竜江省	10.6	78.6	10.8
上海市	9.4	77.8	12.8
内蒙古	13.1	77.4	9.6
吉林省	12.0	77.1	10.9
遼寧省	10.6	76.5	12.9
浙江省	12.9	75.8	11.3
山西省	15.0	75.8	9.2
陝西省	15.0	74.6	10.4
広東省	17.4	74.2	8.5
江蘇省	13.6	73.7	12.7
湖北省	15.2	73.6	11.2
甘粛省	17.1	73.5	9.4
福建省	17.6	73.4	9.0
中国平均	16.5	73.0	10.5
青海省	20.1	72.8	7.1
寧夏	20.1	72.5	7.4
雲南省	19.1	72.5	8.4
山東省	16.4	72.0	11.6
海南省	19.8	71.7	8.5
河北省	18.2	71.6	10.2
重慶市	15.6	71.1	13.3
四川省	15.9	71.1	12.9
新疆ウイグル	21.8	71.1	7.1
安徽省	17.8	71.0	11.2
チベット	23.6	70.7	5.7
湖南省	18.4	70.4	11.2
江西省	21.5	69.4	9.1
河南省	21.0	69.1	9.9
貴州省	22.4	68.1	9.5
広西壮族	22.6	67.6	9.8

移動に伴う人口構成の歪み

表2－3は中国全体と8省・市の年齢別の人口構成をみたものである。言うまでもなく15～64歳は生産年齢人口であり、表は生産年齢人口の高い順番に並べてある。生産年齢人口が最も高いのは天津市であり、北京市、黒竜江省、上海市と続く。直轄都市の4都市のうち重慶市を除けばトップ5にすべて入っており、東北部の3省も上位10位以内に入っている。重慶市は内陸で、かつての三線都市として産業規模も大きいが、地元の国有企業の不振もあって、省外に働き手を送り出しているため、直轄市のなかでは生産年齢人口の比率が低いのである。

生産年齢人口の下位に並び、70%を切っているのは江西省、河南省、貴州省など典型的な出稼ぎ者輩出地域であり、重慶市と同様に、働き手が省外に出て行ったことがうかがえる。江西省、貴州省など生産年齢人口の下位の地域は14歳以下の子供の比率が20%を超えていることも大きな特徴であり、出稼ぎ者が子供を地元に残して働きに出かけた状況が明確に示されている。

生産年齢人口が下位の省は65歳以上の高齢者比率が1ケタ台と低い共通性もあるが、これは出稼ぎがブームとなった1990年代に40～50歳代で出稼ぎに行った働き手が、高齢者になっても出身地に戻らず、沿海部で働き続けている構造を示していると考えられる。

ただ、生産年齢人口が低い四川省や重慶市などで高齢者の比率が逆に高く、重慶市は全省・市でトップの13・3%になっている。これは四川省や重慶市には伝統的な大手国有製造業があったことから90年代にはあまり多くの出稼ぎ者を沿海に送っておらず、90年代の生産年齢人口が他の内陸地域と比べ、地元に残る傾向が強かったことや、出稼ぎに出たとしてもそのまま沿海部にとどまることなく、一定年齢を超えると出身地に回帰することが多かったからとみられる。内陸地域といっても重慶市などは生活基盤は充実しており、出身者にとっては沿海大都市よりも暮らしやすかったとみるべきかもしれない。

中国の縮図、上海市

14歳以下の人口比率が最も低いのは上海市で、全省・市で唯一10％を切り、９・４％という低い数字になっている。上海市自体は中国全体のファッションや消費トレンドの発信地であり、若者が集まった大都会という印象があるが、定住人口における構造は中国の地域でも突出していびつである。

14歳以下の人口比率が低い理由は、子供を出身地に残したままの出稼ぎ者が多いことがベースとしてあるにせよ、別の理由も考えられる。住居費など生活コストの高さから上海市出身でも子供を持たない夫婦が増加していることだ。中国では人口抑制を目的に１９７９年に全国で実施され始めた「一人っ子」政策が少子高齢化の影響が深刻化しつつあった２０１５年に廃止され、２人まで子供が認められるようになった。だが、この政策自身は上海市、北京市など沿海大都市では効果は薄いとされ、出生率の回復にはなかなかつながっていない。上海市の14歳以下人口の少なさはそうした傾向を映し出している面もあろう。

一方、上海市でもうひとつ注目すべきは、高齢者の比率の高さである。重慶市、四川省など内陸地域に次ぐ12・8％という高さである。生産年齢人口が高い省・市はコインの表裏の関係のように、高齢者人口の比率は低くなる傾向があり、実際、天津市や北京市の高齢者比率は上海市を2ポイント以上下回っている。同じ沿海の大都市であっても、上海市は北京市、天津市とは異なる社会構造があるとみるべきだろう。ひとつは高齢者への介護や医療の仕組みが完備していることが考えられる。上海市は財政が裕福な地方政府であり、市の戸籍を持つ高齢者に対する養老年金や医療保険など行政サービスは手厚い。

実際、筆者が２０１４～15年に上海市内の老人ホーム３カ所をヒアリングした際に聞いたケースでは当時、高齢者への年金が月額４０００～５０００元で、市内の認可介護施設の入居費（食費など込み）が月額４０００元程度で、都市戸籍を持つ高齢者は年金で十分に施設に入居することが可能で、残りの生活費や小遣いを自身の蓄えや子供からの支援で賄えば十分という人が多かった。

ただ、介護施設の部屋は狭く、数人で一室を共有しており、条件がよいとは言い切れない。中国の大半の省では養老年金は低く、介護施設も整備されておらず、上海市のような自足型の高齢者対応はほとんどできていない。そのため上海市などのような手厚い高齢者対応のある街に高齢者が残存し、市外からは若い世代の流入が制限されるため、高齢者人口比率が上昇して

図２－６　深圳市特区内の月額法定最低賃金

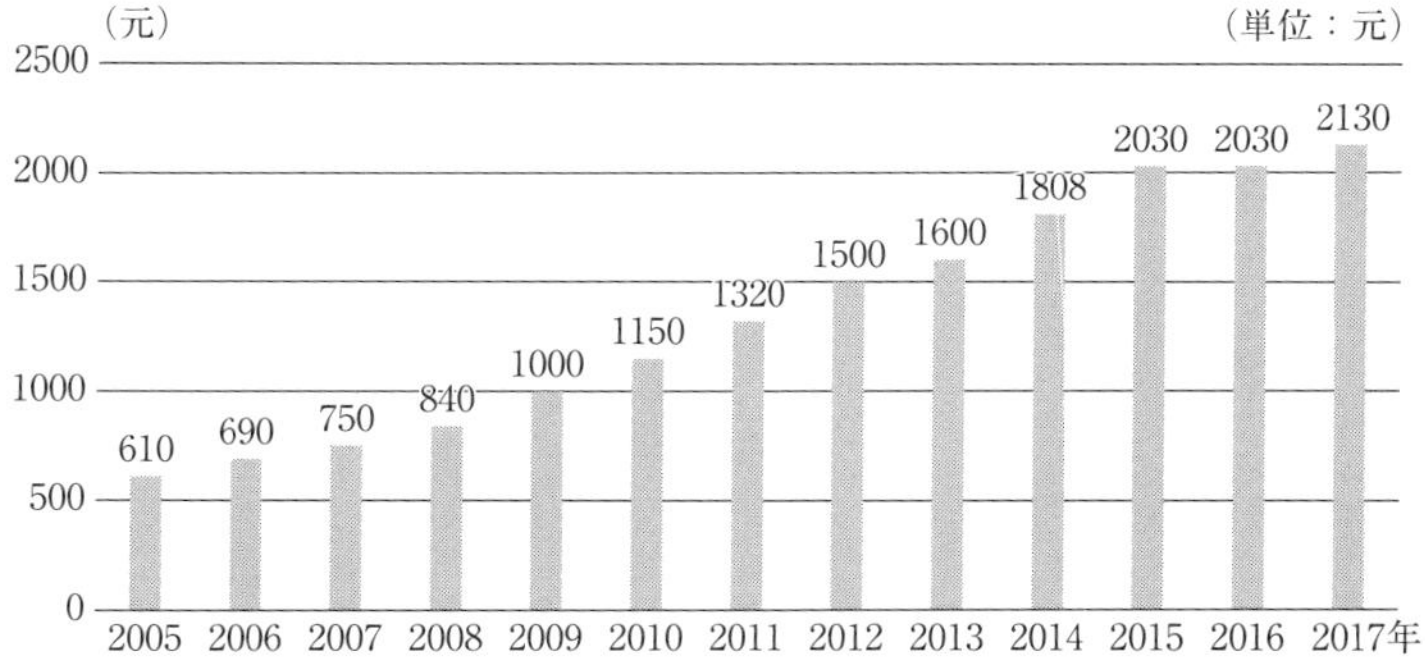

いる。上海市以外では地元に残るよりも、高齢者介護のコストが安い街に高齢者は移り住み、年金額との見合いで老後の経済設計を図らざるを得ないのである。

当然ながら、上海市に出稼ぎでやって来た、いわゆる「外地人」には、こうした高齢者対応は提供されない。上海市人口の年齢構成が中国全体とは異なり、むしろ少子高齢化先進国である日本と類似した状況にあるのは、日本に近い社会構造、家族関係があるからといってよいだろう。それは中国の沿海地域の大都市の遠くない将来の姿でもある。

4　国境を越えた人口移動

加速する外国人労働者の増加

アジアは世界の人口の54%を占める一方、世界から労働集約型産業を吸引し、アジア全体が「世界の工場」になった。経済発展の過程で、農村から都市への人口移動が起き、都市部の工業部門が必要とする労働力が確保されたが、外資が進出した国、地域では農村部からの労働力調達も限界に達し、人手不足が深刻化している。その状況は失業率などの統計よりも労働市場の需給を反映する賃金の上昇でより明確にみることができる。

図2－6は深圳市の特区内の法定最低賃金の推移をみたものである。2005年に610元だったものが2015年には2030元と、わずか10年間で3・3倍に急増した。もちろん残業手当などを含めた実勢賃金はこれをはるかに上回るが、最低賃金の伸びと並行した関係にある。この賃金上昇こそ中国沿海部で起きた人手不足、言い換えれば労働力の流入の減少を映し出している。

同じ現象はタイのバンコク首都圏や東部地域でも起きた。タイの場合、最低賃金は中国に比べ抑制されてきたが、2011年以降、引き上げが実施されている。バンコクの場合、2011年1月から日額で215バーツだったものが、12年4月から300バーツになり、13年1月からは日額300バーツは全国に適用されることになった。その後、14年のクーデターなど政治混乱もあって賃金引き上げは止まっていたが、17年1月にはバンコクやその周辺地域は日額310バーツに引き上げられ、18年以降もさらに引き上げが計画されている。これはタイ国内での労働需給の逼迫によるものだが、タイの場合はそこに外国人労働者の問題が含まれている。

タイでは公式統計ではミャンマー人200万人、カンボジア人40万人、ラオス人30万人が国内で働いているといわれている。国境を越えた出稼ぎだが、実態はミャンマー人３００万人など全体で４００万人前後とみられている。その雇用先は、外資系の工場も多いが、農業や漁業、一部はレストラン、ホテルなどサービス業もある。ミャンマー人労働力は南部や北部のサトウキビ農園の収穫や南部の漁港をベースに漁船に乗り組んでいるケースが多い。問題はそうした外国人労働者には最低賃金制度や労働法などは適用されないケースが多く、労働災害や賃金の未払いなどが発生していることである。

そして２０１５年あたりから目立ち始めたのは、タイ国内で働いていた労働者の本国への帰還である。カンボジアはフン・セン首相のもとで最低賃金の急激な引き上げが続き、すでに月額１２０ドルに達しており、タイ国内で働くことが魅力的ではなくなりつつある。ミャンマーは国内に外資系企業の工場が劇的に増えていることやタイへの労働力流出が行き過ぎ、国内の農村で若年労働力の不足が深刻化し、農業の持続性に懸念が生じているため、政府自身が労働力の引き戻しを始めている。

いびつなグローバル化の進行

アジアにおける労働力の越境移動は日本や韓国への出稼ぎが端緒となり、現在も日本は「技能実習制度」、韓国は一般と特例の二種に分かれる「雇用許可制（ＥＰＳ）」などさまざまな制度で大量のアジア労働力を受け入れている。同様の構造がＡＳＥＡＮ域内でも起きていることに注目すべきだろう。ミャンマー人労働力がタイに定住することはないにせよ、バンコクの市内ではインフォーマルなかたちで周辺国の労働者が定着しており、アジアの都市ではいびつなグローバル化が進みつつある。これはまた差別による階層構造や外国人の集住によるスラム化など新たな問題、緊張をもたらしかねない。その一方で、アジア企業が相互に国外投資を進め、多数の人材が接点を持つことによって、イノベーションや起業が活性化する可能性もある。

【第2章　注】

（1）人口移動についてはさまざまな競争的な労働力市場によってもたらされるという議論や、冷戦構造崩壊後のグローバリゼーションの影響などを考慮した議論、人間の安全保障などの観点からの議論など多様である。林玲子の分析はデータに基づく実証的な定量分析であり、人口移動について新たな視点をもたらすものといえる。

（2）農民工の都市への流入が活発化した1980年代には都市居住は黙認されていたが、人数が急激に増加した90年代には「暫住証」など労働許可の申請が必要になり、2～3年といった滞在期間の制限も強まった。だが、農民工への管理強化は逆に農民工の存在をフォーマルに認めることにもなった。加えて、大学進学率の上昇で、地方都市や農村出身者が北京、上海などの大学に入学し、卒業後も就職で大都市にとどまるようになったことで、農村から都市への人口移動の制度化は進むことになった。

（3）インドネシアの国章「ガルーダ・パンチャシラ（Garuda Pancasila）」には金色の神鳥「ガルーダ」が描かれ、バナーを掴んでいる。バナーに記されている文言は「多様性の中の統一（Bhinneka Tunggal Ika）」。多くの民族、文化、言語が共存する国家が分裂せずにまとまっていくには多様性をお互いに認め、国家の統一に努力することが必要だからである。多様性を尊重する社会では、ジャカルタへの一極集中や一部の都市への人口移動などは進みにくいのだろう。

（４）タイのイスラム教徒はマレー系が多数だが、中国系、インド系なども含まれる。もともとマレーシア国境地帯はイスラムの小王国だったが、タイに併合され、仏教国のなかの少数宗教となった。今もなお分離独立を求める過激派もいる。西隣のミャンマーではラカイン州に住むイスラム教徒ロヒンギャがミャンマー政府に弾圧されているとして国際問題となっている。さらに東隣のカンボジアでも米シンクタンク、ピュー研究所によれば、人口の１・６％はイスラム教徒であり、実際、筆者が２０１５年に訪問した南部コッコンの経済開発区では工場労働者のかなりの部分がイスラム教徒だった。このように東南アジアの仏教圏でもイスラムは一定の存在感を持っていることに留意する必要がある。

（５）米クレジットカード会社、マスターカードが毎年発表している「世界渡航先ランキング」の２０１６年版では、タイのバンコクが１９４１万人となり、２年連続でトップに立った。第２位は１９０６万人のロンドン、第３位は１５４５万人のパリで、タイの人気ぶりがわかる。東京は第９位で１１１５万人だった。ロンドン、パリ、東京は商用で訪れる旅客が多いのに対し、バンコクは観光目的が圧倒的に多い、というちがいがある。

（６）中国の新疆ウイグル自治区の民族別の人口構成は中国政府の公式統計では、ウイグル族45％、漢族41％、カザフ族７％、回族５％、キルギズ族０・９％などとなっているが、漢族の入植拡大によって２０００年頃には漢族の比率がウイグル族を上回ったとの見方がある。その一方で、ウイグル族の急進派と漢族の対立が激化し、警察署や政府庁舎などが襲撃される事件が多発し、漢族にとって治安上の不安が高まった２０１０年以降、漢族の住民が戸籍を新疆ウイグルに残したまま沿海部に移住するケースが急増している。１９７０～80年代に入植した漢族はすでに引退しており、故郷に戻って老後を送るケースも増えている。今後、新疆ウイグルで漢族がさらに増えるかは疑問である。

第3章　中国にみるアジア大都市の成長メカニズム

第二次世界大戦後のアジアの成長を振り返れば、自国産業の育成、成長によって経済発展を遂げた日本と韓国を除けば、アジアＮＩＥｓと呼ばれた香港、シンガポール、台湾や１９８０年代後半以降のタイ、マレーシア、インドネシアなど東南アジア諸国連合（ＡＳＥＡＮ）、そして１９９０年代半ば以降の中国の経済発展は外資の主導で軌道に乗った。そのなかで大きな役割を果たしたのは、外資進出の基盤が先行して整っていた都市であり、アジアの経済成長は都市とともにあったといっても過言ではない。

都市と産業が相乗作用を発揮して成長するメカニズムこそ「アジアの奇跡」をもたらした「成長方程式」だった。本章では、そのメカニズムを中国の都市、地域の成長過程から分析してみたい。

1　アジアの都市の成長モデル分析

鄧小平が発動した「改革・開放」政策は、外国の技術と資本を国内に呼び込むことで、当時、世界に大きく遅れた中国経済を成長軌道に載せる狙いがあり、1979年に深圳、汕頭、珠海、厦門《アモイ》の四カ所に、まず外資の受け皿となる「経済特区」を開設した。設備輸入の関税免除や法人税の減免税などを特区に限って実行することで外資を惹きつける狙いだった。

外資は共産党支配体制に警戒心を持ちながらも、中国の安い人件費や豊富で若い労働力を目的に、徐々に中国へ進出していった。中国のなかに外資が安心して投資できる治外法権的な「場」を設け、共産中国の政治リスクやインフラ未整備の問題を回避する道を提供した点に鄧氏の構想の卓越性があり、その後、アジアの多くが経済特区方式を成長戦略として採用したのである。

汕頭、珠海、厦門は当時、すでに中国でも伝統のある経済都市として確立されていたが、経済特区のトップを切った深圳だけは、都市と呼ぶにはほど遠い零細な漁村にすぎなかった。

鄧小平が深圳を選んだのには時代的、地理的な背景があった。文化大革命（1965〜75年）の終結から日が浅く、外資や資本主義を敵視する共産党保守派の勢力が強かった時代であったため、政治の中心である北京から遠く離れていることが、無用な批判を避ける実利的な方法だった。一方で、英国統治の市場経済で繁栄し、アジアの物流、金融の中核となっていた香港に隣接した深圳は、外資にとっては親近感、安心感の持てる場所だった。その後、深圳から順次、中国全土に広がった経済特区は「改革開放」政策の牽引車となった。その成功は起点となった「場」の選択にあったといえるだろう。

ただ、当初、外資は中国に対し懐疑的な見方を持ち続け、対中投資の出足は緩やかなものだった。90年までの累積額は10年余にして、わずか２０７億ドルにすぎなかった。89年６月には民主化に理解のあった故・胡耀邦元総書記の追悼のため北京中心部の天安門広場に集まった学生や市民に向け、人民解放軍が発砲するという第二次天安門事件が発生、中国は国際的な批判を浴び、先進各国による新規投資の禁止など経済制裁を受けたことも、外資受け入れを遅らせる原因となった。

外資が本格的に対中投資に動き出したのは第13回共産党大会で「社会主義市場経済」が宣言された１９９２年以降であり、同年に対中直接投資が実行額ベースで初めて年間１００億ドルを突破した。その後は一気に投資に弾みがつき、96年には単年度で４００億ドルを超える水準にまで急伸した。その後は安定的に推移していたが、２００１年に中国の世界貿易機関（ＷＴＯ）加盟が決まると再び投資ブームが起き、その後、毎年のように投資額の最高を更新し、２０１０年には遂に年間１０００億ドルの大台を突破するまでになった。15年末までの累積額は１兆６３９５億ドルに達している。

この期間の外資の直接投資の大半は広東省の珠江デルタ、上海市・江蘇省などの長江デルタ、北京市－天津市エリア、遼寧省大連など港湾へのアクセスがよく、道路や電力などのインフラも相対的に良好だった沿海地域に投じられ、経済特区だけでなく各地に地方政府主導の工業団地が林立するようになった。外資の直接投資が沿海地域発展の原動力になったわけである。1995年には中国全体で241万人にすぎなかった外資系企業の従業員数は2005年には3倍近い688万人に増加した。その期間に国有企業の従業員数は42％減少し、05年には6488万人まで減った[1]。

2005年時点で外資企業の従業員数の多い省・市のトップ3は広東省、江蘇省、上海市である。国内総生産（GDP）の地域版である域内総生産（GRP）でみると、この3省・市は95～05年の期間に上海市が3・7倍、広東省が4・1倍、江蘇省が3・6倍と、同期間の中国全体のGDPの伸び率3・0倍を上回って伸びた。外資の進出が限られていた内陸の省・市は軒並み2・0倍台にとどまっている。

また、各省・市のGRPの中国全体に占めるシェアでも95年から05年の間に広東省は8・8ポイントから11・9ポイント、江蘇省は8・4ポイントから9・8ポイント、上海市は4・0ポイントから4・9ポイントへと、それぞれ大きく伸ばしている。この3省・市で中国の、GDPの30％近くを占めるまでに急成長したのである。外資が地域に成長をもたらしたのだ。

ただ、この期間の外資の直接投資は縫製、玩具、日用雑貨、家電、電子部品、印刷など労働集約型の製造業が大半であり、中国の低賃金労働力を目的とした輸出型生産拠点としての投資だった。外資は当初、経営が行き詰まった沿海各都市の国有企業からレイオフされた地場の労働力などを活用したが、人手不足が目立ち始めると、内陸農村から出稼ぎ労働力を集め始めた。これが今日まで続く「農民工」であり、農村から沿海都市への人口移動は「民工潮」と呼ばれ、人類史上でも稀な短期間での人口大移動を引き起こした。95年に８億５９４７万人だった農村人口は05年には7億４５４４万人へと、1億１５００万人減少した一方、都市人口は３億５１７４万人から5億６２１２万人に2億１０００万人以上増加したのである。

新中国の建国以来、毛沢東の農業政策の失敗で４０００万人近くが餓死したといわれる「大躍進」期（１９５８～60年）を除けば、減ることのなかった農村人口は95年をピークに減少に転じた。外資が主導するかたちで沿海都市に大量創出された雇用機会が、農村から人口を吸引し、都市と農村の人口バランスを劇的に変化させたのである。中国の都市化はこうした外来的要因によっていびつなかたちで、驚くほどの速度で進んだ。

２　内需牽引型成長への転換

中国は１９９４年以降、一貫して貿易黒字を続けていたが、黒字額は２００～４００億ドル台を上下していた。だが、２００５年に突如、前年の3倍以上の１０２０億ドルの黒字を計上した。沿海都市部に建設された外国企業の工場からの輸出が膨張期、収穫期に入ってきたためで、その後、貿易黒字は年を追って劇的に増加、わずか3年後の08年には3倍近い2981億ドルに達した。黒字の膨張は中国経済の基盤を強化し、GDPを押し上げたが、その半面、米欧日など先進国との貿易摩擦を深刻化させた。1960~2000年代初頭の40年間にわたって米国の貿易摩擦の最大の相手国は日本であり、日本は日米構造協議などを通じ、輸出自主規制や内需振興を通じた米国製品の輸入拡大など黒字削減を約束させられた。

だが、中国の貿易黒字が膨張を始めた05年以降、米国の貿易摩擦の矛先は日本から中国に向きを変えた。中国は人民元を対ドルで安値誘導していると厳しく批判され、人民元切り上げに応えざるを得なくなる一方、80年代の日本と同様に輸入拡大を要求され、経済政策を輸出拡大から内需拡大へと大きく舵を切った(2)。とはいえ、中国の1人あたりGDPは05年には1700ドル台、08年にようやく3000ドル台に載ったにすぎず、先進国のような個人消費を原動力とする内需振興には限界があった。

中国政府にとって先進国からの要求に応える唯一の選択肢が政府が主導する鉄道、高速道路、空港、港湾、工業団地などのインフラの整備だった。その真骨頂ともいえるのが、リーマン・ショック直後の08年11月に発表した4兆元(当時の為替レートで57兆円)にのぼる財政出動であり、その多くがインフラ関連分野に投じられた。だが、需要を無視した過剰なインフラ構築や不動産開発は、結果的に稼働率の低い高速鉄道、高速道路、空港や入居者のいない集合住宅やオフィスビル、工業開発区を中国各地に林立させることになり、「鬼城（ゴーストタウン）」という言葉がメディアを賑わすことになった。

一方で空前のインフラ建設や不動産開発は、中国の鉄鋼、銅精錬、セメント、アルミニウム、ガラスなどの素材産業や石炭産業を急成長させ、２０１０年には中国の鉄鋼生産は世界のほぼ半分を占めるまで膨張した。その恩恵を受けたのは歴史的に素材分野の大型国有企業が集中していた遼寧省、吉林省など東北3省や河北省、産炭地だった山西省、陝西省、内蒙古自治区などである。

そうした特定地域への追い風は、省のＧＲＰが中国全体に占めるシェアを追えばみえてくる。遼寧省のＧＲＰが全国に占めるシェアは２０００年の４・７％から05年に４・３％まで低下するなど長期低落傾向にあったが、08年を境に流れが反転、10年には４・５％に上昇した。反対に電機・電子産業を中心に外資製造業の輸出で90年代以降、急成長した広東省はＧＲＰの全国シェアが00年の９・６％から05年には11・９％まで急上昇した後、10年には11・１％に急落している。同じ傾向は上海市、福建省などにみられ、人件費と人民元の上昇が輸出産業の立地地域だった広東省、上海市など沿海部を直撃したことがうかがえる。内需拡大への政策転換が地方の成長に変動をもたらしたのである。

こうした中央、地方の政府財政による投資主導型の成長は、必然的に不採算のインフラや国有製造業の重複投資を招くとともに、政府の財政を急激に悪化させた。省・市など地方政府はインフラ建設資金を国有地の使用権の譲渡収入や土地担保の銀行借り入れなど土地関連のファイナンスに依存していたため、土地価格、不動産価格の上昇を必要としており、一部では土地供給を絞ることで地価の上昇を煽るケースもあった。いずれにせよ、内需拡大を狙った財政によるインフラ投資、それを基盤とする地方の成長は持続的ではなかったのである。

土地ベースの成長モデルの問題は２０１０年以降、数次にわたる不動産バブルとなって現出した。不動産バブルは値下がり局面での不動産開発業者の破綻や不動産投機に手を染めた多くの国有企業の債務膨張などにつながっただけでなく、上昇局面では北京や上海など大都市で一般的な住宅の価格がホワイトカラーの平均年収の20～30年分にまで高騰するなどの問題も引き起こした。また、目に見えるかたちで都市住民を襲ったのはＰＭ２・５などの大気汚染であり、その大きな原因はコークス製造や高炉稼働など鉄鋼、石炭、ガラスなど素材産業の大増産と汚染対策の不備にあった。インフラ投資、不動産開発が牽引する成長モデルはさまざまな面で行き詰まりを示すようになったのである。

3　イノベーション型成長の模索

２０１２年に誕生した習近平政権は成長モデルの転換を打ち出し、「新常態（ニューノーマル）」への脱皮を宣言した。これは財政支出による過大なインフラ建設などで高い成長率を無理につくるのではなく、持続可能で健全な成長を追求するという考えであり、それまでの成長至上主義からの転換ともいえる政策だった。「新常態」ではサービス産業の拡大による雇用の創出を進め、製造業の技術的高度化と高付加価値化、イノベーションの促進による産業転換を進めようとした。

だが、日本やドイツ、米国など外資からの技術移転や技術模倣で民族系製造業を育成し、実質的に研究開発のコストを負わないというキャッチアップ型成長に慣れきった中国経済にとって、イノベーションによる付加価値向上はきわめて難しい課題となった。

2015年あたりから先進各国は中国に対し、鉄鋼など素材の過剰生産とコスト度外視の大量輸出がグローバルな鉄鋼需給を崩し、各国の経済に打撃を与えているとの批判を強めた。人口規模が世界の19％の中国一国で世界の粗鋼生産量のほぼ半分を占める状況は明らかに異常であり、習政権は過剰生産能力の削減に取り組む姿勢を打ち出し、設備淘汰の前提となる鉄鋼業界の再編にも着手した。16年9月に発表された宝鋼集団（上海市）と武漢鋼鉄集団（湖北省）の経営統合は、世界第2位の鉄鋼メーカーの誕生という側面だけでなく、合併による設備集約に関心が集まった[(3)]。

ただ、それに続くような産業再編、設備廃棄の動きは出ておらず、「新常態」は全体としては難航していると言わざるを得ない。たとえば非効率な中小型高炉の多い遼寧省は、2015年の成長率が3・0％、石炭に依存した山西省は3・0％と、全国からみても際立った落ち込みを示した。

そのなかで、イノベーションが実質的に動き出し、成長率が高まりつつある地域がある。深圳、北京、杭州などの都市である。深圳については第7章で改めて詳しく触れるが、ドローン、ディスプレー、移動体通信技術、ロボットなど世界最先端の技術、商品でグローバル市場での実績を築く企業が急速に台頭している。北京、杭州はインターネット分野で突出した企業が現れている。杭州に本拠を置く電子商取引の総合企業であるアリババは２０１６年３月期決算で米ウォルマート、仏カルフールを抜き、世界最大の小売業となった。創業から20年足らずで小売業の頂点に立ったのは単純に中国という巨大市場を基盤にしているからだけでなく、傑出したＩＣＴ基盤と斬新なビジネスモデルを持っているからだ。

北京ではアリババのライバルである京東やニュースサイトでトップの新浪網、ネット検索エンジンでグーグルに次いで世界第２位の百度、米Uberを模したネット配車サービスの滴滴出行《ディーディーチューシン》など、より幅広いネット企業が成長する一方、「中国のアップル」と呼ばれる小米科技《シャオミー》のように、独自のマーケティング戦略で台頭したスマホメーカーもある。そうしたイノベーション主導型の企業はまだ数は少なく、中国全体からみれば点のような存在だが、今後、中国経済のステージを変える存在になってくるだろう。そうした企業が成長するのはモノやカネ以上にヒトと情報が集積する深圳、北京のような限られた都市であり、中国経済の進化のカギは、やはり都市にあることは間違いない。

4　都市を支える産業、産業を支える都市

第2次産業比率と都市の発展

日本を含め、先進国の大半は第3次産業の比率が60％を超えている。GDPに占める第3次産業の比率と1人あたりGDPとは一般的には正の相関関係にある。経済が高度化するにつれ、労働力の主体は第2次産業から第3次産業に移動するため、1人あたりGDPと第2次産業の比率は負の相関関係になる。だが、それ以前の工業化の初期段階にある途上国では、経済の柱が第1次産業から第2次産業に転換していくことで、1人あたりGDPが伸びていく。農林水産業より高い付加価値を生み出す工業化こそ途上国の成長の原動力になるからだ。中国は2015年に1人あたりGDPが8000ドルを超え、すでに中進国段階に達しており、一般論では第2次産業比率が低下し、第3次産業比率が上昇しながら、1人あたりGDPがさらに伸びていく段階にあるが、それは中国全体の方向であり、地域ごとにみた場合、別の状況や傾向も浮かび上がる。

図3－1は第2次産業比率と1人あたりGDPの関係を、中国の主要都市（省都や各地の中核都市）に当てはめてみたものである。横軸が第2次産業比率、縦軸が1人あたりGDPの図であり、中国の主要都市がどの位置にあるかを示している。かなり分散しているものの、大き

図3-1　都市の発展と第2次産業比率

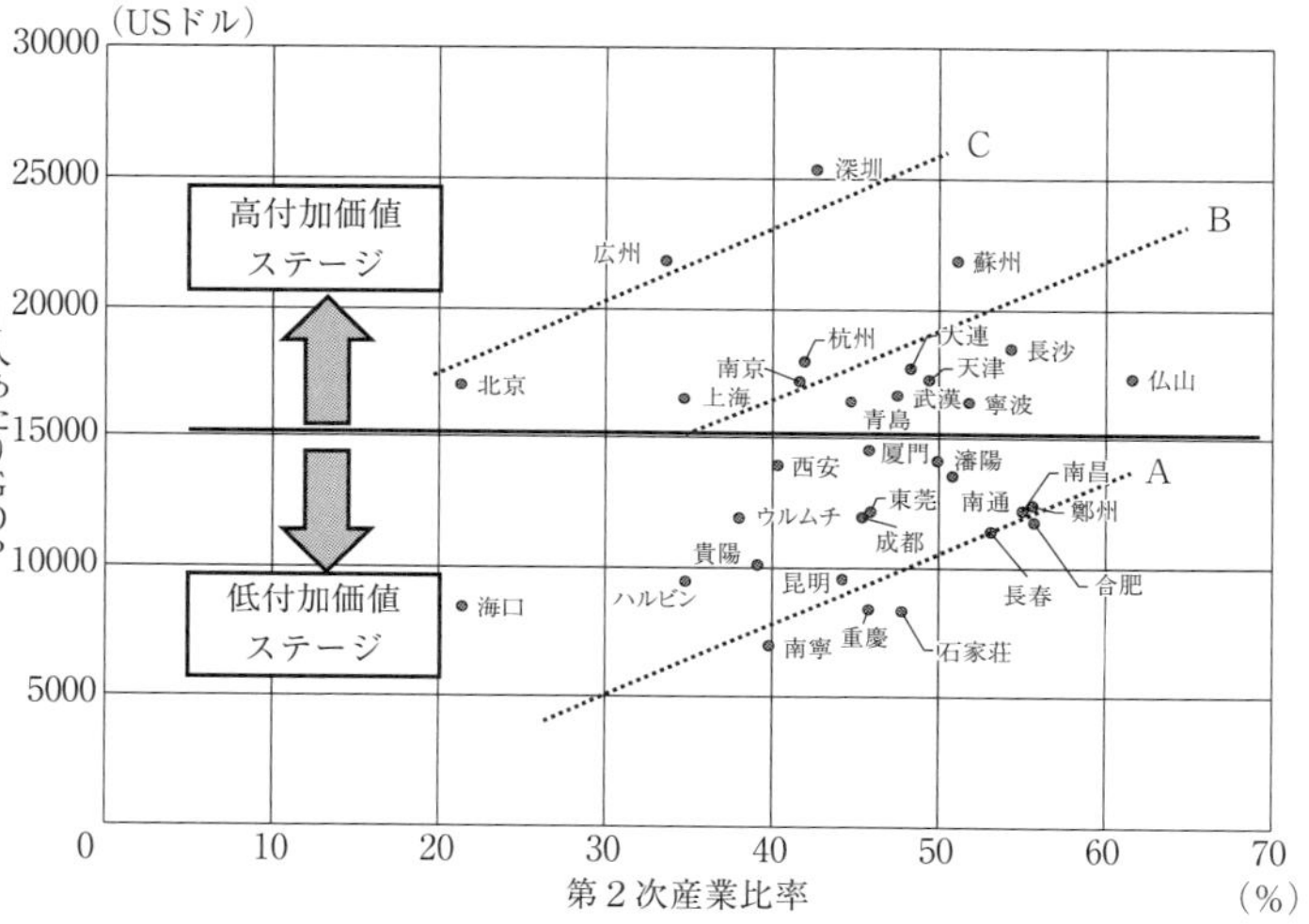

くみれば右肩上がりの傾向、すなわち1人あたりGDPと第2次産業比率に正の相関関係があることがうかがわれる。それ自体は中国経済に第2次産業を成長の原動力とする途上国・中進国段階の特質がなお残存していることを示す。

当然ながら1人あたりGDPが低い段階、すなわち途上国段階の都市であれば、工業化が進むことによって1人あたりGDPが上昇するのは合理的であり、中国で最貧困の省とされる貴州省の省都、貴陽や最北の省都、黒竜江省のハルビン、内陸の雲南省の省都、昆明はそうしたポジションにある。貴陽やハルビンは第2次産業比率が上昇することで、四川省の成都、吉林省の長春、河南省の鄭州など先行して成長した都市のポジションに向け、右肩上がりの成長コースをたどるわけである。これはまさにアジアの多くの途上国が進むコースである。

だが、１人あたりＧＤＰが１万５０００ドルを超える、国家でいえば中進国から先進国へ向かうようなレベルの都市でも第２次産業比率が40％を超える都市が３分の２以上を占め、仏山（広東省）のように１人あたりＧＤＰが１万７０００ドルを超えていても第２次産業比率が61・６％という都市もある。蘇州（江蘇省）は１人あたりＧＤＰが２万１８８４ドルと中国では３番目に高く、韓国などにも近いレベルの経済水準にあるが、第２次産業比率は51・１％と、経済水準でみればはるかに低い長春とほぼ同水準である。

こうした傾向の分裂は、図を１万５０００ドルで上下の２つの領域（高付加価値ステージの都市と低付加価値ステージの都市）に分けたうえで、異なる２本の近似線ＡとＢとを引いてみると説明が可能となる。下半分の低付加価値ステージで浮かび上がる近似線Ａは縫製、玩具、雑貨など軽工業から鉄鋼、化学など素材産業、さらに家電、電子部品などの産業へ段階的に高度化していく「途上国から中進国に向かう成長スロープ」といえる。

これに対し、上半分の高付加価値ステージにある近似線Ｂは上海、南京、杭州、蘇州、武漢という長江沿岸都市や大連、天津など先行して発展した都市が並んでいる。これらの都市はたとえば、電機・電子産業でも単純な加工、組み立て業態ではなく、液晶パネルや半導体、センサーなど技術集約、資本集約型の製品分野、産業分析的には上流に移行していたり、ソフトウエアや自動車、太陽光発電パネルなどの環境機器はじめ高付加価値の分野に軸足を置いている。第2次産業といっても、先進国型なのである。

これを長江沿岸都市における仮説的な発展シナリオとして考えると、産業高度化で先行した上海市がある段階で、金融センターや外資系企業の本部などサービス業やオフィスの立地に転換し、上海市郊外の地域も宅地への転換が進んだことで製造業の立地が困難になり、長江を遡るかたちで家電、電子機器、自動車部品などの第2次産業が蘇州、杭州や南京に移転、〝玉突き型〟に高度な第2次産業が広がった。蘇州は94年にシンガポールとの合弁で開発が始まった蘇州工業園区や日本企業が集中的に進出し、日本人学校も設置された蘇州高新区があり、高度な第2次産業の受け皿となった。実際、蘇州はじめ周辺の開発区には高速カラー複写機や液晶パネル、半導体など先端的な製品を生産する企業が集中している。

こうした中国国内の大きなレベル差のある産業立地は、日本国内ではあまり見かけることはできない。そこにはいくつかの理由があるだろう。

第一は、日本は高度成長期以降、政府が「国土の均衡ある発展」を目指し、積極的に産業の地方移転、地方における高度な産業集積の構築を目指してきたからである。国土のグランドデザインといわれた数次にわたる全国総合開発計画は、太平洋側と日本海側の産業立地の不均衡是正、北海道・東北の産業振興に力を入れた。そのため、中国ほどの地域間格差が出なかったのである。

同時に日本は地方自治体が国の政策に沿った産業振興プランをつくることで国の優遇制度や補助金を巧みに使おうとしたため、特定の地方が突出した産業誘致をせず、全国的にバランスのとれた産業配置となった。もちろん東京一極集中など地方との格差は残ったが、中国ほどの大きな地域間格差ではない。

第二は、日本では1970年代に入って主要製造業の地方への工場移転が進んだことが挙げられる。東京、名古屋、大阪など大都市圏では人の確保が難しくなったうえ、環境対策の問題もあった。そうして家電、電子部品、機械、日用品、縫製、靴や金属加工などの工場が地方に移転した。

それらの工場は一般的に大都市圏に残った工場や研究拠点に比べ、付加価値は低かった。そのため、1985年のプラザ合意後の急激な円高や90年代の中国の台頭などによって工場がアジアに再移転することになった。

90年代初頭のバブル崩壊後、工場の雇用が減少し、高齢化も進んだ日本の地方経済は疲弊したが、逆に付加価値の高くない製造業が去ったことで、より付加価値の高い製造業やサービス業への転換を模索する動きが強まった。地方の疲弊は商店街の〝シャッター街化〟など深刻な半面、地元大学との産学連携による新商品の開発、インバウンド観光客誘致含めた地域振興への意欲を高めたことも無視することはできない。

中国の東北三省や内陸で今、指摘される非効率で実質的に破綻した国有製造業の残存、すなわち〝ゾンビ企業〟問題に比べれば、日本の地方の直面する問題は深刻さの度合いは低い。中国で三つの近似線で示される産業都市のレベル差、ひとつの国のなかに途上国、中進国、先進国が併存する問題の解決はきわめて難しい。

中国の工業都市は軽工業から重化学工業、量販型製品までの初期発展段階（低付加価値ステージ）とIT、精密機器などのハイテク発展段階（高付加価値ステージ）の二段階の成長ステージを持っており、両ステージの都市が国内に混在している。そうした都市は基盤となる産業分野だけでなく、経営主体の面でもちがいがある。近似線Aの周辺に位置するハルビン、重慶、成都、長春、瀋陽などは国有企業の比率の高い都市である一方、近似線Bの近傍に並ぶ都市の多くは民間や外資の製造業が主体となっているからだ。中国を地域でみた場合、東北部や内陸の省・市が伝統的な重厚長大型国有企業の牙城となっており、高付加価値分野への転換が進まず、経営不振に陥っている。

図3－1からは、第三の類型も見出すことができる。北京、広州、深圳などの都市であり、そこには新たに近似線Cを引くことが可能である。1人あたりGDPが2万ドルを超える水準でなお第2次産業比率が広州は33・6％、深圳は42・6％と比較的高い水準にとどまっている。それはすなわち、両市が近似線Bの都市群を上回るイノベーション主導型の製造業を持ち、それが生み出す付加価値を近似線B群の都市よりさらに向上させたためだろう。これこそ習近平政権が2014年あたりから盛んに政策として語る「創新創業（イノベーションとス

タートアップ）」の具体化といえる。

そうした中国政府が追求する高度な、先進国型の製造業の担い手は深圳、広州をみる限り、政府のコントロールの外にあり、国内市場よりもグローバル市場を成長の舞台とする若い民間企業群なのである。中国では、そうした民間企業が自由に活動できる都市が成長率を高め、グローバルな競争力を持つようになってきている。

地域経済と鉄鋼、自動車産業

今世紀に入って中国経済を牽引し、生産規模で世界トップに立った産業の代表は鉄鋼産業と自動車産業である。鉄鋼は１９９６年に粗鋼生産量で日本を抜いて世界トップに立った後、２００３年に２億トン、06年に４億トン、10年に６億トン、13年に８億トンと、短期間に急膨張した。中国は13年以降、世界の粗鋼生産量全体のほぼ半分を占めており、中国の産業のなかでも際立った高成長と世界シェアを達成した分野といえる。

自動車も鉄鋼に並行するように生産台数が増大、２０００年に２００万台、03年に４００万台、06年に７００万台、08年に９００万台を突破、09年には一気に１３７９万台に膨張、10年には米国を抜いて世界最大の自動車生産国・市場となった。その後も勢いは衰えず、13年には２０００万台の大台に載せ、16年には２８１１万台に達している。シェアでみれば、世界の４分の１を占める。

図３－２　鉄鋼と自動車生産の地域相関

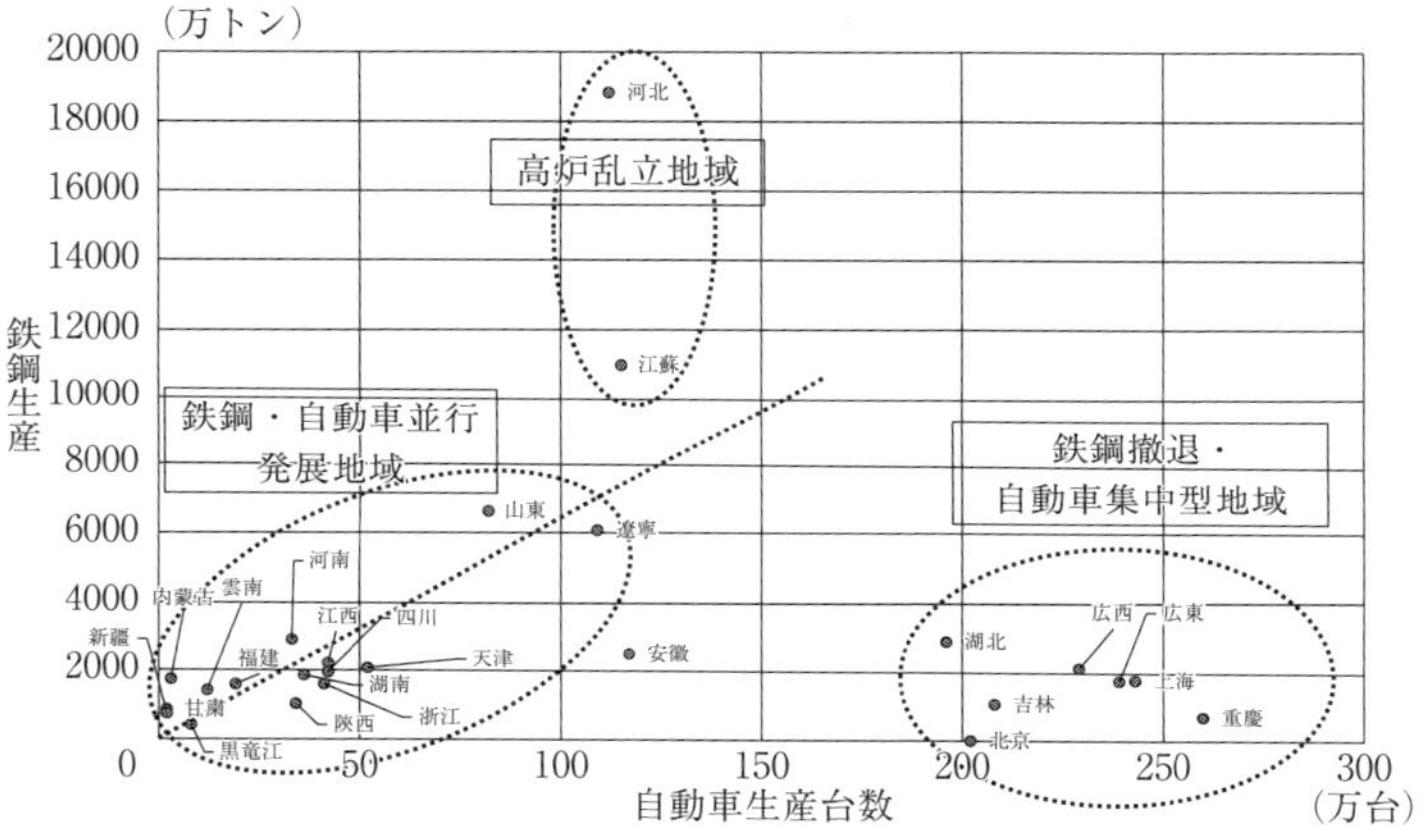

図３－２は中国の省・市ごとに鉄鋼（粗鋼）と自動車の生産規模をみたものであり、縦軸が鉄鋼、横軸が自動車となっている。明らかなのは鉄鋼生産量で６０００万トン以下、自動車生産で１００万台以下の領域では鉄鋼と自動車の生産規模にはかなり高い相関関係があることだ。福建省、四川省、天津市、河南省、山東省、遼寧省などである。

自動車の最も重要な素材は外板や骨格、エンジンなどに使われる鋼材であり、高品質の鋼材が自動車産業の発展を支える。そのために世界の自動車生産大国は、外資の組み立て工場にすぎないタイとメキシコを除けば、鉄鋼生産大国でもある。高度な工業国家としての発展は基礎素材である鉄鋼生産に始まり、造船・重機、家電、自動車に至るのが一般的であり、図３－２の「鉄鋼・自動車並行発展地域」はまさにそうした発展モデルに沿ったものである。

だが、鉄鋼、自動車とも一定以上の生産規模、具体的には鉄鋼では1億トン、自動車では200万台以上になると、鉄鋼と自動車の生産規模は乖離する。図でいえば、中央の上に位置する鉄鋼生産量でトップの河北省、2位の江蘇省であり、自動車では図の右下に位置する上海市、広東省、重慶市、吉林省、北京市などである。明らかに鉄鋼メーカーの能力増強が進んだ地域では自動車産業の成長が止まった。莫大な投資を必要とする高炉が乱立したことで、地元経済の資源配分が鉄鋼産業に偏ってしまったためと考えられる。

実際、河北省は唐山鋼鉄と邯鄲鋼鉄が経営統合した河北鋼鉄（河鋼）や首都鋼鉄など大型の国有製鉄メーカーが多数あり、国有企業であるがゆえに銀行融資などに恵まれ、無謀ともいえる設備投資を進めた。その結果、他の産業分野、とりわけ自動車などに幅広い裾野産業の育成を必要とする産業分野に資金が回らなかったと考えられる。

逆に自動車産業が成長した地域は、政策的に鉄鋼を一定規模以上に拡大しなかったことがうかがえる。たとえば、上海市は日本の新日本製鐵（現新日鐵住金）の支援で建設された中国初の臨海型の高炉・圧延一貫生産の近代的製鉄所である宝山鋼鉄（現宝武鋼鉄集団）を抱え、本来ならば鉄鋼の一大生産地になっていてもおかしくなかった。だが、上海市には独フォルクスワーゲンと上海汽車の合弁である上海大衆汽車が立ち上がり、1990年代には米GMとの合弁である上海GMも稼働したことから、産業の軸足を自動車産業に移した。

北京市も前述の首都鋼鉄という清朝末期以来の伝統を持つ鉄鋼メーカーを市内に抱えていたが、大気汚染が深刻化したこともあり首都にふさわしくないとして、河北省に移転させ、鉄鋼産業から撤退、代わりに米クライスラー（現フィアット・クライスラー）との合弁の北京汽車、韓国・現代自動車との合弁の北京現代汽車や地場の有力トラックメーカー、福田汽車など自動車産業を積極的に育成した。

広東省は外資主導の軽工業、電子産業が発展していたことから、鉄鋼産業よりも自動車産業という選択をした。興味深いのは重慶市である。重慶市は1960年代に対米戦争に備え重要産業を内陸に移転する「3線都市建設」で重化学工業が誘致され、かつては有力な国有鉄鋼メーカーもあった。だが、2007年末に共産党の実力幹部だった薄熙来氏が市党委書記に就任し、ハイテク産業誘致に転換したことで、世界有数のパソコン、スマホの生産拠点となり、鉄鋼、化学などの環境負荷の高い産業は抑制された。

自動車はもともと、長安汽車という有力メーカーがあり、上海など自動車の大生産地と距離的に離れた孤立市場だったこともあって、スズキとの合弁の長安鈴木などの乗用車が地元で高いシェアを確保し、自動車産業が発展したという経緯がある。すなわち図3－2の右下に一群となっている省・市は産業政策として鉄鋼産業を抑制し、自動車産業に集中した地域なのである。

今後の地域経済の成長を考えると、左下の「鉄鋼・自動車並行発展地域」は厳しい局面を迎える可能性がある。従来は中国経済に特有の地域保護主義によって、鋼材や自動車などが国内の他地域から流入することを防ぐ政策を省・市政府が採り、インフラ建設や公用車調達などで需要も創出してくれたため規模は小さくても生き残りが可能だったが、今後は市場の自由化と国内の道路網の整備による物流の飛躍的な拡大で、他地域から高品質、低コストの鋼材、自動車が大量に流入し、グローバル市場での競争に巻き込まれていくからだ。インフラ建設などによる需要創出もインフラ投資の一巡、地方政府の財政赤字の膨張などで難しくなる。中国の内陸エリアといえども、グローバルに通用するレベルに競争力を高めなければ、鉄鋼、自動車の両産業を抱え続けることは難しくなる。

地域経済とスマホ、自動車産業

中国は米アップルの iPhone の受託生産メーカーの台湾の鴻海精密工業の子会社、富士康（フォックスコン）が広東省、河南省などに生産拠点を展開し、韓国のサムスン電子の天津市などの工場と合わせ、世界最大のスマートフォン生産国になった。同時に中国の民族系スマホメーカーが2012年以降、急速に台頭し、今や民族系メーカーが国内生産の拡大のカギを握る存在となっている。

2017年の中国国内市場のスマホのメーカー別シェアでは、トップが Oppo（広東省欧珀移動通信）、2位が Huawei（華為技術）、3位が vivo（維沃移動通信）、4位が米 Apple、5

図3－3　自動車とスマホ・携帯生産の地域相関

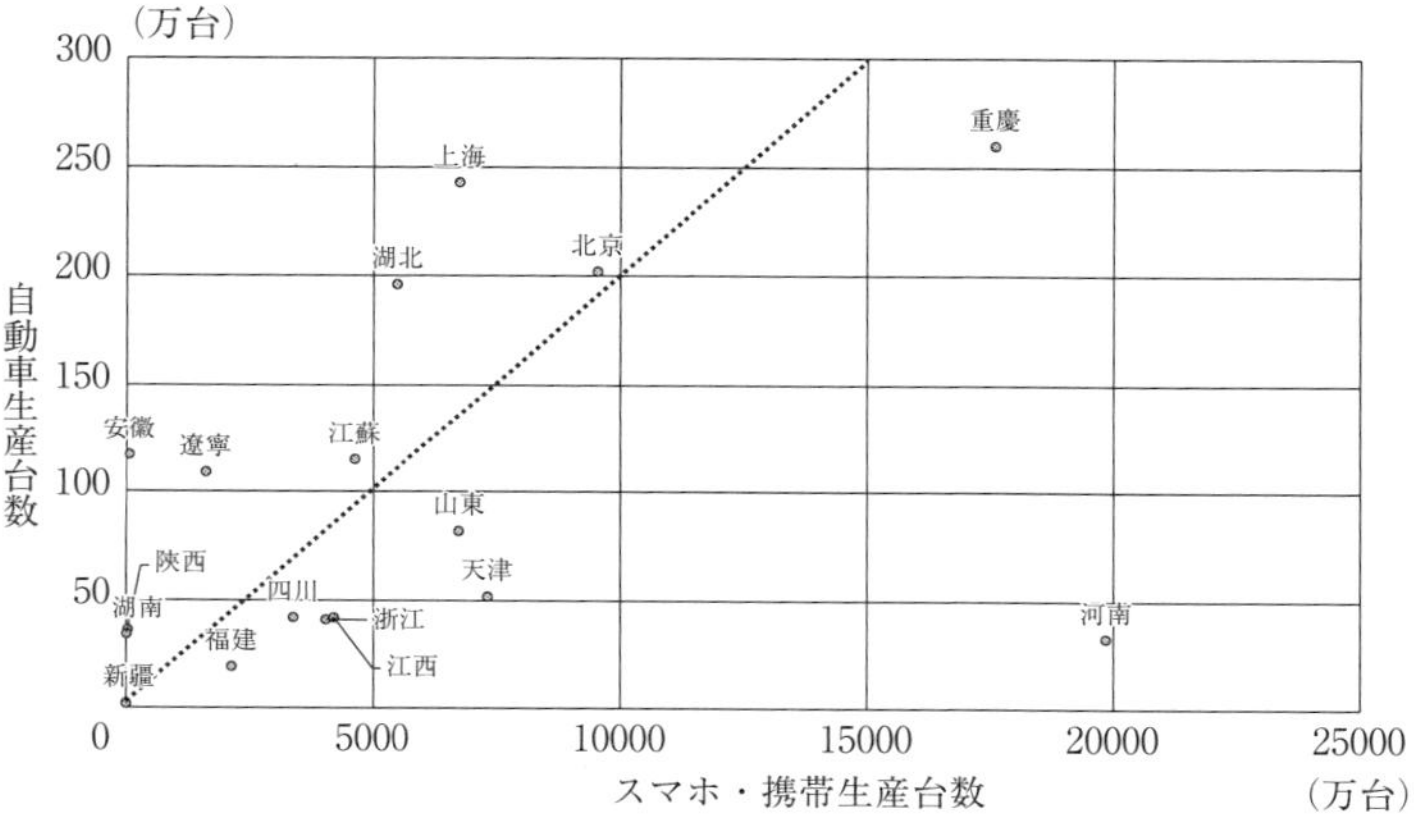

注：広東省のスマホ・携帯電話の生産台数は8億3795万台で中国全体の46％を占め、散布図では突出したデータになるため、この図では除外してある。

位がXiomi（小米科技）となっており、広東省に本拠を置く民族系メーカーがトップ3を占めている。かつて中国でもシェアトップだった韓国のサムスン電子は韓国への高高度ミサイル防衛システム（THAAD）導入問題など中韓関係の悪化で、中国市場での存在感を低下させた。

図3－3は縦軸に自動車生産台数、横軸にスマホと携帯電話（フィーチャーフォン）の合計生産台数を取ったものである。広東省は中国のスマホ・携帯電話生産の46％を占めており、図上では突出してしまうため、広東省を外して図を作成した。河南省のようなケースもあり、全体としてやや分散はしているものの、自動車とスマホ・携帯電話の生産には、図3－2の鉄鋼と自動車生産の図の左下の地域にみられる

ような一定の相関関係がうかがえる。

その理由は三つ挙げられるだろう。第一に自動車、スマホともに国有企業の存在感、国有企業的な体質は薄く、外資主導、民間企業主導の産業分野であり、鉄鋼、化学などのように大型国有企業主導で突破できる産業でないため、立地が人為的、政策的にゆがめられにくい。

第二に両製品分野ともに技術進化が早く、研究開発力や生産技術を主体的に進化させられる企業でなければ、成長できないため、両産業ともにイノベーションが活発な場所に集まった。

第三に各省・市とも成長産業である自動車、スマホの生産拠点を並行的に地元に誘致する努力をし、自動車か、スマホかといった選別にならなかった。この三点が考えられる。

図から外した広東省はフィーチャーフォン時代から世界最大の移動体通信機器の生産地域であり、先進国メーカーの技術や外観デザインを模倣した「山塞機（モノマネ機）」の大生産地でもあった。その意味で、電子部品の調達、組み立てなどの産業集積ができあがっており、スマホ時代に移行してもそうした集積を利用し、急成長する基盤はあったといえる。

自動車産業もホンダ、トヨタ自動車、日産自動車、現代自動車などの完成車工場が集中し、「アジアのデトロイト」と呼ばれる。ただ、自動車拠点としては中国国内では上海、北京、長春、天津などと並ぶ一地域にすぎず、スマホ・携帯ほどの圧倒的なポジションにはない。

一方、河南省は11年以降、米アップルのスマホの生産を受託する富士康の工場が建設され、突如、スマホの世界的生産地にのし上がった。富士康は広東省の工場で人手を集めにくくなったことや長時間の単純な生産ラインでの仕事、厳しい生産・品質ノルマで作業者の自殺が連続するなど労務問題を引き起こしてしまったため、河南省にも分散したという事情がある。

河南省を除けば、自動車を生産する省・市はスマホ・携帯電話生産も活発という傾向があり、自動車、スマホの市場拡大が続く間はこの連関性は崩れることはなく、ともに付加価値の高い産業であるため、1人あたりGDPも伸び続けるだろう。問題は、伸び続けてきた中国の自動車、スマホ需要も飽和の時期が着実に近づいており、減産・淘汰の時代が来れば、多くの都市・地域が困難に直面することになるということだろう。

【第3章　注】

（1）1998年3月に就任した朱鎔基首相は国有企業改革を強引に推進した。国有企業の破産を容認したため、経営が実質破綻した後、生産活動が止まっていた国有企業が破産し、従業員が他の仕事に移ったが、主な受け入れ先となったのが外資企業や中国の民営企業だった。また、国有企業の土地や工場建屋が競売にかけられ処分され、好立地でありながら閉鎖されたままだった土地が流動化し、経済を活性化させることになった。朱首相の改革では国有企業が担っていた社会福祉機能が市や県に移転されたため、人の地域的な移動も容易になったといわれる。

（2）2001年に中国は世界貿易機関（WTO）に加盟し、投資条件がさらに改善したことから外国企業の輸出目的の工場進出が拡大し、それが中国の貿易黒字を一段と拡大することになった。2005年には中国の輸出総額の58・3%を外資が占めるまでになった。米欧日の中国に対する黒字減らしの要求には、自己矛盾の面があった。

ただ、外資主導の沿海部の発展は内陸地域との大きな発展格差を生むことになり、農村から都市への人の移動を促進した。その後、中国は人件費などコスト上昇によって輸出型の外資の工場は減少に転じ、輸出に占める外資の比率は２０１５年には44・２％に低下した。

（３）中国では２００８年に同じ河北省に立地していた唐山鋼鉄と邯鄲鋼鉄が合併し、世界３位の河北鋼鉄（現社名は河鋼集団）が誕生、２０１６年には上海を本拠とする宝鋼（旧宝山鋼鉄）と武漢鋼鉄が統合し、中国宝武鋼鉄集団が誕生し、各地で鉄鋼メーカーの再編の動きが続いている。だが、中小零細の高炉やさらに鉄スクラップを中周波誘導電気炉で溶かしてつくる「地条鋼」と呼ばれる粗悪な鋼材の生産能力が１億トン近くもあり、建設用に流通している。大型再編だけでなく、粗悪製品を生む零細設備を淘汰しなければ、中国の鉄鋼産業の高度化も地方産業の進化も達成できないだろう。

第4章　インフラ整備が促すアジア都市経済の高度化

アジアの都市が直面する多くの問題の根幹にあるのは社会基盤（インフラストラクチュア、以下「インフラ」と略称）の整備の遅れである。たとえば、バンコク、ジャカルタやニューデリー、北京など、アジアを代表する大都市の大半は道路の大渋滞に悩み、時間やコストのロスは大きい。

渋滞の原因は道路整備の遅れだけでなく、地下鉄、近郊鉄道など都市の公共交通網の不足にもある。交通に限らず、上下水道、ゴミ収集、治安、さらには病院、公園など都市に不可欠なインフラが圧倒的に不足している都市が大半である。輸出型製造業が牽引した急成長によってアジアの都市は工業団地、港湾などビジネス基盤の整備や労働力を集めることを先行させ、市民の生活基盤整備は後回しになった。一定の経済水準に達した今、都市インフラの整備はアジアの都市が次の発展ステージに移行するのに不可欠の条件となる。

そのなかで、中国は21世紀に入ってインフラ整備を劇的に進めた代表的な国だが、インフラ整備によって都市化がさらに進み、都市のインフラの整備が追いつかないというジレンマも経験している。また、インフラ投資が中央、地方ともに政府の財政を圧迫し、都市の発展の新たな制約要因にもなっている。

本章では、アジアの大都市のインフラ整備の現状を概観し、どんな問題が起きているのかを背景も含めて分析する。そして今後のインフラ整備計画を点検し、必要な投資額やその調達可能性なども検討してみたい。

1 アジア名物〝交通渋滞〟

都市のインフラの水準を考える場合、最も目につくのはやはり道路である。世界の都市の道路渋滞の状況を分析し、公表している機関には、地図や渋滞情報の提供、分析を行っているオランダのTomTomインターナショナル社や米国のＩＮＲＩＸリサーチなど、いくつかある。そのなかで、アジアの都市交通について比較的詳しく分析しているのが48カ国、３９０都市の交通情報をリアルタイムで収集、提供しているTomTomである。同社はタクシー、トラックなど商用車や一部の乗用車に取り付けられたＧＰＳからの情報をビッグデータとして分析している。

同社の発表している「TomTomトラフィック・インデックス」（２０１７年）によると、[1]世界最悪の渋滞都市はメキシコシティで、渋滞レベルは66％だった。つまり渋滞がなければ1

時間で行く距離に66％増しのおよそ1時間40分かかる状況が、市内全体に広がっていることを示している。第2位がバンコク、第3位がジャカルタで、ともに渋滞レベルが50％を超えており、市内全域の道路が混雑していることを示している。続いて第4位が重慶（中国）、第9位台南（台湾）と続き、世界ワースト10に6つのアジア都市が入っている。

表4－1は、世界のワースト100位までに入ったアジア都市を抜き出したランキングで、アジアでは31都市が並んでいる。TomTomの調査は中国、香港、台湾、マレーシア、シンガポール、インドネシア、タイしか対象にしておらず、日本や韓国、インドの都市は含まれていないため、ここからアジア全体を俯瞰することは必ずしもできないが、東南アジア各国の首都ではおおむね激しい渋滞が日常化しており、中国では北京、上海のような大都市だけでなく、省都やそれに次ぐ中堅クラスの都市でも渋滞がひどいことがよくわかる。

やや意外なのは台湾から台北だけでなく、台南、高雄、台中、桃園など合計5都市がランキングに入っていることだ。台湾は1895年から半世紀にわたる日本統治時代とその後の国民党独裁時代に道路インフラなどは整えられ、それをベースに先進国の仲間入りも果たしたものの、都市への自動車、二輪車の集中で渋滞大国になっている。むしろ半世紀前に建設された都市交通の体系を大きく改革できないまま、急激なモータリゼーションに突入した結果ともいえる。

表4－1　アジアの都市別渋滞ランキング

アジア順位	世界順位	都市	国・地域名	渋滞度合い
1	2	バンコク	タイ	61
2	3	ジャカルタ	インドネシア	58
3	4	重慶	中国	52
4	7	成都	中国	47
5	9	台南	台湾	46
6	10	北京	中国	46
7	11	長沙	中国	45
8	14	広州	中国	44
9	15	深圳	中国	44
10	16	杭州	中国	43
11	18	石家荘	中国	42
12	20	高雄	台湾	41
13	22	上海	中国	41
14	23	天津	中国	41
15	24	台北	台湾	40
16	31	福州	中国	39
17	32	瀋陽	中国	39
18	33	珠海	中国	39
19	36	台中	台湾	38
20	38	南京	中国	38
21	44	香港	中国	36
22	45	長春	中国	36
23	50	武漢	中国	35
24	51	寧波	中国	34
25	54	クアラルンプール	マレーシア	34
26	55	シンガポール	シンガポール	34
27	57	東莞	中国	33
28	62	蘇州	中国	32
29	66	アモイ	中国	31
30	69	泉州	中国	31
31	80	桃園	台湾	30

出所：TomTom Traffic Index 2017

加速する道路整備

交通渋滞の一因はもちろん道路の未整備にある。各国の道路の延長距離自体は国土面積による面が大きく、比較してもあまり意味はないが、世界では米国が６５８万km（２０１１年時点、以下同じ）でトップ、２位がインドで４６９万km（２０１５年）、３位が中国で４５７万km（２０１５年）、日本は６位で１２１万km（２０１５年）、他のアジア諸国はインドネシアが14位で49万km（２０１１年）、フィリピンが24位で21万km（２０１４年）、ベトナムが19万km（２０１３年）で28位、タイが30位で18万km（２００６年）、韓国が46位で10万km（２００９年）などと続いている。

道路インフラの整備水準を国土面積と関係なく、客観的にみる指標に「道路密度」がある。これは１００k㎡の面積の地域にどれだけの道路があるか、その延長距離を示す。舗装、未舗装や一般道、高速道を問わずすべての国内道路を国土面積で割ったものだ。図４－１はアジア各国の道路密度を比較したもので、シンガポール、日本、香港など先進国が上位に並んでいるのは当然としても、スリランカ、インドが韓国、台湾、中国より上位にきている点はやや意外である。パキスタンも含めた旧英領インドの国々は、多くは未舗装とはいえ、英国植民地時代にインフラがかなりの程度、整備されていたことを示している。

だが、中国の道路密度の低さに関しては地理的特性もある。国土面積が世界第４位の９５９万k㎡と大きいうえに、新疆ウイグル自治区の砂漠地帯などがあり、人の居住地域が限られてい

図4－1　道路密度＝100㎢あたりの道路延長距離

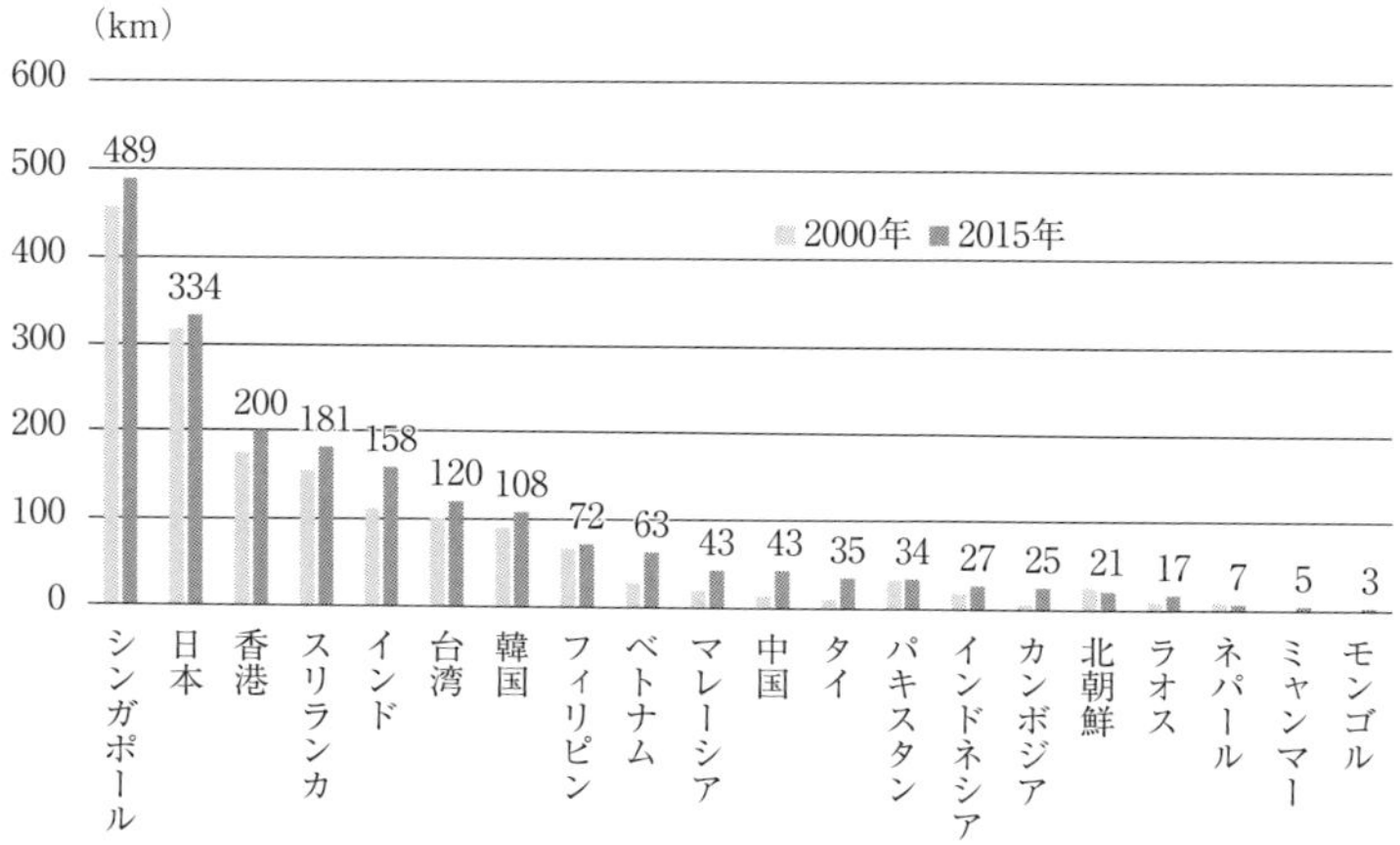

注：各国の数字は2015年の道路密度。
出所：道路延長距離は米CIA調べによる。

る。そのため総延長は面積が3分の1強のインドをやや下回っており、道路密度もインドの3分の1以下の低い数字となっている。中印の道路密度のちがいは両国の人口密度（1㎢あたり中国が145人、インドは368人）の格差に近い。

植民地支配の特徴について「英国はインフラを残し、フランスは食を残す」という言葉がある。インド、スリランカに比べ、ベトナム、カンボジア、ラオスの道路密度の低さは宗主国であるフランスが植民地に対し、フランス語教育やフランスの食の普及ほどには、インフラ整備に熱心ではなかったことを映しているだろう。

フランスがインドシナ半島を植民地と

していた時代に築いた数少ない道路インフラはベトナム北部のドンダン（ランソン省）からベトナム最南端でタイランド湾に突き出したカマウ（カマウ省）を結ぶ国道1A号線（2301km）である。ベトナム戦争でも激しい攻防の舞台にもなった道路で、ハノイから中部の中心都市ダナンを経て、ホーチミンに至る幹線として今日も利用されているが、一般道であるため平均走行速度は遅い。各地域で生活道路、産業道路としての区間利用が中心で、日本の東名・名神高速道路のような主要都市間を結ぶ国家経済の動脈にはなっていない。

そうした道路整備の遅れの目立つアジアだが、2000年と2015年を比べると、中国、ベトナム、タイ、マレーシア、インドネシア、カンボジアなどは道路密度が驚異的な伸びを示している。わずか15年間にタイは3・2倍、中国は3・1倍、ベトナムは2・3倍、インドネシアは1・5倍に道路密度は高まった。

とりわけ、中国政府の道路建設に対する意欲はきわめて強い。1980年に88万8300kmだった中国の道路総延長は2015年には457万kmに達した。35年間の道路の年平均の延伸率は4・8%と、15年間で倍増するペース。1980～90年は1・1%とまだ低い伸びだったが、90～2000年には5・0%に加速、2000～10年は9・1%と異常なほど毎年道路が延びていった。日本が高度成長期からバブル期を経て今日に至るまで道路建設を積極的に続ける土建国家であるのと同様に、中国もある段階からは道路整備そのものよりも土木、建設工事の創出に重点が置かれているようにしかみえない。中国の中央、地方の財政赤字が拡大し、予算が厳しくなった2010年以降はさすがに道路建設のペースは低下、10～15年の延伸は年平均2・6％まで鈍化した。

経済成長とともに物流や移動のニーズが高まり、政府は道路整備を優先課題に引き上げていくわけだが、成長のスピードにインフラ整備は追いつかず、都市部の交通渋滞や都市間の物流停滞はなかなか解消できない。

都市を変える高速道路網

道路密度は決して高くはない中国だが、高速道路に関しては総延長が13万㎞（2016年末）と、米国の2倍近い延長距離を誇る「高速道路超大国」である（表4－2）。中国で初の高速道路となる上海の「滬嘉高速道路」が開通した1988年以降[2]、各地に次々に高速道路が建設され、1990～2015年の四半世紀の総延長の年平均の伸び率は24・6％にも達する。一般道の建設が急激にスローダウンした2010年以降も15年まで年平均10・7％ものペースで延伸され、全国で人口20万人以上の主要都市はほぼ完全に高速道路網でカバーされている。1950年代～70年代の米国に匹敵する壮大な道路インフラ整備だったといえるだろう。

ベトナム政府は2016年に全国に6114㎞の高速道路網を建設する整備計画を公表した。その柱はハノイ―ダナン―ホーチミン間を結ぶ全長1811㎞の「南北高速道路[3]」、すな

表4-2　中国の一般道路、高速道路の総延長の推移

（単位：万km）

年	道路	高速道路
1980	88.83	
1985	94.24	
1990	102.83	0.05
1995	115.7	0.21
2000	167.98	1.63
2005	334.52	4.1
2006	345.7	4.53
2007	358.37	5.39
2008	373.02	6.03
2009	386.08	6.51
2010	400.82	7.41
2011	410.64	8.49
2012	423.75	9.62
2013	435.62	10.44
2014	446.39	11.19
2015	457.73	12.35

出所：中国国家統計局

わち1A国道に並行するかたちの自動車専用道の建設であり、全体計画のなかで最優先で進めている。17年までにハノイ周辺、ホーチミン周辺で部分開通している。ただ、高速道路整備のペースは1人あたりGDPが同じような水準だった中国の2004～5年頃に比べて遅く、道路が成長スピードに追いついていない。南北高速道路の全線開通こそベトナム経済にとって大きな転機となるだろう。

都市高速道路の落とし穴

高速道路建設が進み始めたアジア各国だが、高速道路を急ピッチで新設できるのは、土地の手当てが容易

な大都市郊外や都市間のルートで、大都市の中心部では密集状況から高速道路の新設は難しいのが現実だ。渋滞が激しく、近距離でも高速道路を必要とする大都市内部ほど物理的な解決は難しいというパラドックスがある。その数少ない打開策が既存道路や河川などの上空に高架道路を通すことである。アジアの都市でそれに最初に取り組んだのが、１９６４年の「東京オリンピック」を開催した東京だった。

首都高速道路は東京オリンピックのために建設された道路と思われがちだが、１９５７年に建設省（現国土交通省）が策定した「東京都市計画都市高速道路に関する基本方針」にマスタープランが明示され、首都高速1～8号線（総延長71㎞）を１９６５年までに完成させる計画だった。１９５９年5月に国際オリンピック委員会（ＩＯＣ）で東京が64年の夏季大会の開催地に決定したため、後づけ的に首都高速の整備を加速させることになった。東京都心では50年代半ばから渋滞が激しくなった。都内の自動車保有台数は60年に50万台を超え、オリンピック開催直前の64年7月には１００万台（２０１７年の東京都内の自動車保有台数は４４３万台）を突破した。渋滞はオリンピック開催の障害になるだけでなく、首都機能を麻痺させる深刻な問題になっていた。

首都高速の初開通区間は京橋―芝浦間で１９６２年。その後、都心環状線が区間ごとに次々と開通、羽田空港と都心を結ぶ路線がオリンピック開幕式の9日前に完成した。都心環状線の神田橋―呉服橋―江戸橋はじめ、その多くが用地買収の要らない一般道路や神田川など河川、運河の上に建設された。整備の時間短縮にはきわめて有効な方法だったからだ。

ただ、裏腹に都心を流れる川や一般道は高架下となり、陽が射さない薄暗い閉鎖空間となってしまった。日本の道路の起点とされる「お江戸日本橋」は江戸時代から続く日本の道路網の最も重要なモニュメントだが、今は上空を首都高速道路が走る薄暗い目立たない場所になっており、「日本橋」の知名度とはかけ離れている。

韓国の首都、ソウルでは中心部を流れる清渓川《チョンゲチョン》に蓋をかぶせ暗渠とし、その上空を高速道路を通すプロジェクトが１９６７年に始まり、71年に全長約６㎞の「清渓高架道路」が完成した。65年の日韓基本条約締結後、朴正熙政権のもと高度経済成長を突き進んだ韓国では交通渋滞が激しくなっており、清渓高架道路はその下の暗渠上を走る一般道「清渓川路」とともにソウルの交通渋滞緩和に大きな役割を果たした。88年に開催されたソウル・オリンピックでは選手団の移動などにも活用された。

だが、都心を流れる川を暗渠や陽差しのない空間にすると、汚泥や害虫の発生など環境悪化をもたらす。現実に首都高下の神田川は日本経済の中枢である大手町のような場所であっても、人が寄りつかないデッドスペースになっている。２０２０年の2度目の東京オリンピックに向け、首都高改修の一環として、高架道路の撤去などの意見が多くなっているのは、高架高速道路が風格ある都市にはふさわしくないからだろう。

ソウルの清渓高架道路は老朽化もあって２００３～05年に廃止、撤去され、その下を走る清

図４－２　アジア各国・地域の乗用車普及率（1000人あたり台数）

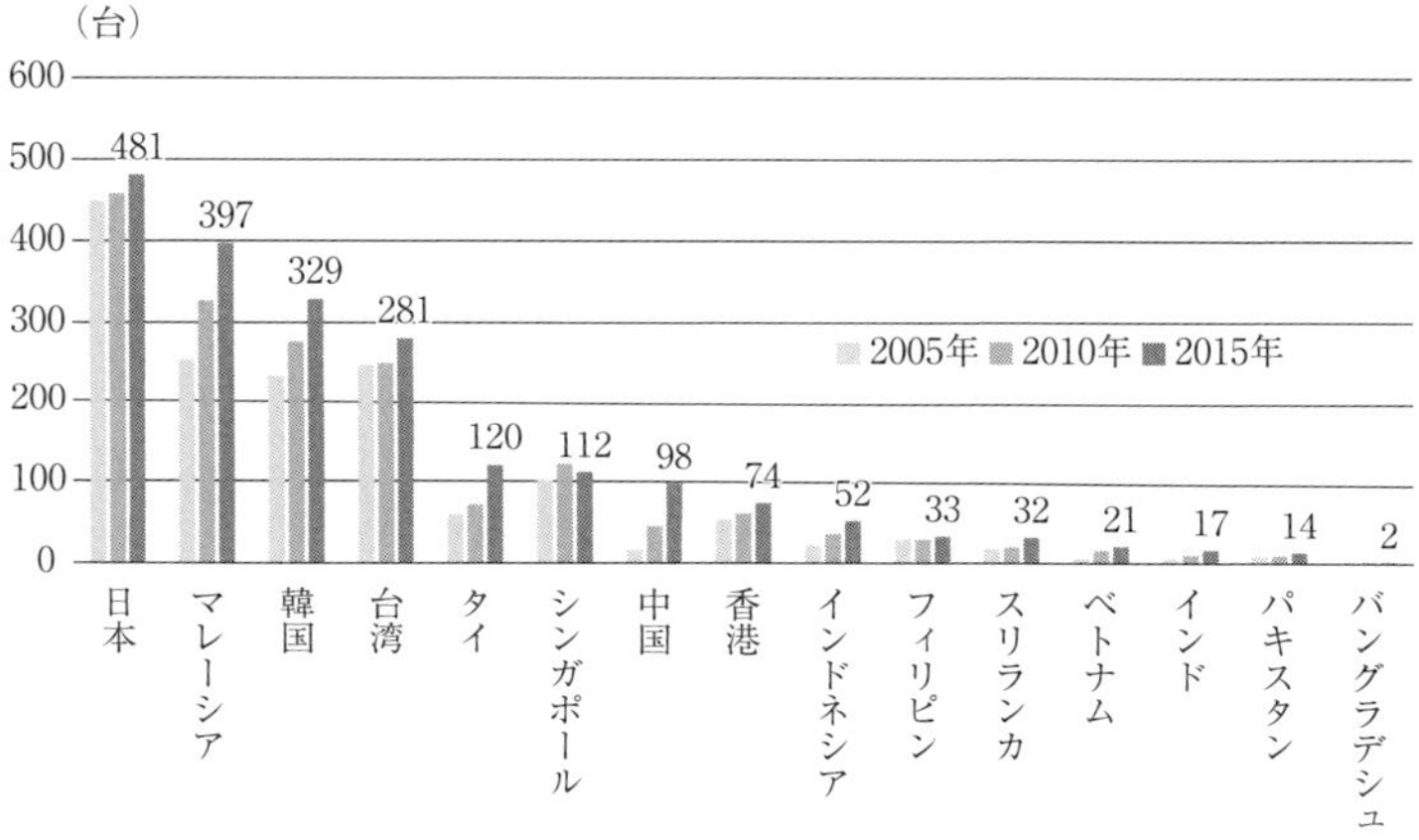

渓川路も通行禁止となり、暗渠は全面的に取り除かれ、２００５年９月、34年ぶりに清渓川が復活した。主導したのは当時のソウル市長で、後に大統領になった李明博氏だった。韓国を代表するゼネコン、現代建設の社長・会長を務めた後、政界に出た李氏が「建設」ではなく「撤去」を推進した点に注目すべきだろう。清渓川は親水型公園として川沿いが整備され、ソウル市民の貴重な憩いの場になっている。清渓川の復活こそアジアの大都市において、交通網と都市生活の共生のあり方を示す好例である。

自動車の普及

渋滞のもうひとつの要因は、経済成長の反映でもある自動車の増加である。図４－２は自動車の普及率（人口１０００人あたりの保有台数）を国別にみたものである。日本や台湾は今世紀に入って、自動車の保有台数の伸びが鈍化しているが、中国や東南アジア各国は2005年以降、乗用車の普及が加速している。

最も劇的に伸びたのは、今や世界最大の自動車市場となった中国であり、2005年から2015年の間に普及率は6倍以上に伸び、1000人あたり98台と「10人に1台」の時代に突入している。中国と日本、韓国との間には依然、3～5倍の差があるが、それは国全体の平均であり、北京、上海などの大都市に限ってみれば、中国と日本、韓国の間に車の普及率ではあまり差がなくなっている。

タイも同じ10年間の期間に普及率が2倍に上昇、1000人あたり120台に達している。インドネシア、ベトナムはまだ普及率そのものは低いが、やはり10年間で1000人あたり30～50台の水準になっており、ここから普及が加速するとみていい。自動車の普及はアジア各地に進出する日本企業の工場にとって新たな課題になっている。

ベトナム、インドネシアでは工場の現地人管理職が自動車通勤する時代が始まり、中国、タイでは管理職にとどまらず生産ラインのスーパーバイザー（監督者）クラスでも自動車通勤が広がり始めているからだ。給与水準の上昇と自動車の普及は並行して進み、工場にとっては駐車場の確保が新たな問題になってきているのだ。

自動車の保有でアジアの途上国に特徴的な現象は、日本の中古車の存在である。日本の中古車はもともとの車の品質の高さに加え、車検制度によって整備が継続的に行われているため、走行距離が10万kmを超える中古車であっても、商品として十分に通用する。そのため、大量の中古車が輸出されている。1990年代から2013年まではロシアが最大の輸出先だったが、右ハンドル車の禁止措置や経済水準の向上に伴う新車へのシフトで廃れ、代わって14年、15年はミャンマーがトップとなり、14年のミャンマー向け輸出台数は16万台を超えた。

ほかに、パキスタン、フィリピン、スリランカ、モンゴル、バングラデシュなどアジアの途上国やトンガ、フィジーなど太平洋の島嶼国が主要輸出先となった。中古車輸出台数は毎年110〜120万台にのぼっており、400万台前後の新車の乗用車輸出台数の4分の1の規模にも達している。この新しい輸出先が、アジアのモータリゼーションを陰で支えている面がある。庶民にとっては新車は高嶺の花だが、中古車なら買えるというわけだ。

実際、ミャンマーの最大都市ヤンゴンはアジアでも有数の激しい交通渋滞が日常化しており、走行する車の9割近くが右ハンドル、すなわち日本からの中古車になっている。ミャンマーは英国の植民地だったため、もともと自動車は右ハンドルの国だったが、軍事政権が英国色を薄れさせるため、右ハンドルから左ハンドルに切り替えた経緯がある。そのため新車は左ハンドルしか販売されていないが、庶民は新車の4分の1〜5分の1程度で手に入る中古車を求め、通りは右ハンドル車があふれかえっている。ある意味でヤンゴンの交通渋滞は日本からの中古車輸出によって起きているわけだ。

一方で、こうした自動車の保有台数の急激な増加が、都市の交通を圧迫し、交通渋滞が時間

表4－3　世界の地下鉄・営業キロ数ベスト10

		営業キロ数	路線数	1日あたり利用者数
1	上海	548	13	775
2	北京	527	18	928
3	ロンドン	408	11	356
4	ニューヨーク	374	27	560
5	東京	347	16	981
6	モスクワ	327	12	682
7	広州	257	9	500
8	メキシコシティ	226	12	441
9	香港	220	10	484
10	パリ	219	16	418

出所：日本地下鉄協会

やエネルギーの損失を招き、排気ガスによる大気汚染問題も引き起こしてしまっている。渋滞解消はアジアの中進国、途上国には最優先の問題となっている。

公共交通機関の整備

都市の交通渋滞の根本的な解決策のひとつは自動車に代わる交通機関の整備であり、地表のスペースが限られた大都市においては、誰でも低料金で利用できる地下鉄網の発達と充実がベストの解決策といえる。

地下鉄は1863年にロンドンが世界で初めて開業し、今もロンドンは営業キロ数が408㎞と、東京の347㎞やニューヨークの374㎞を上回る地下鉄都市だ。だが、今、世界で最も営業距離の長い地下鉄路線を持つ都市は上海で548㎞、13路線に及ぶ。表4－3は世界の主要都市の地下鉄を営業キロ数でランキングしたものである。中国が香港を含めベスト10の中に4都市入っており、今や中国が地下鉄王国である

表４－４　アジアの地下鉄

	営業キロ数	１日あたり輸送人員（万人）	路線数
北京	527	928	18
天津	132	108	4
上海	548	775	13
重慶	202.9	137	4
広州	257.1	500	9
深圳	178.4	284	5
南京	98.3	212	3
瀋陽	54.9	78	2
成都	60.9	28.2	2
西安	51.9	82	2
蘇州	52.3	34	2
昆明	58.5	12.1	3
杭州	66.3	81	2
武漢	95.1	120	3
大連	24.5	n.a.	1
香港	220.9	484	10
台北	129.2	186	5
高雄	45	14	2
バンコク	20	24	1
クアラルンプール	29	29.9	1
シンガポール	128.6	200.2	4
デリー	190.3	288	6
ムンバイ	11.4	14	1
コルカタ	29.7	65	1
バンガロール	42.3	2.5	2
ソウル	321.5	695	9
仁川	29.4	24.4	1
城南	17.3	n.a.	1
釜山	107.7	87.7	6
大邱	53.9	34.8	2
光州	20.1	4.9	1
大田	22.6	10.4	1
平壌	22.5	9.8	2
東京	347.1	981.5	16

大阪	137.8	237.7	9
名古屋	93.3	123.7	6
札幌	48	59.5	3
横浜	57.5	81.3	3
神戸	30.6	30.3	2
京都	31.2	35.9	2
福岡	29.8	40.6	3
仙台（南北線のみ）	14.8	16.6	1
広島	18.4	5.4	1

出所：日本地下鉄協会

ことを示している。

表４－４はアジア地域で営業運転中の地下鉄の一覧（一部）である。中国が香港含め16都市、日本が10都市、韓国が７都市、インドが４都市など、アジアに地下鉄が急速に広がっていることがはっきりわかる。アジアで最初の地下鉄は１９２７年12月に東京の上野―浅草間に開業した現在の営団地下鉄銀座線であり、ロンドンから64年遅れの開業であった。

アジアで２番目となったのが、北京で１９６９年10月１日、すなわち新中国建国20周年の国慶節に、北京駅―黒石頭駅の区間（現在の１号線だが、黒石頭駅は廃止された）で開業。当初は公務員にのみ利用が許され、一般市民に開放されたのは開業８年後だった。

３番目は北朝鮮の平壌で、１９７３年９月６日に千里馬線が開業した。９月９日の建国記念日に向けた開業で、国威発揚を狙って独自開発と喧伝されたが実体はソ連（当時）の技術と中国からの労働力、資材の支援で完成した。

中国や北朝鮮の地下鉄はモスクワの一部の路線と同じように

東西冷戦構造、米中対立、中ソ対立という世界情勢のなかで、核シェルターを兼ねて建設されたといわれる。1927年の東京も自動車の渋滞が建設の動機とはいえず、アジアの地下鉄は当初は国威発揚や軍事的な目的が大きかったといえるだろう。

交通渋滞の緩和という都市型の目的で地下鉄が建設されるようになったのは、1950年代以降である。日本ではその時期から東京、大阪の路線が拡充されるのと並行して名古屋、札幌、横浜、神戸、福岡などに次々と地下鉄が建設されていった。

韓国は1974年にソウルで初の地下鉄が開業したものの、釜山は1985年、大邱、仁川などは90年代末の開業で、地下鉄整備は経済水準に比べて若干遅れ気味に進められた。これは、まず国内の自動車産業を育成するため、「自動車の需要創出策として鉄道を含め公共交通機関の整備を遅らせた」と説明されることが多い。同じ理由で、韓国は高速鉄道の建設も遅く、ソウルと韓国第2の都市・釜山を結ぶ京釜高速線は2004年にようやく部分開通、全線開通したのは2010年だった。

東南アジア、南アジアでは、インドのコルカタに1984年、シンガポールに1987年、クアラルンプールに1998年、バンコクに2004年にそれぞれ地下鉄が完成したが、これらは明らかに道路渋滞の深刻化への対応だった。地下鉄を建設した都市はその後、路線を増やし、乗り換えなどネットワークの利便性を高めることで利用者を増やし、自動車の増加ペースを緩和させようとしている。

インドの首都デリーでは２００２年に初の地下鉄線、レッドラインが開通した後、04年にイエローライン、05年にブルーライン、09年にグリーンラインとバイオレットライン、11年にはオレンジライン（エアポート・エクスプレス）と立て続けに新路線が開通し、地下鉄網が充実した。２０２１年に建設計画の第４フェーズが完工すると、地下鉄の総延長が４３０㎞に達し、ロンドンや東京、ソウルを抜き、上海、北京に次ぐ世界第３位の地下鉄都市となる。

地方都市にまで広がる地下鉄

今世紀に入ってアジアの地下鉄に表れた新たな状況は、国を代表する首都などだけでなく、地方都市にも建設が広がっていることである。その典型は中国である。中国では表４－４に載った都市以外に２０１３年以降に営業運転を開始した地下鉄が鄭州（河南省）、ハルビン（黒龍江省）、長沙（湖南省）、無錫（江蘇省）、寧波（浙江省）、南昌（江西省）、青島（山東省）、南寧（広西壮族自治区）、東莞（広東省）、合肥（安徽省）、石家荘（河北省）など12都市にのぼる。さらに蘭州（甘粛省）、太原（山西省）、アモイ（福建省）、温州（浙江省）、済南（山東省）、徐州（江蘇省）、ウルムチ（新疆ウイグル自治区）、貴陽（貴州省）、フフホト（内蒙古自治区）など11都市が建設を進めている。香港と建設中のマカオも含めると、中国では２０２０年には40都市で地下鉄が稼働することになる。

地下鉄は日本の地方都市の財政悪化の要因になるなど建設、運営のコスト負担が都市にとってきわめて重いが、中国ではそうした採算性や都市経営の発想は稀薄で、明らかに別の目的で地下鉄建設が進められている。たとえば、日本の3倍の面積に人口が2500万人という人口稀薄な内蒙古自治区では省都のフフホトだけでなく、包頭でも地下鉄建設が進んでいる。両都市ともに人口は200万人強で、市街地も広いため、渋滞緩和の必要性が出ているとは考えにくい。内蒙古自治区は中国最大の産炭地であり、一時は成長率で全国のトップクラスだったが、石炭ブームの終焉とともに成長が鈍化、それを補うため、インフラ建設で地域の成長を押し上げようという政策的な狙いを感じざるを得ない。

一方、台湾ではすでに地下鉄が開業している台北、高雄、桃園に続き、台中、台南でも地下鉄建設が進んでいる。この5都市は本章の冒頭で紹介したTomTomの道路渋滞でリストに入っていた都市で、渋滞緩和という目的がはっきりしている。

地下鉄の経営効率性

図4－3は横軸に地下鉄の営業キロ数、縦軸に1日あたりの平均乗客数をとり、アジアの各都市の地下鉄の効率性をみたものである。東京は総延長（東京メトロと都営地下鉄などの合計）が347kmと北京、上海の3分の2程度にすぎないが、1日の平均乗客数が981万人と世界最大であり、利用効率は世界でもトップクラスといえる。近似線に対し、上のエリアにある都市は利用効率が高く、下は低いと考えられる。利用効率が低いのは、つまり営業キロ数が

図４－３　アジア都市の地下鉄営業距離と１日の平均乗客数の相関関係
（主な都市のみ名を記入）

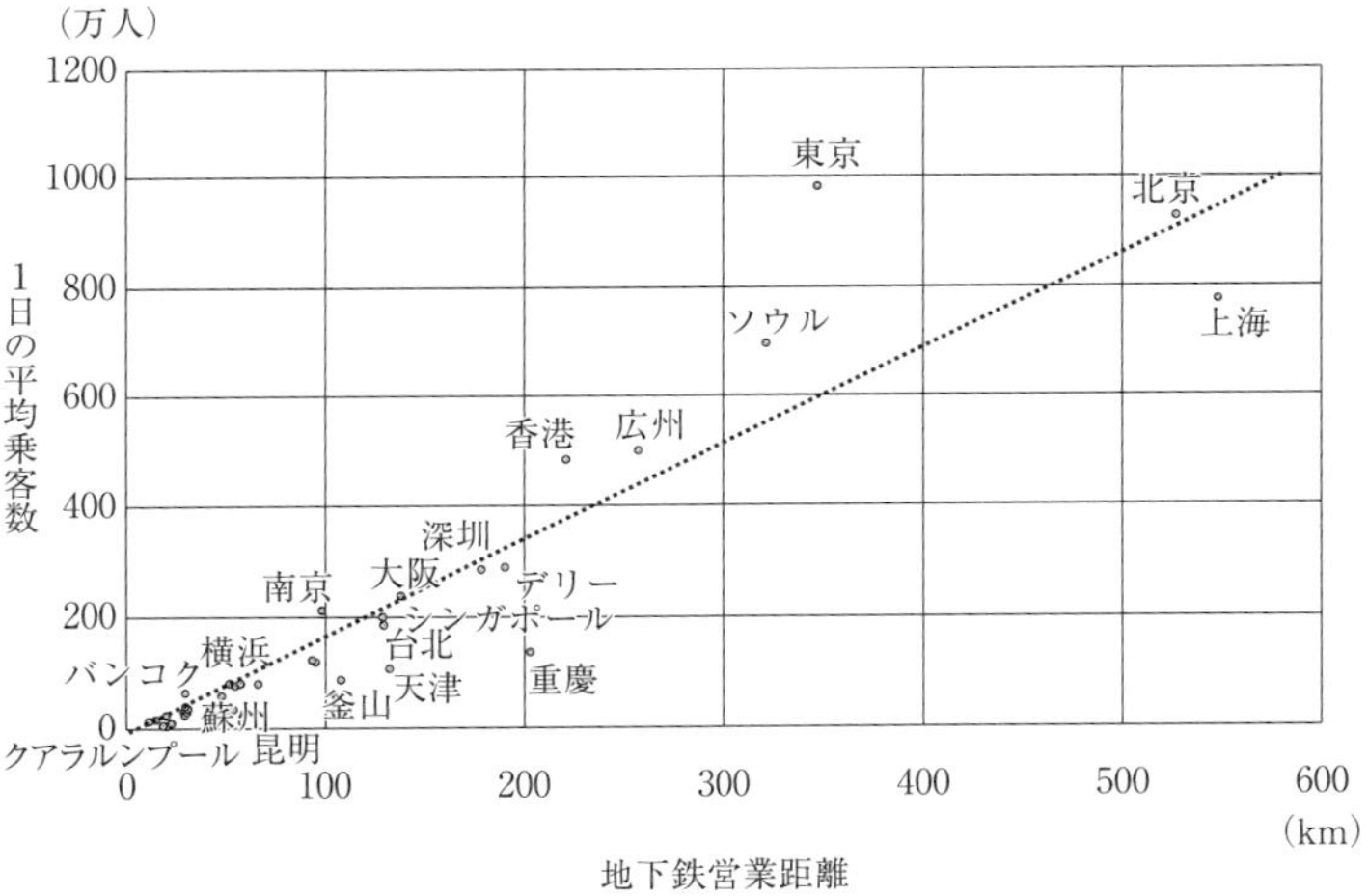

出所：日本地下鉄協会

長い割に乗客数が少ないということであり、不必要な路線、区間を抱えていることを意味する。近似線の下には上海、重慶、昆明、蘇州など中国の都市が多く、やはり経営よりも建設を優先させた結果といえる。この図は主に２０１３年以前に開通した路線を基にしており、中国の内陸都市の地下鉄が完成し、運行を始めれば、ほとんどがこの図で近似線の下のエリアに入るだろう。

　東京、北京、ソウル、香港、広州など明らかに車での移動よりも、地下鉄が時間とコストの節約になると感じられる都市は近似線より上にきており、地下鉄利用の効率性がたしかに高い。大阪、横浜、バンコクなども、規模は異なっても同様の効率性を示している。

東南アジアではシンガポール、バンコクに続き、ジャカルタ、ホーチミンで地下鉄建設工事が進んでおり、マニラでも2020年に着工予定と、「地下鉄の時代」に突入しつつある。なかでも世界最悪の渋滞とも呼ばれるジャカルタは最も注目されている地下鉄プロジェクトである。全体としては南北線（23・8㎞）と東西線（87㎞）の延べ110・8㎞の都市高速交通（MRT）であり、ジャカルタの人口密集地を通る一部区間が地下鉄となっている。先行して整備されているのが南北線で、日本のJICAなどの資金支援を受け、日本のゼネコンがトンネル掘削など建設、日本メーカーが軌道、信号、車両などを担当している。南北線の第1フェーズ（15・6㎞）は地下鉄部分5・9㎞と高架部分9・7㎞からなり、2019年前半の完成を見込んでいる。その後、全線が地下鉄となる第2フェーズ（8・1㎞）が開通する。

ジャカルタで地下鉄を含むMRTの構想が出たのは1980年代初頭だったが、財政面での制約や1980年代半ばの原油価格暴落（逆オイルショック）、さらに1997年のアジア通貨危機などで、計画はまったく進まなかった。そのなかで、ジャカルタの道路渋滞が深刻化、2014年に就任したジョコ・ウィドド大統領のもとで建設が本格化した。ただ、鉄道など他の整備計画は大きく遅れており、日本の官民が資金から建設、設備、車両までもオール・イン・ワンで請け負ったMRTだけが順調に進むこととなった。

ベトナムでは首都、ハノイ、ホーチミンともに大規模な都市交通の整備計画を進めている。

ハノイでは２０３０年までに８路線の地下鉄、高架鉄道（モノレール）の建設計画がある。最初に着工した２Ａ号線は中国のＯＤＡを使い、中国企業が建設工事を担っているが、工事は大きく遅延、市中心部では２０１７年末でも橋脚が完成しただけで開通の見込みは立っていない。

ホーチミンは地下鉄と地上鉄道を組み合わせた６路線を建設する計画が動いており、観光地としても知られる中心部のベンタイン市場から郊外のスオイティエンまでを結ぶ１号線（19・7㎞）とベンタイン市場からタンソンニャット国際空港、さらに先まで延伸する２号線（11・3㎞）を着工している。日本のＯＤＡと日本企業が建設している１号線は当初予定より２年遅れたものの、２０２０年に運転を開始する見通しである。

ジャカルタと並ぶ深刻な渋滞に悩むマニラは地上鉄道の「マニラ・メトロレール（16・8㎞）」が１９９９年から運転しているが、１路線しかなく、すでに輸送の限界に達している。２０１６年に就任したドゥテルテ大統領の肝煎で「メガマニラサブウェイ」構想が打ち上げられ、マニラ首都圏を南北に結ぶ地下鉄と地上鉄道の組み合わせの路線が計画されている。第１期は２０２０年に着工、２０２４年に完成の予定とされている。

都市交通がぶつかる三つの壁

こうしたアジアの地下鉄を中心とする都市交通網の整備は三つの壁に直面している。第一が、資金である。都市交通は建設、運営資金を乗客からの料金収入で賄わなければならないが、料金が高すぎれば庶民は利用しにくく、乗客数が伸びず、結果的に十分な収入を得られない。料金を安く設定すれば投資回収に時間がかかりすぎ、経営は安定せず、新たな路線の建設などに進むことができない。かといって、財政資金の投入には限界がある。

都市交通は高度成長期で国民所得、財政収入ともに右肩上がりにハイペースで増加し、ある程度のインフレが進行しているような時代でなければ難しい。途上国、中進国にとって特定の時期を逃してしまえば、都市交通の整備はきわめて困難になる。日本のような先進国であっても、高成長期を過ぎた1980年代以降に開業した地方都市の地下鉄は運賃も割高で利用者に不評な一方、各都市の財政を圧迫する大きな要因になっている。

第二が、途上国での大型プロジェクト、とりわけ先進国からのODAが絡む事業につきまとう汚職、腐敗である。90年代の中国や最近ではベトナムなどでもODAに絡んだ汚職が発覚し、現地の政府関係者や贈賄側の日本企業が摘発されるケースがあった。

たとえばJETROバンコク事務所によると、ビジネス分野の名門大学であるタイ商工会議所大学（UTCC）が2012年に実施した調査では、タイで公共事業を受注した企業の85％が「賄賂を支払った」と回答、賄賂金額は受注額の30～35％にのぼったという。90年代末にタイをはじめ東南アジアで一般的に語られていた賄賂相場は受注額の10～15％だったことからみれば、賄賂相場はさらに上昇しており、賄賂が根絶どころかますます盛んになっていることがわかる。ＵＴＣＣは13年のタイの贈賄額は３２９０億バーツ（１兆１４００億円）とＧＤＰの２・６％に達したと推定している。

経済協力開発機構（ＯＥＣＤ）の「外国公務員贈賄禁止条約」の適用厳格化など先進国側では汚職に対する国際監視は厳しくなる一方、収賄側は依然としてプロジェクトを賄賂を得るチャンスとみる発想が抜けておらず、トラブルが起きるケースもある。汚職が発覚すれば、関係者の逮捕、入札のやり直しなど事業遅延の要因ともなる。

第三は、土地の収用、営業補償などに伴う権利調整の煩雑さと費用の膨張である。途上国では土地の権利関係が明確でなく、買収に際し、複数の権利者間の闘争になったり、権利者の所在が不明で、法的な処理が困難というケースもある。先進国含め、地下鉄建設が優先されるのは地上の土地の収用が最小で済むという利点もあるためだ。

これまで、途上国の都市交通は先進国のＯＤＡが支えという面があったが、日本含め先進国が莫大な財政赤字に直面するなかで、ＯＤＡ頼りのインフラ建設は次第に困難になりつつある。プロジェクトの決定、運営の透明性確保、コスト抑制、官民パートナーシップ（ＰＰＰ）方式の導入など新たな対応が必要になっている。

また、日本、韓国、中国などインフラ輸出を競うなかで、アジア各国が好条件を引き出すため、外交的な駆け引きを多用するケースも増えているが、その結果、方向性が二転三転することも多い。アジアにおける都市交通の整備にはより高い規律と建設する側の強いリーダーシップがますます求められているのである。

2　都市の生活インフラ

都市の生活インフラで最も基本的なものは水道、電気、トイレだろう。これら三つは都市に住む人間が毎日必ず必要とするものだからだ。だが、その普及率は国と都市によって大きく異なり、しかも必ずしも経済水準と比例するものでもない。なお、ガス網はアジアの途上国ではまだほとんど普及に至っていないため、本書では取り上げていない。

急速に整う電力インフラ

表4－5はアジア各国の都市部に限定した電気普及率（自家発電ではなく送配電網によって電気が使用可能な人口の比率）を1994年、2004年、2014年の時点でみたものである。世界銀行の統計だが、信憑性が薄いと思われるデータは排除して、表示した。各国とも2014年時点では高い数字となっており、最下位のミャンマーを除けば、バングラデシュ、カンボジア含め都市部の80％以上の人々が電気を使える環境にある。

特徴的なのがタイ、インドネシアといったASEANの主要国を含め、途上国の多くが過去20年間に急激に電気の普及率を引き上げたことである。

表４－５　アジアの都市部電気普及率

国＼年	1994	2004	2014
日本	100	100	100
韓国	100	100	100
シンガポール	100	100	100
中国	97.9	99.8	100
マレーシア	98.2	98.9	100
パキスタン	94.2	96.5	100
タイ	50.5	86.2	100
ベトナム	93.6	97.1	99.8
モンゴル	47.6	79.4	99.6
インドネシア	87.7	100	99.4
ネパール	23.5	93.8	99.2
インド	85.9	90.2	98.2
スリランカ	67.3	83.9	97.7
フィリピン	88.5	93.5	97.3
ラオス	－	90	94.7
バングラデシュ	45.1	69.4	84.2
カンボジア	15.4	59	82.8
ミャンマー	－	－	57.9

出所：世界銀行

モンゴルは１９９４年に47・6％にすぎなかった都市の電化率を２００４年に79・４％、14年には99・６％と、ほぼ無電化家庭をなくすことに成功した。モンゴルは首都ウランバートルに人口の40％にあたる１２０万人が集中する一極集中型の国家で、都市のインフラ整備がややすい面があるが、１９９４年に４９１ドルにすぎなかった１人あたりＧＤＰが２００４年には９１９ドル、14年には４１６８ドルと、経済水準の劇的な上昇が背景にある。モンゴルは今世紀に入って、資源価格が高騰したことによって石炭、銅、金などの開発が加速、海外から巨額の資金が投資されたことで、ＧＤＰが急増した。その結果、インフラが拡充されたのである。

ベトナムは94年の93・6％が04年に97・1％となり、14年には99・8％と着実に電気の普及が進んだ。日本、韓国、中国など外資製造業の進出が進んだことで、都市部での停電をなくし、安定した電力供給を確保することが国家的なミッションとなり、発電、送配電の両面で、投資が加速した結果といえる。フィリピンはマニラなど大都市圏でスラムの問題が残っており、14年時点でも2・7％の無電化の家庭が残っているが、94年に比べれば電化率は9ポイント近く上昇した。

バングラデシュ、カンボジア、ミャンマーは今後も電力インフラ拡充の必要性が残っているが、94〜14年の電化率の向上には目を見張らされるものがある。3カ国とも1人あたりＧＤＰが2017年段階でまだ1100〜1300ドル水準だが、縫製、電子部品組み立てなど労働集約型の外資製造業の進出が急ピッチに進んでおり、インフラ整備は進むだろう。

中国や東南アジア、南アジアの多くの国にとって電力インフラの拡充は単純に発電所や送配電網の建設で済む話ではない。大半の国が石炭や天然ガスなど一次エネルギーを輸入しなければ、発電することができないからだ。アジアで自国の消費電力を国産の化石燃料や水力発電、再生可能エネルギー、準国産エネルギーとみなされる原子力で賄えている国はブルネイ、マレーシア、インドネシア、ミャンマー、ラオスなど限られている。しかもインドネシア、ミャンマーは国内で産出する天然ガスは限界に達しつつある。

アジアの都市は電気の普及率が高まるにつれ、エネルギーの輸入依存度が上昇する可能性が高く、エネルギー安全保障や輸入のための外貨獲得など別の側面の問題が出てくる。また、発電は電源によってコストや環境負荷が大きく異なる。都市住民に低価格の電力を安定供給しようとすれば、大規模な石炭火力発電所を建設するのが初期投資、発電単価の面で有利だが、しっかりした大気汚染対策を採らなければ、中国、インドで深刻な大気汚染を起こしているＰＭ２・５のような問題を引き起こす。一方、天然ガスは国内で産出すれば低コストで環境負荷も小さく理想的だが、輸入に依存すればＬＮＧまたはパイプラインということになり、初期投資が大きく、将来的な価格上昇や調達安定性のリスクがある。

原子力は中国では原発建設ラッシュで、ベトナムもロシア製原発の建設プロジェクトが動いており、タイ、インドネシアも関心を示している。70年代にいったんスービック原発の建設に着手、混乱のなかで工事が中断し、原子力導入が頓挫していたフィリピンも建設再開を検討している。日本や台湾では「脱原発」の流れが社会的に強いが、アジアでは原子力や再生可能エネルギーが電力供給インフラの整備と並行して進み、電気の普及率を高めていくとみてよい。[4]

都市生活のカギ握る水とトイレ

都市インフラの中でも人間の生存のカギを握るのは水とトイレである。水は食料とともに言

表4－6　アジアの都市部水道普及率

国＼年	1995	2005	2015
シンガポール	100	100	100
日本	97.4	98.5	98.7
韓国	95.7	98.4	99.2
マレーシア	90.4	96.0	100
中国	79.5	83.3	87.2
タイ	74.2	75.1	75.9
パキスタン	53.2	57.0	60.9
インド	48.2	51.1	53.8
ベトナム	47.1	55.0	61.3
ネパール	46.3	48.1	49.9
フィリピン	46.0	52.5	59.0
スリランカ	44.9	59.6	72.9
モンゴル	41.8	36.6	33.0
ラオス	33.3	46.7	63.9
インドネシア	26.7	29.6	32.5
バングラデシュ	25.1	29.1	32.3
カンボジア	18.0	46.6	75.3
ミャンマー	16.9	17.9	18.6

出所：世界保健機関（WHO）

うまでもなく生命維持に不可欠であり、トイレは衛生面で生存環境を担保する。「安全な水」へのアクセスは国連でも開発指標の最も重要なものとされている。

表4－6は都市部の水道普及率である。電気の普及率に比べ全般に低く、2015年時点でアジアで100％を標榜しているのはシンガポールとマレーシアのみである。電気とちがって水は河川や池、井戸などから身近に独自に調達することが可能なためであり、独自に得た水はタダでもある。だが、そうした身近に得られる淡水の多くは衛

生的でなかったり、重金属など汚染の問題がある。1950～60年代の日本の「四大公害病」のひとつであるイタイイタイ病は富山県神通川に流された銅精錬の未処理水に含まれていたカドミウムが原因だったように、水は大きな被害を住民に与えるリスクのあるものだ。安全な水の供給は都市を支える必須のインフラである。

アジアでは飲料水のヒ素汚染が深刻な問題になっている。飲料水確保のために国連児童基金（UNICEF）などの支援で井戸が掘られても、ポンプなどで過剰に取水した場合、土壌に含まれるヒ素が井戸水に溶け出し、ヒ素汚染を引き起こすからだ。90年代末にバングラデシュで井戸水を使う住民に肝臓肥大や皮膚の黒化などヒ素によるとみられる健康被害が発生、3000万人を超える住民が被害を受けたと報告された。同様のケースはインドなどにも起きている。中国では精練や化学関係の工場の排水で土壌が汚染され、健康被害が起きるケースが今も続いており、工業化とともに水をめぐるリスクは高まっている。

電力インフラの整備に比べ、水道インフラの整備は大きく遅れている。経済水準では中進国の中国、タイですら水道の使えない人口が10～20％以上残っているほか、ベトナム、フィリピンも普及率は50％台。インドネシアは国内に大都市が分散していることもあって水道が使えるのは都市人口の3分の1以下にすぎない。水道管は地下埋設であるため、電柱を建て線を張り巡らせる空中架線の送配電線に比べ、工事のコスト、時間が数倍もかかり、漏水対策などのメンテナンスも手間がかかる。

1995〜2015年の20年間の水道普及率の進展をみると、インフラ整備に積極的に資金を投入してきた中国ですら7・7ポイントの上昇にとどまり、速いペースで整備を進めたベトナムで14・2ポイント、フィリピンで13％の上昇でしかない。ラオス、カンボジアは電力インフラと同じようなハイペースで水道普及率も上昇しているが、これにはもともと人口規模が小さく、都市化も遅れており、大都市の膨張の前に外国からの支援で上下水道を整備できたという事情があるだろう。

水は飲料水だけでなく、洗濯や入浴など多用途であり、人間らしい生活を支える重要なインフラである。また使用後の水は下水道によって排水されていかなければならない。下水道は最終的に下水処理場に至り、適切な処理をして自然の循環系に戻さなければ、上水道もまた機能不全に陥る。電力が大気汚染と密接不可分であるように、水は上下水道一体でインフラを構築していかなければならない。

国土交通省が「Global Water Market 2012」をもとに作成した資料によると、アジアの下水道整備は遅れており、日中韓を中心とする東アジアこそ接続率（家庭から出る屎尿及び雑排水が下水道本管に接続している比率）が全家庭の3分の2を超えているものの、東南アジアでは40％台後半、南アジアでは10％未満にとどまっている。欧米は70％台後半から80％であり、まだアジアと欧米の間には大きな格差がある。

トイレ大作戦

「スワッチ・バーラト（クリーン・インディア）」。２０１４年に就任したインドのナレンドラ・モディ首相が提唱する政策のスローガンである。歴代政権が手をつけなかったインド社会の恥部ともいえる屋外での用足しをやめ、トイレを普及させようという内容だ。

ＵＮＩＣＥＦの調査によると、２０１５年にインドでは全人口の38％にあたる５億２３００万人の国民が屋外で用を足していた。インドで多数派の宗教であるヒンドゥー教の聖典「ヴィシュヌ・プラーナ」は、家から離れた場所で用を足すことを求めており、家屋内に「邪」であるトイレを置かない考えが強かった。そのため、人目のつかない屋外がトイレ代わりとなり、水で清めるというスタイルが定着した。南アジアでは仏教国であるスリランカとイスラム教徒の多いパキスタンのトイレ普及率がインド、バングラデシュを20～25ポイントも上回っているのは、トイレが宗教に影響を受けるインフラであることを示している。

その結果、河川や井戸が汚染され、雑菌の多い水を飲料水、生活用水にせざるを得なくなり、健康被害が広がった。インドでは屋外排泄に起因する感染症で５歳以下の幼児が年間12万人死亡しているとの報告がある。また、深夜に用を足すために屋外に出た女性が襲われる事件や子供の誘拐も関連して発生している。トイレ問題はもはや宗教で縛ることのできない健康や安全、社会の近代化に欠かせない課題となっている。

だが、トイレ問題はインドにとどまらない。表４－７はアジア各国のトイレ普及率（屎尿を

表4－7　アジアの都市部トイレ普及率

国＼年	1995	2005	2015
日本	100	100	100
韓国	100	100	100
シンガポール	99.4	100	100
マレーシア	91.3	94.4	96.1
ラオス	62.1	76.3	94.5
ベトナム	70.8	82.6	94.4
タイ	89.1	89.6	89.9
カンボジア	28.0	58.6	88.1
スリランカ	84.1	86.2	88.1
中国	71.6	79.1	86.6
ミャンマー	76.2	81.0	84.3
パキスタン	67.8	75.4	83.1
フィリピン	70.7	74.3	77.9
インドネシア	63.4	68.1	72.3
モンゴル	64.7	65.5	66.4
インド	51.6	57.4	62.6
バングラデシュ	48.9	53.3	57.7
ネパール	39.5	47.8	56.0

出所：世界保健機関（WHO）

自然界に放出、放置するのではない水洗式、水流式、貯留式、コンポスト式など衛生的なトイレに限定）をみたものである。インドはじめ南アジアは2015年時点でも60％前後と普及率は低く、島嶼部の多いインドネシアやフィリピンも、自然環境のためもあって、トイレの普及率は高くはない。

そのなかで目につくのはラオス、ベトナム、タイが、中国よりトイレが普及している点である。中国は内陸農村部でトイレを含めた生活の近代化が遅れていることがひとつの要因と考えられるが、別の要因として指摘すべきは、仏教の影響かもしれない。アジアを回る多くの旅行者が指摘するのは、ラオス、ベトナム、タイは山間部や農村地帯といったあまり近代化されていない土地でも、公共のトイレが中国に比べて、はるかに清潔に保たれている点だ。本来、不浄とされるトイレをみずからの努力で清浄に保つ生活規範ができあがっているからと考えられ、その基盤には仏教的な価値観があるとみてよい。中国で住民が公共トイレを自主的に清潔に保とうという感覚、意識がないのとは大きなちがいである。新中国になって仏教などの宗教規範が薄れた結果かもしれない。

こうしたトイレをめぐる国情のちがいは、社会インフラが実は政策や投資だけでなく、住民の生活規範、習慣意思などによって強く影響されながら構築、維持されている面があることを物語っている。

インドの「スワッチ・バーラト」は「２０１９年10月２日までに屋外排泄を根絶する」ことを目標にしている。そのため世界各国からさまざまなトイレ設備の導入を進めており、日本の衛生陶器メーカー、ＬＩＸＩＬが開発した簡易式トイレ「ＳＡＴＯ（Safety Toilet の略）」がインド各地に設置されつつある。これは排泄物を流すとカウンター・ウェイト式の弁が開き、汚物槽に流すもののすぐに閉じ、汚物槽から病原菌を媒介する害虫や臭気が便器側に逆流しないように設計されたものだ。簡便だが、低コストというＢＯＰ（Bottom of Pyramid ＝低所得層）向け商品の典型ともいえる。ＳＡＴＯはすでにバングラデシュやフィリピンなど15カ国で実績があり、アジアの「トイレ革命」を推進する技術となっている。「トイレ革命」こそアジ

図４－４　スラム居住人口比率（2014年）

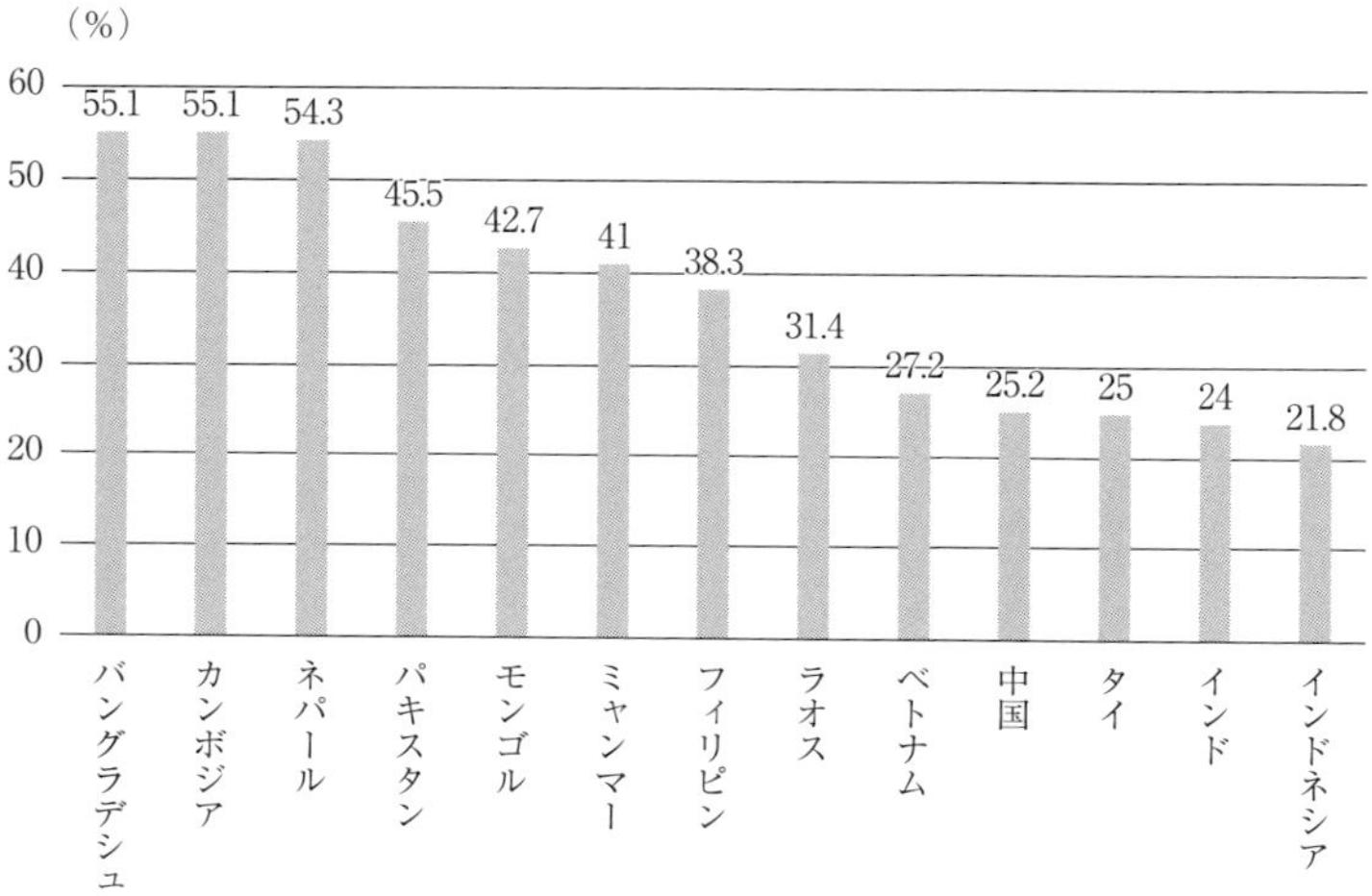

出所：国連統計

アの都市、農村の衛生環境を向上させ、人々の尊厳を高める効果を持つのである。

都市とスラム

途上国にとって大都市におけるスラム化は失業や児童労働、貧富の格差など深刻な社会問題の発生を示すとともに、インフラ整備の遅れを象徴するものでもある。図４－４はアジア13カ国のスラム居住人口比率（２０１４年）を示したものである。国連はスラムの定義として①衛生的な水道施設の欠如②衛生的なトイレ施設の欠如③１部屋に３人以上など過密な住環境④バラックなど耐久性のない住宅――のうち１つ以上が当てはまる地区としている。これまでみてきた上水道と

図４－５　アジア４カ国のスラム比率の推移

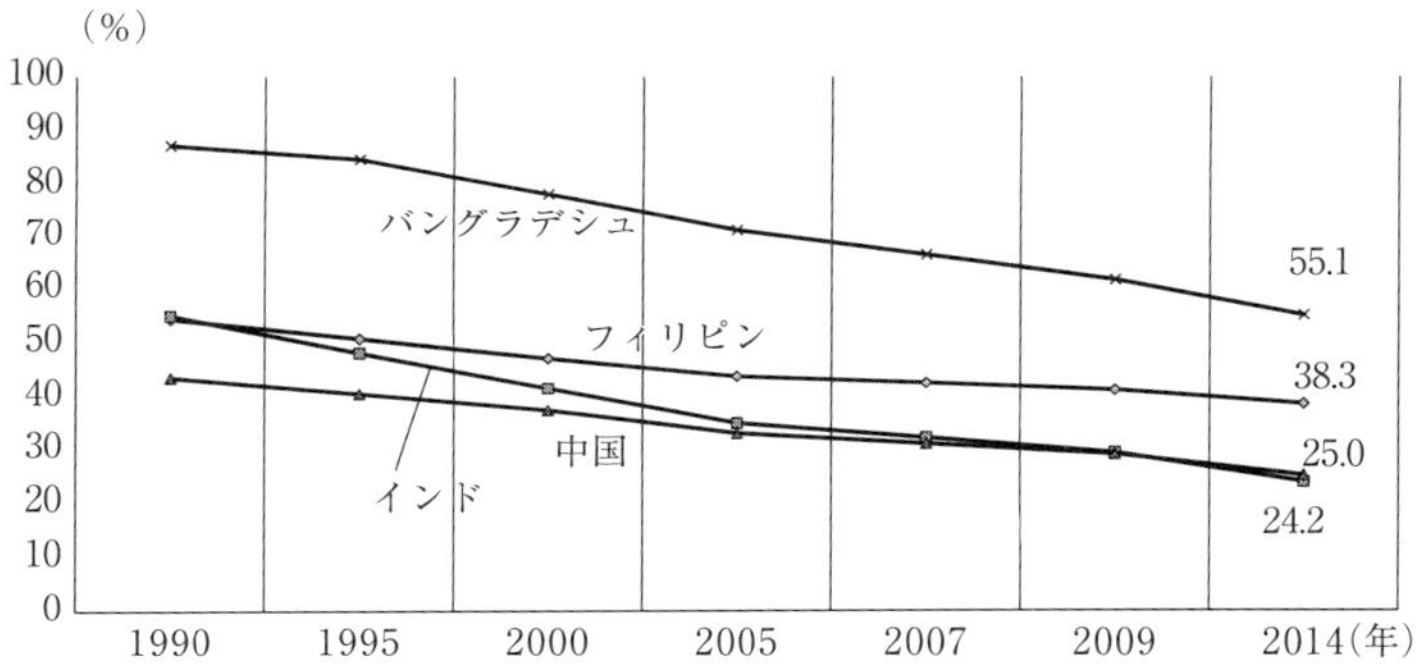

出所：国際連合

トイレは、まさにスラムか否かを決める重要な指標だったわけだ。

図４－５はそのうち中国、インド、フィリピン、バングラデシュの４カ国のスラム居住人口比率を時系列で追ったものである。一目瞭然だが、４カ国とも比率は下がってきており、スラムの縮小、改善が進んでいることがわかる。ただ、インドと中国を比べれば、インドのほうがスラムの減少スピードは速く、バングラデシュもインドと同じ傾斜で縮小している。

スラムの縮小に最も関係するのは言うまでもなく、収入である。定職に就き、収入が増加し、安定化すれば、人はスラムを脱出するか、一定の資金を投じて生活環境を改善しようとする。

では、各国の国民の収入にほぼ比例するといわれる１人あたりＧＤＰとスラム居住人口比率をみてみよう。図４－６は中国とインドのスラム居住人口比

図４−６　中国とインドのスラム化率比較

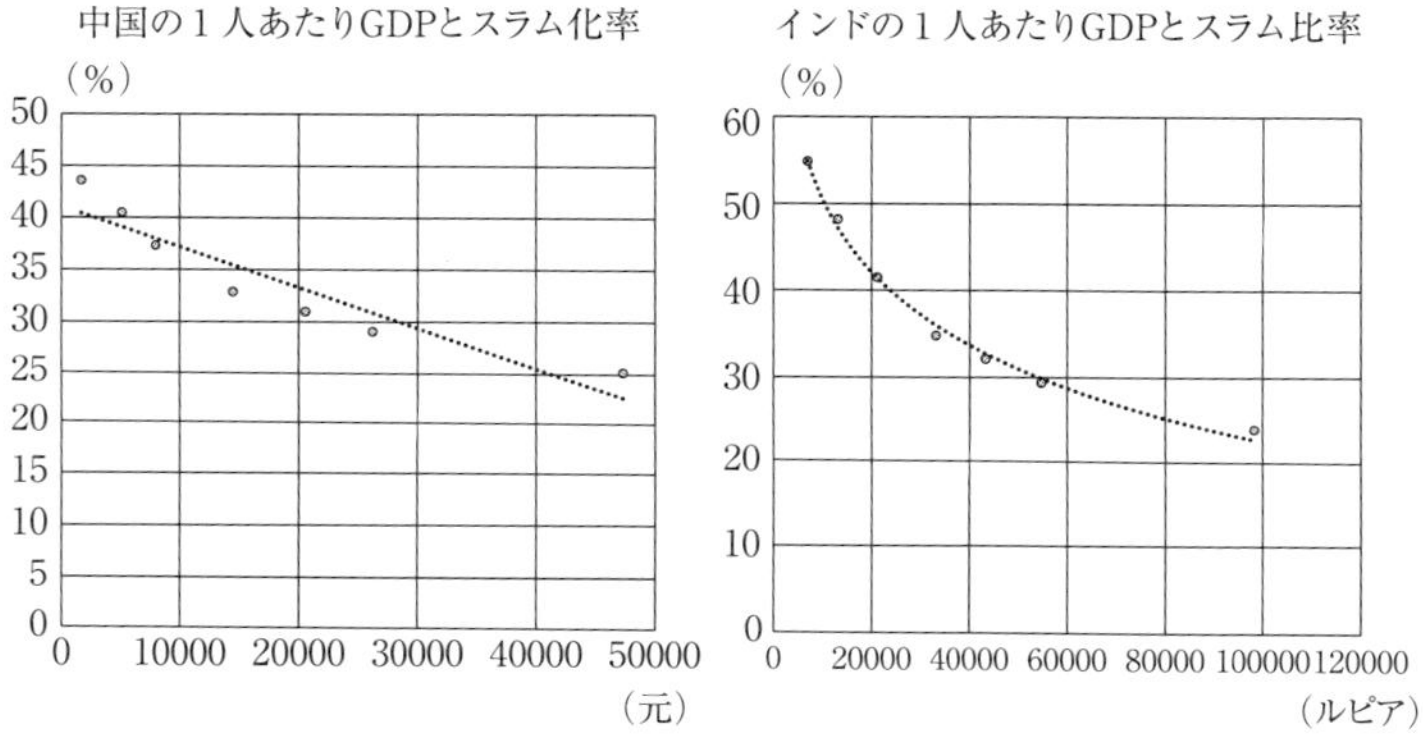

出所：国際連合

率を縦軸、１人あたりＧＤＰ（自国通貨ベース）を横軸に取ったものである。中国に比べ、インドのほうが近似線の下向きカーブが急角度。すなわち、インドのほうが１人あたりＧＤＰの伸びとともに急ピッチにスラム居住人口比率を減少させていったのである。中国の１人あたりＧＤＰ（２０１７年）を米ドル換算すれば８５８２ドルで、インドの１８５２ドルの４・６倍もの水準である。

　豊かになればスラム人口が減るというのであれば、中国はインドよりスラム居住人口比率は低くなければならないが、必ずしもそうなってはいない。中国は経済的に豊かになってもスラム居住人口比率が低下しにくい[5]のは、ひとつには貧富の格差が大きく、１人あたりＧＤＰが伸びても低所得層には均霑《きんてん》していないとみることができる。インドは所得格差が小さく、１人あたりＧＤＰが低いレベルでもスラム生活から脱却できる可能性がある。いずれにせよ、スラムの解消は単純に国のＧＤＰを伸ばすだけでなく、所得の再分配や雇用創出による低所得層の所得引き上げなどを並行して進めることが不可欠といえる。その意味で都市は「貧富の差が拡大する」リスクがある半面、「雇用機会の提供」や「生活環境の改善」「教育、訓練の提供」などさまざまなチャンスを人々にもたらす希望の場でもある。アジアの都市はそうした人々に希望を与える機能を持つことはアフリカ、中南米など他地域と比較すれば歴然としている。

3　成長を左右するインフラ投資

インフラ構築の資金は政府予算、民間投資、官民連携（ＰＰＰ）、国際機関による支援、政府開発援助（ＯＤＡ）などさまざまな出所、調達源、金融手法があるが、アジアの途上国で明らかなのは、必要な資金に対して財政を含め調達可能額が圧倒的に不足しているという事実である。資金調達の拡大、建設するインフラの選別、コスト圧縮がアジアの都市インフラの未来を握るといっても過言ではない。

まず、アジアのインフラにどれくらいの資金が必要なのか。アジアのインフラ構築で多くのプロジェクトに資金を供給してきたアジア開発銀行（ＡＤＢ）が２０１７年に発表した『アジアのインフラ需要に応える（Meeting Asia's Infrastructure Needs)』リポートによると、アジアの途上国・地域が現在の経済成長を維持し、貧困を撲滅し、さらに気候変動へも対応していくには「２０１６年から30年の間に26兆ドル（約２９００兆円）、すなわち平均で年間１・７兆ドル（約１９２兆円）の投資が必要になる」という。気候変動への対応を含まない場合でも22・６兆ドル、年間１・５兆ドルが必要な計算だが、今世紀に入ってからの旱魃や集中豪雨の多発、台風（サイクロン）の大型化などによる被害をみれば、気候変動対応を含まないインフラ整備はほとんど無意味だろう。

ＡＤＢのリポートの分野別投資予測（気候変動に対応したケース）では、最大の分野は「電力」で14・７兆ドルと全体の56％を占め、次が「交通・運輸」の８・４兆ドル、「通信」の２・３兆ドル、「水・衛生」の０・８兆ドルなどとなっている。

比重の大きい電力投資

電力分野への投資が大きいのは、電力供給には発電設備だけでなく、送配電網の構築コストが大きいからだ。途上国の多くは農村や山間部に無電化地域が広がっており、高圧送電線と変電所、配電網を地道に建設していかざるを得ない。都市部では需要家が密集しているため、配電網の構築は効率的に進められ、投資も後々、電気料金収入で十分に回収が見込めるが、農村部などでは需要家が点在しており、配電線の延伸などは非効率にならざるを得ず、コストもかかる。

発電所も環境対応で排出ガスの処理のために1990年代に比べ、建設コストが上積みされている。クリーンエネルギーとしてインド、インドネシアなど途上国でも建設が始まった液化天然ガス（LNG）を燃料とする火力発電所は、国内に天然ガス資源とパイプラインがない場合、LNGの貯蔵タンクや気化器なども付帯的に建設する必要があり、従来の一般的な火力発電所に比べ建設コストが高くつく。石炭火力発電そのものも単純な蒸気タービンによる発電から エネルギー転換効率が高く環境負荷も低い「超超臨界圧（USC）発電」や一部実用化も始まった石炭ガス化発電などに進化しており、初期コストは大きくなっている。

途上国にとって電力供給の安定性は外資の工場を呼び込む時の大きな力になるため、外資の直接投資を狙う国は電力分野への投資を積極化している。外資向けの経済特区（SEZ）や工業団地などの周辺に発電所を建設し、外資に電力の優先供給を確約するケースはアジアでは少なくない。

1984年に開発された中国東北部の中核都市、大連の近郊にある大連経済技術開発区には1992年に商社、銀行が主導して日本企業向けの高規格の工業団地も開発された。580社の日本企業がこの開発区に進出したが、決め手のひとつは経済開発区の対岸に新設された、当時としては大型の発電能力75万キロワットの石炭火力発電所だった。2000年代初頭に中国では電力需要の急激な伸びによって、電力不足が深刻化、各地の開発区で輪番停電などが実施されたが、大連のように開発区に隣接して発電所が設けられているような場合はほとんど停電が起きず、操業への影響も小さかった。そうした経験から電力への投資は一般家庭向けの生活インフラであるとともに外資の製造業誘致という目的で途上国が先行的に取り組むインフラとなった。

港湾インフラ整備の遅れ

ＡＤＢのリポートで電力に次ぐ投資分野は交通・運輸である。具体的には一般道、高速道路や港湾、空港の整備となる。道路整備は人々のモビリティ（移動手段）の進化に対応して需要が変化する。徒歩、自転車の時代であれば土むき出しの道路でも大きな問題にならないが、二輪車、自動車の時代になれば舗装と道路幅の拡幅は不可欠となる。さらに国内の経済活動が活発化すれば大都市間の移動、都市と郊外の経済開発区などを結ぶ高速道路などが求められるようになる。

港湾は輸出型製造業の誘致には欠かせない。表４－８は世界の港湾の年間コンテナ取扱量[6]のランキングで上位30港をみたものだ。一目瞭然だが、アジアの港湾が21港（ドバイはアジアには含めていない）を占める。１９９９年の同じ港湾ランキングでは30位までに入っていたアジアの港湾は18港あり、表面的には大きな変化はないようにみえるが、１９９９年のランキングには日本の港湾が千葉、名古屋、横浜、北九州など7港も入っており、日本以外のアジアは11港しかなかった。それが２０１５年では30位以内にランクインした日本の港湾は京浜港（東

表４－８　世界の港湾コンテナ取扱量ランキング（2015年速報値）

2015年順位	1999年順位	国・地域	万 TEU
上海	5	中国	3653
シンガポール	1	シンガポール	3092
深圳		中国	2420
寧波－舟山		中国	2062
香港	4	中国	2011
釜山	15	韓国	1946
広州		中国	1762
青島	30	中国	1751
ドバイ		UAE	1559
天津		中国	1410
ロッテルダム	2	オランダ	1223
ポートケラン	34	マレーシア	1189
高雄	13	台湾	1026
アントワープ	11	ベルギー	965
大連	27	中国	945
アモイ		中国	918
タンジュンペレパス		マレーシア	912
ハンブルク	26	ドイツ	882
ロサンゼルス	16	米国	816
ロングビーチ	10	米国	719
レムチャバン		タイ	678
ニューヨーク／ニュージャージー		米国	637
営口		中国	592
ホーチミン		ベトナム	578
ブレーメン		ドイツ	530
タンジュンプリオク		インドネシア	520
コロンボ		スリランカ	518
連雲		中国	500
京浜		日本	462
バレンシア		スペイン	461

出所：国土交通省まとめ

京、川崎、横浜を合わせ、ひとつの港湾とみたもの＝「スーパー中枢港湾」のひとつ）しかなく、日本以外のアジアの港湾が20港。つまり30位以内のアジア（日本除く）の港湾は１９９年からほぼ倍増したことになる。しかも２０１５年の場合、トップ10はドバイを除けばすべてアジアで、うち7港が首位の上海はじめ中国だ。30位以内で中国の港湾が11港を占めた。工業製品、食料、雑貨などを運ぶコンテナの海上物流ではアジア、とりわけ中国が圧倒的な存在感を持っていることがわかる。

逆にいえば、今や世界の物流を支えているのはアジアの港湾施設といっても過言ではない。実績としてアジアの港湾の存在感が大きいとしても、それはアジアの港湾が十分な荷捌き能力、保管能力、サービス水準を持っていることを必ずしも意味しない。

中国の港湾は今世紀に入って巨額の投資でバースを拡張し、巨大な能力を持つコンテナヤードも構築してきた。世界トップの上海港は浦東新区の沖合30kmにある大洋山島と小洋山島の周辺を埋め立てて新たに造成された港湾で、海上橋によって結ばれた深水港である。上海周辺の海域は長江河口のため遠浅で、喫水15メートルを確保できる港湾を建設するには沖合に造成するしかなかった。２００５年に開港、順次バースを増やし、ガントリークレーンを装備してきた。羊山港まで32・5kmに及ぶ東海大橋で産業集積と空港のある浦東新区と結ばれ、規模的に世界最大級の港湾となっている。中国はこの上海羊山港に１２０億ドル（約1兆３５００億円）を投資するなど、港湾の拡充に力を入れてきた。

世界で最も効率的といわれるシンガポール港は、政府と港湾運営会社のＰＳＡが協力して設備とサービスを高め、競争力の向上に努めてきた。ただ、アジアではこうしたケースは例外的で、慢性的に荷捌き能力が限界で、船が沖待ちしたり、着桟しても積み込みまで時間のかかるなどの問題を抱える港湾が多い。

インドネシア最大の港であるタンジュンプリオク港は同国の輸出貨物の50％以上を取り扱うが、２０１０年以降、能力を超えた貨物取扱量となる期間が増え、沖合滞船や貨物の長期滞留が問題となっている。２０１６年9月には三井物産、日本郵船など日本企業も参画した新ターミナルが稼働、荷捌き能力は30％増となったが、輸出貨物の伸びでたちまち能力が限界になると予測されている。

実はタンジュンプリオク港の問題はインドネシアにおけるインフラをめぐる課題の象徴である。ジャカルタ周辺の工業団地は市の中心部から南東に延びるチカンペック高速道路沿いに集中立地しており、トヨタ自動車、ホンダ、スズキ、パナソニック、シャープ、味の素など日本の製造業が集積している。いわゆる「東部工業団地」である。

だが、この地域には高速道路が1本しかないため、トラックや乗用車の渋滞が恒常化しており、各工場は原材料調達から製品出荷、従業員の通勤まで操業に大きな影響を受けている。ジャスト・イン・タイムで部品受け入れ、生産ラインの稼働を行う製造業にとって、効率性へのダメージとなる。

日本の官民はチカンペック高速に並行する新高速道路の新設をインドネシア政府に長年、要望しているが、建設費用の捻出、用地買収などで壁にぶつかったままで、まったく実現のメドは立っていない。日本企業は、東部工業団地からタンジュンプリオク港までの高速道路の大渋滞、港での滞貨などからインドネシアを輸出型生産拠点として頼り切れないと判断しており、インドネシアへの投資手控えの大きな理由となっている。

日本側はタンジュンプリオク港の代替として、東部工業団地から北東方向に位置する「チラマヤ港」と呼ばれる新港を建設する構想をインドネシア側に打診しているが、こちらも反応は鈍い。インドネシアの輸出はLNGと石炭などエネルギー鉱物資源が3分の1以上を占め、市況によって貿易収支が揺さぶられる構造で、自動車や電機・電子、繊維製品など非資源輸出の拡大は長年の課題だが、道路、港湾などのインフラが整わない限り、実現は難しい。インフラは一国の経済構造をも規定している。

東南アジアではタイのレムチャバン港が、やはり貨物の集中によって限界に達しており、現地に輸出型生産拠点を構える日本企業にとっては不安材料になりつつある。ただ、タイを中心としてインドシナ半島に広域で形成される新産業集積でみれば、バンコクとの間で幹線道路が構築されているホーチミン港が、レムチャバン港の代替にもなりつつある。

レムチャバン港とホーチミン港では2010年あたりまで、貨物の取扱量でかなりの差があったが、ホーチミン港が急激に追い上げており、両港の貨物量の差は2015年には15％前

図4－7　インフラ投資の資金割合（2010～14年）

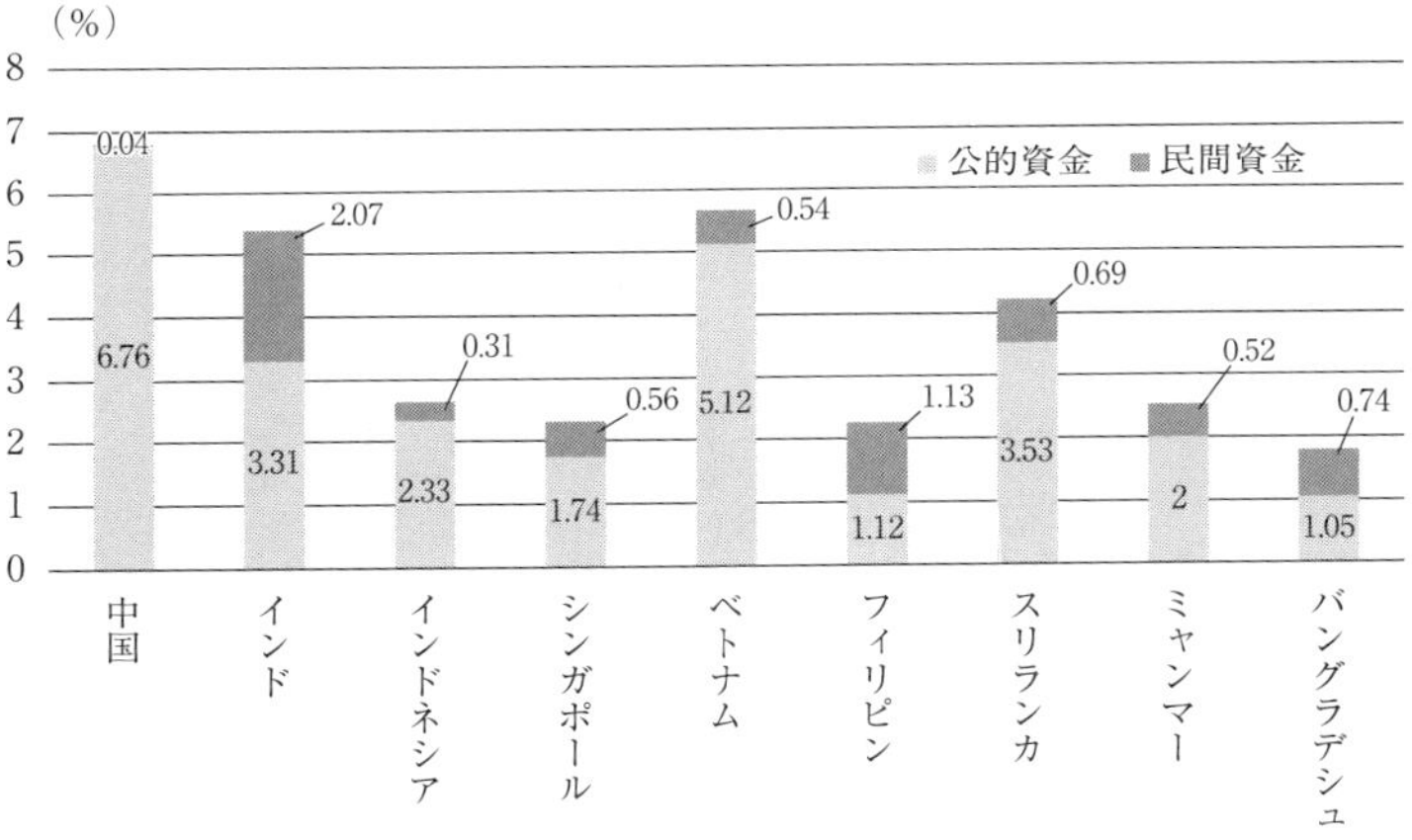

出所：アジア開発銀行

後まで縮小している。バンコクの東方からカンボジア、ラオス、ベトナム中・南部には道路網が広がっており、物流インフラは着実に改善している。プラユット政権が2016年あたりから力を入れる「東部経済回廊（EEC）」は道路に加え、鉄道、電力、ガス、水道、通信など幅広いインフラへの追加投資を含んでおり、インドシナ広域の産業集積の新たな展開になろうとしている。

インフラ投資の効率性

ここまでみてきたように、アジアでは中国のインフラの充実ぶりが目立ち、東南アジア、南アジアは相対的に投資額、スピードともに遅い。図4－7はADBがまとめたインフラ投資資金の官民の比重である。中国はほぼすべてが公的資金、すなわち中央政府と地

図4－8　インフラ構築の公的資金比率と対GDP比

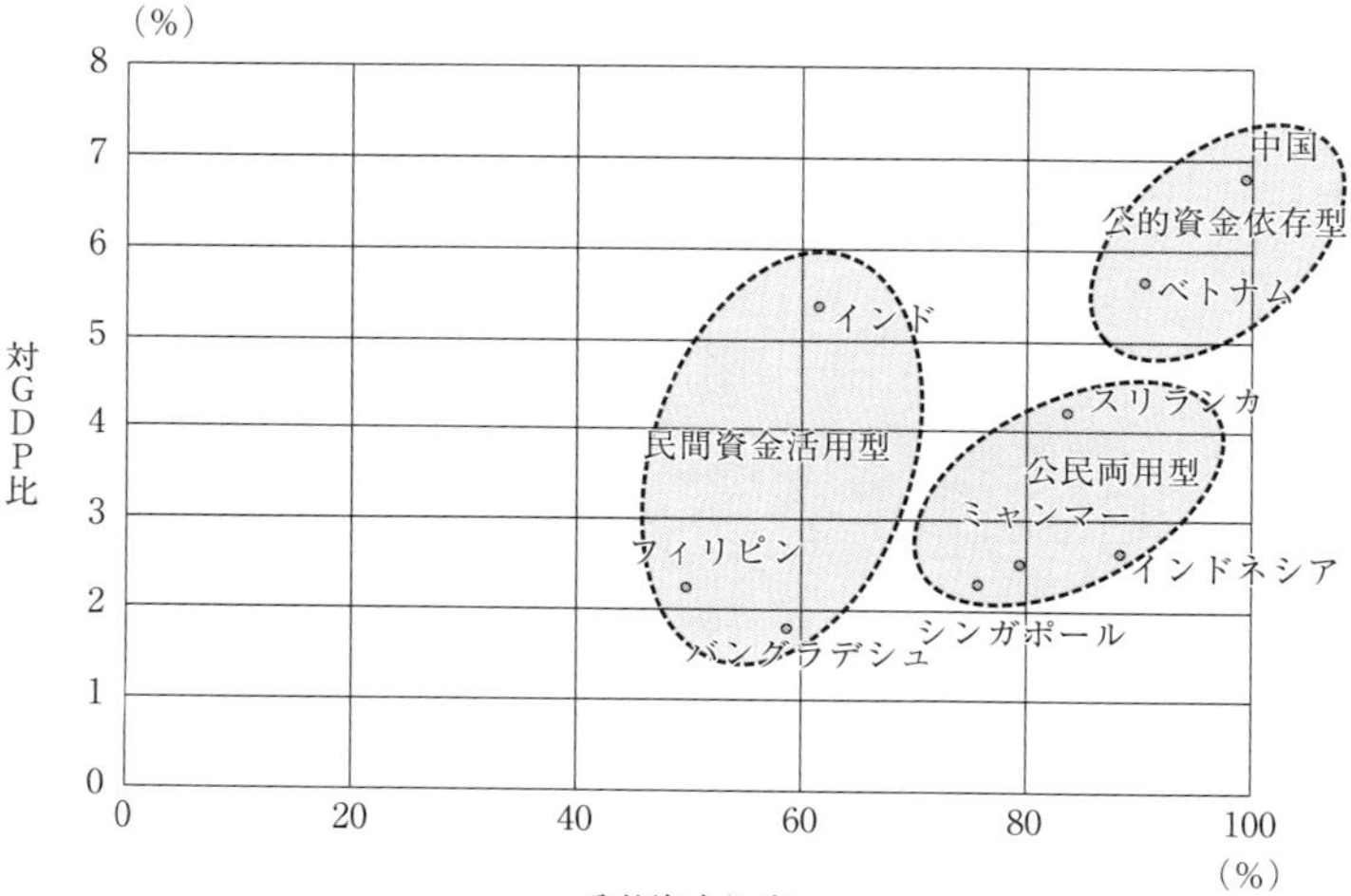

出所：アジア開発銀行（ADB）
「インフラ投資リポート」

方政府の財政資金と中国特有の地方政府傘下の資金調達企業による〝第二財政〟とも呼ばれる投資で成り立っている。対照的にインドは公的資金は61％にとどまり、民間資金の部分が大きい。グループ分けすれば、中国、ベトナムは「公的資金依存型」、スリランカ、インドネシア、ミャンマー、シンガポールは「公民両用型」、フィリピン、バングラデシュ、インドは「民間資金活用型」に分類できるだろう。その状況を横軸に公的資金比率、縦軸にインフラ投資の対GDP比を置いて散布図としてみたものが図4－8である。上で述べた三つのグループを点線で囲んである。

中国、ベトナムは社会主義国であり、インフラ構築に民間外資を導入することには抵抗があり、投資する側にも法的裏づけ、政策の継続性などの点で警戒心があっておかしくはない。そのため財政主導でのインフラ構築を続けてきたが、債務の対ＧＤＰ比は中国が中央政府のみではまだ50％前後だが、地方政府や国有企業まで含め広く政府部門と考えればすでにＧＤＰ比で２５０％近くに達している。ベトナムは中央政府の債務の対ＧＤＰ比は２０１６年で63・３％と高まってきており、中国と同様に地方や国有企業の債務も考慮すれば、これ以上財政資金を投入してインフラ建設を加速することは難しい。中国、ベトナムともに民間資金活用への政策転換が喫緊の課題であり、習近平政権は官民協力のＰＰＰ活用を積極的に打ち出している。

フィリピン、インド、バングラデシュはもともと財政能力の限界から民間資金を活用する方向性があり、３カ国ともに英語での契約文書のドキュメンテーションなど民間外資にとって取り組みやすい素地がある。問題は契約で約束された投資回収スキームが機能するかにある。特にＢＯＴ方式などで料金回収で紛争が起きるケースがインドでは発生している。モディ政権はさらに民間資金活用を積極化する構えだが、投資回収の確実性が高まらなければ、インフラの拡充は進まないだろう。フィリピンは電力、水道など民営化が進み、華僑資本や外資が積極的に投資しており、民間資金の活用は今後も進むと予想できる。

スリランカ、ミャンマー、インドネシアはいずれもインフラ需要が大きいものの、財政能力、民間資金のパイプともに弱く、公的資金、民間資金の両方をうまく活用して資金量を確保するしかない。

スリランカは26年間にわたる内戦が2009年に終結したばかりで、破壊されたインフラの再構築を進めている。ミャンマーは長年の軍政が終わり、2016年にアウン・サン・スー・チー氏の率いる国民民主連盟（NLD）の政権が誕生し、民主化を果たした。軍政時代には国際制裁を受けており、インフラ含め外資の投資は中国など特定の国を除けば少なかったことから、現状では公的資金比率が低いが、インフラは鉄道、道路、空港、港湾、発電など需要は莫大にある。インドネシアは人口圧力が高く、交通、電力、衛生などでのインフラニーズは高い。

これら3カ国は対GDP比で今後、インフラ投資の比率が上昇していくと予想できるが、それを中国、ベトナムのような財政主導で賄うのではなく、民間資金でうまく採り入れていかなければ、インフラ拡充のスピードは上がらない。この3カ国は中国型の道を歩まないことが肝要である。

シンガポールは言うまでもなく、外資の投資に開放的だが、インフラはほぼ完備しており、追加的需要が限られているうえ、政府の財政能力が高く、インフラに関しては民間資金の出番はそれほど多くはない。図4－8のポジションではインドネシアなどのグループにまとめられるが、内実は大きく異なっている。

中国のインフラ投資と収支

２０１７年5月に米国の格付会社ムーディーズは、中国の国債格付を「Ａａ３」から「Ａ１」に1段階引き下げた。引き下げは天安門事件が起きた１９８９年以来、28年ぶりだった。続いて9月には米Ｓ＆Ｐも「ＡＡマイナス」から「Ａプラス」へと、やはり1段階引き下げた。ともに中国の政府部門の債務膨張に懸念を示しての格下げだった。中国の債務膨張の最大の要因は道路、高速鉄道、地下鉄などインフラ投資にある。そうしたインフラ投資は運賃や通行料による収入で回収されていく計画だが、現実には返済額よりも新規投資、追加投資が大きく、債務膨張に歯止めがかからなくなっている。

中国の交通運輸部が２０１７年に公表した「全国収費公路統計公報」によると、２０１６年の全国の有料道路の収支は、収入が前年比11・０％増の４５４８億５０００万人民元（約７兆７０００億円）、支出が19・３％増の８６９1億７０００万元（約14兆７０００億円）と４１４３億３０００万元（約7兆円）の赤字となった。

支出の内訳は元金返済が54・7％、金利負担が26・6％で、元利返済だけで収入を２５００億元（4兆２５００億円）以上上回る計算だ。累積負債は9・1％増の4兆８６００億元（82兆６０００億円）と天文学的な金額である。このまま事業を継続しても債務の完済は不可能な構造だ。中国が高速道路など有料道路を建設し始めてからの累積投資は7兆５９００億元（約１２９兆円）にのぼる。一見、インフラ整備の進展、国富の充実にみえる中国の高速道路網だが、内実は借金まみれで持続性が疑われる段階にきている。

地下鉄の収支はみえないが、２０１６年までに全国で建設された地下鉄の投資額は民間コンサルタントなどの推定では35兆円にのぼるという。中国政府は２０１６年、地下鉄建設にさらに1兆元（約17兆円）を２０２０年までに投資する計画を発表しており、遠からず地下鉄建設に伴う負債は50兆円を突破するだろう。

一方で、地下鉄は都市の交通渋滞緩和という目的があり、公共交通機関として収支が均衡する水準まで料金を上げることは難しい。結局は財政で負担することになるとすれば、中国共産党は高速道路、高速鉄道、地下鉄の建設による重い負担を後世に残すことになる。これまでは高成長の持続のためにインフラ建設を活用してきた面も大きいが、そうした景気対策としての目的も見直さざるを得なくなる。中国のインフラは債務返済の面で大きな不安を抱えている。

【第4章　注】

（1）渋滞がなく、順調に車が走った場合にかかる標準時間に対して、同じルートを走って実際に要した時間がどれくらい多かったかを百分率で示したもの。

（2）中国では高速道路、高速鉄道、通信網など国土を覆うネットワーク・インフラを南北方向（縦）と東西方向（横）で、メッシュ状に構築する発想がある。１９９２年に打ち出された高速公路計画では「北京―珠海（広東省）」など南北に5本、「上海─成都（四川省）」「丹東（遼寧省）─ラサ（チベット自治区）」など東西に7本を整備する構想で、「五縦七横」計画と呼ばれた。その後継計画として2005年に公表された国家高速公路網計画では、首都北京から放射状に7本、南北に9本、東西に18本の高速を建設する計画へとスケールアップされ、数字部分を並べ「7918網」と称された。北京から瀋陽、長春を通って黒竜江省のハルビンに至る「京哈高速」はじめ首都から放射状に延びる路線を重視した点に中央集権的な体質がうかがえる。

（3）ベトナムの南北高速道路は長年の懸案であり、ベトナムにとって明らかに最重要のインフラだが、建設に政府はきわめて慎重だ。2017年6月にようやくグエン・スアン・フック首相が総額312兆ドン（約1兆5300億円）のプロジェクトを承認した。計画は3期に分かれており、完成は2030年の見通し。中国であれば2、3年で完成させてしまうインフラの整備に長い議論と工期をかける点は、ベトナムの欠点だろう。ハノイ─ホーチミン間の高速鉄道や原子力発電所など必要なインフラ整備を政府自らが課した公的債務上限（GDPの65％）に縛られ実行できないことは、今後ハノイ、ホーチミンなど都市の発展を阻害し、ベトナム全体の成長の制約にもなりかねない。

（4）世界原子力協会（WNA）によると、2016年に世界で新規に稼働した原子炉は10基あり、そのうち中国が5基、インド、パキスタン、韓国が各1基と、アジアが8基を占めた。アジアの多くの国では「原子力の季節」を迎えている。アジアでは中国がさらに20基を建設中のほか、インド、パキスタン、韓国、アラブ首長国連邦（UAE）が建設工事を進めており、日本と台湾は、Jパワーの大間原発（青森県）など建設途上の案件があるものの、工事は停止している。WNNによると、アジア地域の原発は16年に世界の原発の総発電量の18％を発電した。

（5）中国は都市戸籍、農村戸籍による差別待遇が続いてきた。農村から都市に出稼ぎに来た農民工だけでなく、都市の大学に入学した学生も寮に入れなければ厳しい現実がある。大学卒業後、就職浪人となった若者たちが生活費を節約するため狭い賃貸住宅に集団で住み込み、就活に励む様子が蟻の巣に似ているため、中国の大都市の「高学歴ワーキングプア」を「蟻族」と呼ぶようになった。出稼ぎ農民の多い北京には同じ出身地の人たちが集まって形成された「浙江村」「安徽村」「新疆村」と呼ばれるスラム街があるが、2017年から取り締まりが厳しくなり、次々に取り壊されている。

(6) 20フィートコンテナ1本を1TEUとして計算、単位:万個、輸出・輸入の合計。トランスシップも含む。

第5章　都市と産業立地ネットワーク――成長領域の拡大

戦後、アジアの途上国が工業化を進める過程で、目立たないものの大きな役割を果たしたのが、いわゆる「経済開発区（SEZ）」である。電力、道路などインフラだけが備わった簡素なものから、国による免税措置や通関業務などが付与されたものまで多種多様だが、外資製造業にとって、土地買収などの煩雑な届け出やリスクを軽減し、短時間で現地生産を可能にする仕組みとして大きな役割を果たした。

経済開発区は1980年代までは大都市から離れた、発展の遅れた地域の振興策として構想されるケースが多かったが、次第に都市近郊に建設されるようになり、90年代以降、アジアの都市が産業分野で発展する原動力になった。たとえば上海市は、浦東新区や嘉定区など市の周縁部の開発区に立地した、自動車などの製造業によって一時の停滞を脱し、江蘇省、浙江省など後背地を世界有数の産業集積に転換することで、都市としての基盤を固めた。

90年代以降は都市近郊の開発区が雇用、購買、税収などを通じて都市の新たな経済基盤となるとともに、商業地、住宅地などの周辺への延伸を加速させ、都市域を拡大させる効果も発揮した。かつて郊外にあった産業集積が押し寄せる住宅地に囲まれ、さらに郊外に再移転するメカニズムは、アジアの都市が大都市へと発展する過程に共通している。都市にとって産業立地を的確に進めることで、域内ＧＤＰを増大させられるだけでなく、衛生、環境、治安など都市の快適性、機能性を高めることができる。

本章では、アジアにおける都市と産業立地の関係を考えていきたい。

1 「経済開発区」の効果

都市開発の原動力となった「特区」

経済開発区という用語の定義は確立はしていないが、「造成された敷地が区画で分譲され、道路、電力、水道、ガス、通信などのインフラが備わり、企業が建屋を建設し、機械設備を搬入すれば生産活動が可能になる場所」と考えることができる。より細かく言えば、周辺の幹線道路や港湾、空港、都市などと結ぶアクセス道路の整備も条件となる。道路は部品や原料の調達、製品の出荷だけでなく、従業員の通勤手段などでも不可欠であり、最も重要なインフラといえる。電力は途上国では停電が頻発するため、開発区専用の発電所や変電所を備え、優先供給されることも重要な要件である。

表５－１は経済開発区をタイプ別に分類してみたものである。世界で最も初期に設置された

開発区は「輸出加工区（ＥＰＺ）」であり、パナマ運河のカリブ海側出口に位置するコロンやアイルランド西部のシャノンに設けられたものが先駆けとされる。アジアでは１９６０年代に香港、台湾、シンガポール、タイなどに設置され始めた。近隣の労働力を使った労働集約型で、技術力をあまり必要としない縫製、鞄、靴、雑貨や簡単な家電製品、機械部品などを生産する外資企業が進出した。

ＥＰＺは周辺地域と柵や壁で分けられ、必要とする原料、部品は非関税で輸入され、加工後、再び全量輸出されることを前提に保税区となっている。

「自由貿易区（ＦＴＺ）」はＥＰＺとほぼ同義とされるが、工業製品に高率の輸入関税がかけられている国では、輸出向けだけでなく、国内市場にも一部開放され、地元の人がＦＴＺを訪れれば免税で商品を購入できるような事例もある。

自由貿易区では加工よりも単純な商品の小分けや詰め合わせ包装（アソートメント）などの作業などが行われることもある。これは地域の物流ハブとなっている港で、トランスシップ（小型船で近辺の港から集荷したコンテナを大型船に積み替え遠隔地の港に運ぶ）に際して、輸出先で手間をかけず、そのまま店頭に並べられるように小口の箱詰め、値札や商品タグの取付などまで済ませてしまうことを目的としている。

「工業団地」は輸出と国内市場向けの両方の製品の加工、組み立てなどを行う工場が立地する場所で、ＥＰＺやＦＴＺとちがって、ゲートなどを通らずに入ることのできる「開放された

表5-1　経済開発区のタイプ別分類

類型	コンセプト	立地地域	開放性	進出企業	目的
輸出加工区(EPZ)	原材料を保税扱いなどで持ち込み、加工・組み立てした後、輸出する	沿海地域・港湾地区	フェンスなどで囲まれ、閉鎖	外資	低コスト生産と輸出
自由貿易区(FTZ)	輸入原材料を使った加工・組み立て・詰め替えなどした後、輸出するが、一部は国内に	沿海地域・港湾地区、大市場の近隣	一部のみ囲まれている	外資、国内企業	低コスト生産と輸出
工業団地	地元の労働力と部品メーカーなどの集積を活用し、加工・組み立てを行う	土地と労働力を確保できる地域	完全にオープン	国内企業、外資	低コスト生産と地元市場、輸出
重化学コンビナート	広大な土地と深水港、原料へのアクセス、工業用水の確保が可能な場所で、製品は国内向けが主体	住宅地から離れた臨海地域	完全にオープン	国内企業、外資	他産業への素材供給
ハイテク・サイエンスパーク	IT、バイオ、新素材など先端産業の研究開発、製造を行う	大都市近郊	パークは開放、個別企業は厳格なセキュリティ	外資、国内企業	高度な人材確保、研究開発と製造
コンテンツ・メディアパーク	映像、音楽、ネット向けコンテンツやソフトウエアを開発、生産し、国内とグローバル市場に	大都市近郊	パークは開放、個別企業は厳格なセキュリティ	国内企業、外資	高度な人材確保と情報獲得

物流パーク	陸、海、空の物流の中継、保管、詰め替え、簡単な加工などの機能を持ち、国内とグローバル市場に	港湾、空港、高速道路の結節点	パークは開放、個別企業は厳格なセキュリティ	国内企業、外資	物流の処理能力の確保

場所」となっている。労働力の確保が最も重要な条件になるため、大都市近郊や人口の多い農村地域などに立地することが多い。

アジアで最も初期にできた工業団地はシンガポールの南西部に位置するジュロン工業団地といわれる。この工業団地は1960年代にシンガポールが雇用創出のため工業化を計画した当初に外資の縫製や機械部品、家電などのメーカーを誘致する目的で建設された。そのため周辺に住宅地が広がる職住接近の典型的な都市型工業団地である。

ジュロン工業団地の成功がその後のシンガポールの経済発展につながり、同工業団地の対面には埋め立てでできた人工島のジュロン島が造成され、製油所、石油化学など重化学工業が立地している。

その後、アジアの途上国はジュロン工業団地をひとつのモデルとしてタイ、インドネシア、フィリピンなどにも工業団地が建設されていった。90年代以降はその流れは中国にも広がり、中国各地に工業団地が建設されていった。

工業団地の立地は必ずしも港湾や空港に隣接しているわけではなく、労働力が確保しやすく、広い土地が低コストで取得できること、電力、工業用水、道路などインフラが一定水準以上であることが重視されている。

一般的な工業団地に立地する業種はさまざまだが、部品製造や素材加工、さらに家電、日用雑貨、電子製品、自動車などの完成品組み立てなどがあり、部品、素材の納入メーカーを含めたピラミッド型の産業集積を構築していることも多い。

アジアの工業団地には日本企業向け、韓国企業向け、台湾企業向けなど特定の国・地域の企業が集中するものもある。それぞれの国の企業が求めるインフラや条件が異なるためであり、逆に進出する側からは自国と変わらないビジネス環境が得られるやりやすさがある。

国家戦略映す臨海コンビナート

「重化学コンビナート」は臨海工業地帯の特徴的な産業集積といえる。大型船で原油、石炭、鉄鉱石、非鉄金属などの原料を輸入し、精製や加工プロセスを経て、素材・エネルギーに変える石油精製、石油化学、製鉄、金属精錬などのプラントが集中立地している。汚染物質も含む排気が大量に出るため、大都市や住宅からは離れた場所に設けられていることも多いが、大型船入港のため水深15～20メートルの深水港が必要で、結果的に良港を備えた大都市に隣接する場合も少なくない。

東京湾はまさにその典型であり、東京という高度な都市機能と京浜、京葉などの臨海コンビナートが都心から30～60㎞の距離に立地している。アジアの多くの国は資源に乏しく、重化学工業は輸入原料に依存せざるを得ないため臨海型になるが、アメリカやロシア、１９８０年代までの中国などは国内資源を活用した資源立地のコンビナートが多かった。資源立地の場合、都市から離れているケースがほとんどであり、都市経済への影響はあまり大きくはなかった。

図５－１は日本と韓国の製油所の配置とその石油精製能力が全国に占める比率を示したものである。日本は首都圏の鹿島、京葉、京浜の臨海コンビナートに日本全体の石油精製能力の41・７％が集中、名古屋近くの伊勢湾に13・６％、大阪湾に９・８％と、三大都市圏にほぼ３分の２が集中している。石油化学の基礎製品であるエチレンに至っては71・８％が三大都市圏にある。

これに対し、韓国は石油精製能力の77・１％が蔚山《ウルサン》、温山、麗水といったソウル、釜山《プサン》の二大都市から離れた場所に立地している。すなわち重化学コンビナートの立地では、日本は大消費地に近い都市型、韓国は地方立地という構造になっていることがわかる。

韓国の場合、政治と地域経済の関係が密接で、有力なリーダーが大型プラント、工場などをみずからの出身地に誘致することがあり、また地域間の発展格差を縮小するため、辺鄙な場所に産業集積が構築されることもある。現代自動車はじめ現代グループの企業が立地する蔚山はその一例といえる。

また、日韓両国のちがいは石油産業の戦略のちがいも映し出している。日本は石油精製を国内市場向けに限定して構想したため、石油各社はできるだけ消費地に近い場所に製油所を立地

図５－１　日本と韓国の製油所立地の比較

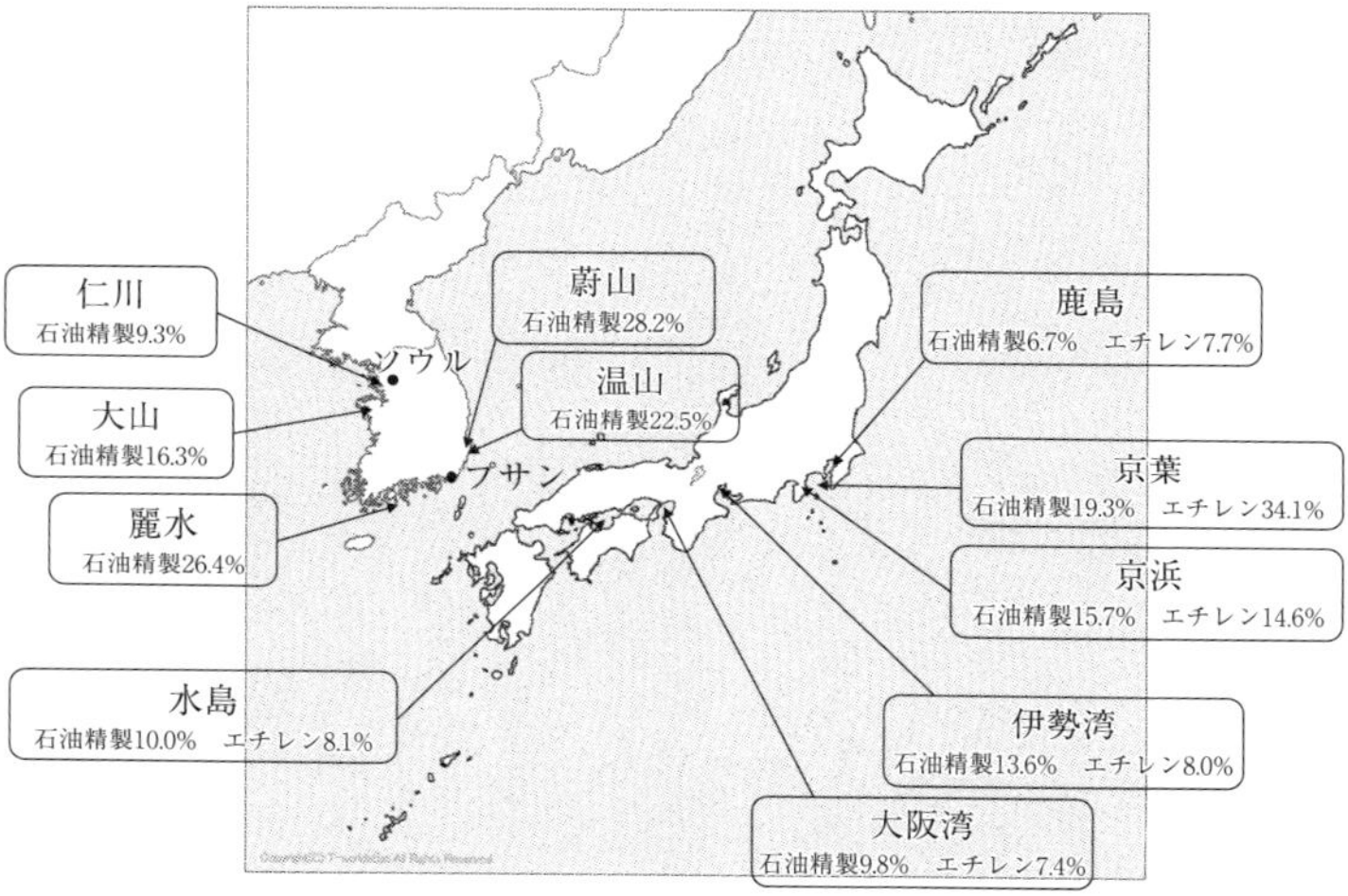

注：全国に占める比率（2017年）
出所：経済産業省資料

させることでガソリン、軽油などの輸送距離を短縮し、コスト競争力を高めようとした。そのため規模の小さい製油所が分散立地することになり、東京湾内でも一時は10カ所以上、伊勢湾でも４カ所の製油所が立ち並んだ。国内市場重視の都市型立地の重化学工業は日本産業の大きな特徴といえる。

韓国の製油所立地には大型の原油タンカーが着桟できる深水港の場所が限られていたという要因もあるが、石油製品を国内市場だけでなく、積極的に輸出しようという発想から日本海側に製油所が立地し、さらに大型化して輸出競争力を高めようとしたため、１カ所あたりの精製規模が日本の５～６倍という巨大製油所が建設されることになった。韓国は国内で精製されたガソリンなど石油製品の40％以上を中国や日本、東南アジアに輸出している。

大都市を中心とする国内需要を狙った日本の石油産業は自動車の燃費向上や少子高齢化の影響で、国内需要が減り始めると、精製能力が過剰となり、国内の製油所を閉鎖していかざるを得なくなったが、先に閉鎖されるのは新潟県、北海道、沖縄県など大需要地から遠い立地のものである。むしろ都市近郊の製油所は稼働率が高く、石油各社とも優先的に稼働させている。石油産業と同じ発想は鉄鋼、石油化学などにもあり、日本の重化学工業の立地には都市型の傾向が強い。

重化学コンビナートは日韓両国以外に中国が沿海部の遼寧省、河北省、山東省、江蘇省、上海市や広東省に多数立地させたが、必ずしも都市型立地ではない。中国は沿海部の海岸が遠浅で、タンカーやLNG船、鉄鉱石の輸入に利用される20万トン超の船が入港できる深水港が限られているという事情に加え、各省・市がそれぞれ素材から部品、最終製品までの生産拠点を持つフルライン型の産業立地にこだわったため、重化学工業が分散することになった。2010年以降は北京はじめ大都市の大気汚染が深刻化したため、都市型立地の重化学工業は淘汰される方向にある。

大都市近郊の臨海コンビナートという点ではバンコク（タイ）から東南に位置するレムチャバンやマプタプットがあるが、やはり環境問題から、これ以上の拡張は難しくなっている。

アジアにおいて都市近郊に重化学工業が立地し、都市の需要を賄い、都市の成長を支えた点では、日本は珍しいケースといえる。高度成長期の最中の1969年に策定され、85年を完成目標年次とした「第2次全国総合開発計画（2全総）」では、大都市圏の重化学工業を産業発展の遅れた地方に移転する構想が打ち出され、苫小牧東（北海道）、陸奥・小川原（青森県）、西南地域（山口県、愛媛県、福岡県、大分県、宮崎県に囲まれた瀬戸内から志布志湾にかけての地域）などが新たな重化学コンビナートの候補地となった。しかし、1973年の第1次石油ショックで高度成長は終焉し、2全総も頓挫したことで、日本では首都圏、伊勢湾、大阪湾など大都市近郊に石油精製、石油化学、製鉄所などが残ることとなった。重化学コンビナートの発展時期が立地のちがいに反映されているのである。

都市型産業集積のサイエンスパーク

「ハイテク・サイエンスパーク」は電子・電機産業がアジアで急成長するなかで、先端的な研究開発や生産ラインの技術革新が重要になったため、研究開発と生産の両方を担う場所として誕生した。その先駆けとなったのは、シンガポール・サイエンスパークであり、先進国の研究開発力のあるメーカーがIT、エレクトロニクス、バイオ、環境、新素材などの研究開発拠点を設置している。

ただ、工業生産額という点でみれば、アジア最大のサイエンスパークは台湾の「新竹科学工業園区《サイエンスパーク》」だろう。台北から南西に70㎞ほどの場所にあり、１９８０年に台湾当局の肝煎りで建設された、ハイテク産業向けの開発区だ。台湾工業技術研究院（ＩＴＲＩ）などの研究機関や国立清華大学（源流は北京の清華大学だが、現在は直接の関係はない）、国立交通大学、中華大学などの高等教育機関があり、研究開発の現場であるとともに、半導体、通信、オプトエレクトロニクス、パソコン、精密機械などＩＴ分野の企業の工場が集中立地する産業集積でもある。

世界最大の半導体ファウンドリー（受託製造メーカー）である台湾積体電路集成（ＴＳＭＣ）、聯華電子（ＵＭＣ）など半導体メーカー、友達光電など液晶パネルメーカー、鴻海《ホンハイ》精密工業や和碩《ペガトロン》聯合科技などが本拠を構えている。

サイエンスパークの特徴は産学官連携で、イノベーションを推進し、成長を目指す点であり、研究開発にあたる高度人材の確保のため、都市に近く、国際空港など海外へのアクセスがよいことも大きな条件になる。シンガポールのサイエンスパークや台湾の新竹サイエンスパークはそうした条件を兼ね備えている。

一方、中国には「科技園区」「高新科技開発区」などの呼称をつけられたサイエンスパークが全国に多数、開設されている。ただ、中身は多様で「国家ハイテク産業開発区」「国家特色産業基地」「国家大学サイエンスパーク」「国家イノベーションパーク」「国家ソフトウエアパーク」「国家知的財産実証パーク」「国家バイオ産業基地」など多くの種別がある。

その基礎となったのは1988年に公表された「国家たいまつ計画」[1]である。これはイノベーションの促進と産業のハイテク化を目的とした産業政策であり、改革・開放政策によって築かれた基盤のうえで中国の産業を高度化する狙いを持っていた。

深圳に始まった経済特区が外資の生産拠点の誘致を目的にしていたのに対し、各種のサイエンスパークは中国企業のイノベーション力の強化、研究開発成果の商品化、グローバル競争力の強化に力点が置かれていた。

「国家たいまつ計画」に基づき、1991年に国家ハイテク産業開発区の建設が始まった。2007年までに28省・市・自治区にのべ54のハイテク産業開発区が建設され、広東省には広州、深圳、珠海など6カ所、山東省には済南、威海、青島など5カ所、江蘇省には南京、蘇州、無錫など4カ所、陝西省に西安、宝鶏など3カ所、遼寧省には大連、鞍山など3カ所といったように特定の省に集中設置され、北京、上海、天津、重慶の4直轄市は1カ所ずつしか置かれていない。この点から考えれば、国家ハイテク産業開発区は主要都市の研究開発基盤の強化という目的以外に、遅れた地域の振興に力点があったと考えられる。

研究開発という点で注目すべきは2001年にスタートした「国家大学サイエンスパーク」だろう。2009年までに全国69カ所に開設されている。目的は大学内で生み出された研究開発成果を商品に具体化したり、成果をさらに発展させるためのベンチャー企業を設立するインキュベーション機能にある。設置状況をみると、北京市に13カ所、上海市に10カ所、天津市に

3カ所など、優秀な理工系大学や国家研究機関がある大都市の立地が多数を占めている。

そのなかでもいくつかの類型があり、中国の理工系大学の最高峰ともいわれる清華大学は北京はじめ全国に数カ所のサイエンスパークを展開している一方、北京大学、上海交通大学、重慶大学は一大学で独立したサイエンスパークを運営している。他方、華中科技大学と武漢大学など湖北省の大学は連合を組み、一つのサイエンスパークを形成している。

その他のサイエンスパークは同工異曲であり、ベンチャー育成や地域の資源、産品を生かして新産業を生み出すことに力点があり、雇用創出を狙った地方都市の取り組みと位置づけられる。そのなかで注目すべきサイエンスパークは北京の「中関村科技園[2]」と武漢（湖北省）の「武漢東湖サイエンスパーク」である。

中関村は北京の中心部、天安門広場から北西10㎞ほどの海淀区にあり、清華大学、北京大学、北京航天大学など大学が集中する文教地区にある。１９９０年代に東京・秋葉原のように多数の電子機器・部品を扱う店が集中するとともにＩＴ系の起業家が集結し、多数のベンチャーが生まれた。パソコンで世界トップにのし上がった聯想《レノボ》集団や液晶パネルで中国トップの京東方（ＢＯＥ）、スマホで世界5、6位に位置する小米《シャオミー》科技などＩＴの製造業やインターネットのポータルサイトで知られる新浪網などを生んだ街だ。中関村のサイエンスパークはそうした大学、研究機関、起業家が一体となって多様な技術、ビジネスを生み出す活気のある場となっており、米シリコンバレーに類似した場所といえる。

武漢東湖のサイエンスパークは90年代の光ファイバーの生産から始まってオプトエレクトロニクスメーカーや研究所が集積したことから「オプトバレー」と名づけられ、サイエンスパークに発展した。中関村はパソコンとインターネット、武漢東湖はオプトエレクトロニクスに集中し、差別化に成功している。

北京はもちろん、武漢も人口８００万人の中国有数の大都市であり、こうした都市立地のサイエンスパークは、工場の建ち並ぶ経済開発区と異なり、面積や雇用創出効果は大きくないものの、高い付加価値を生み、都市のＧＲＰを成長させる牽引車になる。21世紀型の経済開発区といえるだろう。

コンテンツ産業集積の発展

今世紀に入って、映像や音楽、ゲーム、アニメ、ウエブ・ページ、ＳＮＳなどいわゆるコンテンツ市場が急拡大し、日本、韓国を筆頭に、アジア各国とも輸出に力を入れ始めた。

そうしたコンテンツ産業の振興や誘致を狙った「コンテンツ・メディアパーク」もアジア各地に誕生しつある。なかでも韓国は「韓流」と呼ばれる映画、テレビドラマ、「Ｋポップ」と呼ばれる音楽、ゲームコンテンツなどの輸出を国家戦略と位置づけており、その基盤となる「デジタル・メディア・シティ（ＤＭＣ）」と呼ばれるコンテンツ産業集積地を、ソウル東部の麻浦に建設した。

ＤＭＣは２００２年に建設を開始、東京ドームの13個分にあたる57万㎢の敷地に、公共放送のＫＢＳや民放大手のＭＢＣ、ソウル放送ＳＢＳ、ニュース専門チャンネルＹＴＮなどテレビ・ラジオ局や映像・音楽の制作大手、ＣＪグループ、ＬＧテレコムなどコンテンツ、インターネット、モバイル通信などの企業が進出し、さらに韓国のコンテンツ輸出を後押しする政府機関である韓国コンテンツ振興院[3]や韓国映像資料院、韓国映画博物館なども立地している。

また、映画やドラマ撮影などを行うスタジオやコンピューターグラフィックス（ＣＧ）の制作スタジオも置かれている。韓国はキャンパスの教室ではなく、ウエブで講義を展開し、教育するソウル・デジタル大学（ＳＤＵ）などいわゆるサイバー大学が30校以上もあり、ｅラーニングが活発なことから、そうした教育コンテンツを制作する企業、学校も進出している。

このＤＭＣはソウル駅から仁川国際空港に向かう空港アクセス鉄道の途中に位置しており、コンテンツのグローバル展開を目指す意図が立地にも表現されている。韓国はＣＧはじめ映像系の教育で世界的に知られる釜山の東西大学の周辺にもこうしたコンテンツ産業の集積が形成されている。

ソウルのＤＭＣはもともと英マンチェスターの「メディアシティＵＫ」をモデルにしたもので、同様のコンテンツ産業集積はスペイン、ドバイをはじめ、世界に出現している。アジアのコンテンツ市場は国民の生活水準の向上とともに映像、ゲームなどの需要で急膨張しており、今後、モノづくりの工業団地などと並んで、各地にデジタルコンテンツやメディア企業を集めたＤＭＣのようなパークが建設され、経済成長を支える重要な牽引車になるだろう。その多くはクリエイターやデジタル映像、ＣＧ系のエンジニアなどを必要とするため、人材と情報の集まる大都市に立地するのは間違いない。

2　アジアの都市間競争

外資誘致の成否がアジア都市成長のカギ

米国とソ連の冷戦構造が崩壊した１９９０年代初頭以降、それまで先進国企業のグローバル投資を抑制してきた「鉄のカーテン」とも呼ばれた「東西の壁」が崩れ、先進国の大企業は途上国への直接投資を一気に拡大した。ＡＳＥＡＮへの投資は冷戦終結以前に１９８５年のプラザ合意以降の円高に対応した日本企業が拡大していたが、90年代に一気に膨張した。目立つのは中国への投資急増で、ＡＳＥＡＮと中国は外資誘致で激しく競い合うようになった。

アジア各国にとって、外資の生産拠点をどれだけ誘致できるかが、経済成長率を左右する時代となった。アジア域内での直接投資の誘致競争は90年代後半から２００５年あたりまでは中国の優勢が続き、１９９７年のアジア通貨危機でタイ、マレーシア、インドネシアの経済が混乱すると、ＡＳＥＡＮから中国に工場を移転させる企業も現れた。

だが、中国の人件費上昇、沿海地域での人手不足が深刻化し始めた２００５年あたりから中国への輸出型生産拠点の進出は減り始め、10年以降になると広東省や上海市周辺の生産拠点を閉鎖し、ベトナム、フィリピン、カンボジア、ミャンマー、バングラデシュなどに移す動きが目立ち始めた。

中国への直接投資は10年以降も年間１０００億ドル台を維持しており、表面的には減少していないが、中身は中国国内市場向けの耐久消費財や加工食品などの生産拠点、小売店舗、物流倉庫などへの投資が中心となり、輸出型生産拠点の進出は急減している。日本や韓国から生産拠点を吸引した中国が、今度はベトナム、ミャンマーなど後発ＡＳＥＡＮ諸国やインド、バングラデシュに工場を奪われるという状況に転換している。２０１０年に出版した拙著『アジア力』で指摘したように、アジアでは発展の軸は西へ向かってシフトする傾向が、より鮮明になってきた。

アジア各国にとって、外資の輸出型生産拠点の誘致は経済発展の共通戦略になり、後発の途上国が安い人件費と若くて豊富な労働力を武器に次々に外資企業の誘致戦線に参入し、激しい競争を展開しているわけである。それは国家レベルの競争という以上に都市間の競争になっており、それは中国で上海と深圳、ベトナムでハノイとホーチミンが競合するように、国内における都市間競争も激しくなっている。

問題はそうした誘致競争では各都市が持つ優位性は、現状では人件費の低さやインフラのレベル、法人税の減免税など優遇措置、国家としての政治的安定性など限られた要素のみ競争になってしまい、差別化は容易ではないというところにある。

都市間競争の構図

図5－2はそうしたアジアの都市間競争を概念図で整理したものである。横軸は都市の経済基盤を示しており、右にいくほど域内総生産（GRP）に占める製造業のシェアが高く、左にいくほどサービス業のシェアが高いことを示している。縦軸は1人あたりGRPを示し、上にいくほど高く、下にいくほど低い。それぞれの都市の現在のポジション（都市名を実線の枠で囲んだもの）と5～10年後のポジション（点線の枠で囲んだもの）をイメージしたものである。

アジアの後発途上国の都市の大きな特徴は、右側に進む、すなわち製造業を発展させることで、上方にシフトする、すなわち1人あたりGRPを高めるという共通の基本戦略を採らざるを得ないということである。図では右肩上がりの矢印となる。外資の製造業の工場誘致をきっかけに農業社会から工業化社会への転換を図るという戦略である。ジャカルタ、ハノイ、ホーチミン、マニラ、ヤンゴン、ダッカ、デリーなどアジアの大都市の多くが並行した右肩上がりの成長ラインを駆け上がろうとしていることがわかる。

問題は、そうした外資導入による成長を目指す都市は、すべて時期に差はあっても最終的には「製造業発展モデル」と題した点線で囲んだ領域に到達し、このエリアで競合が激化すると

図5-2　アジアの都市間競争の構図

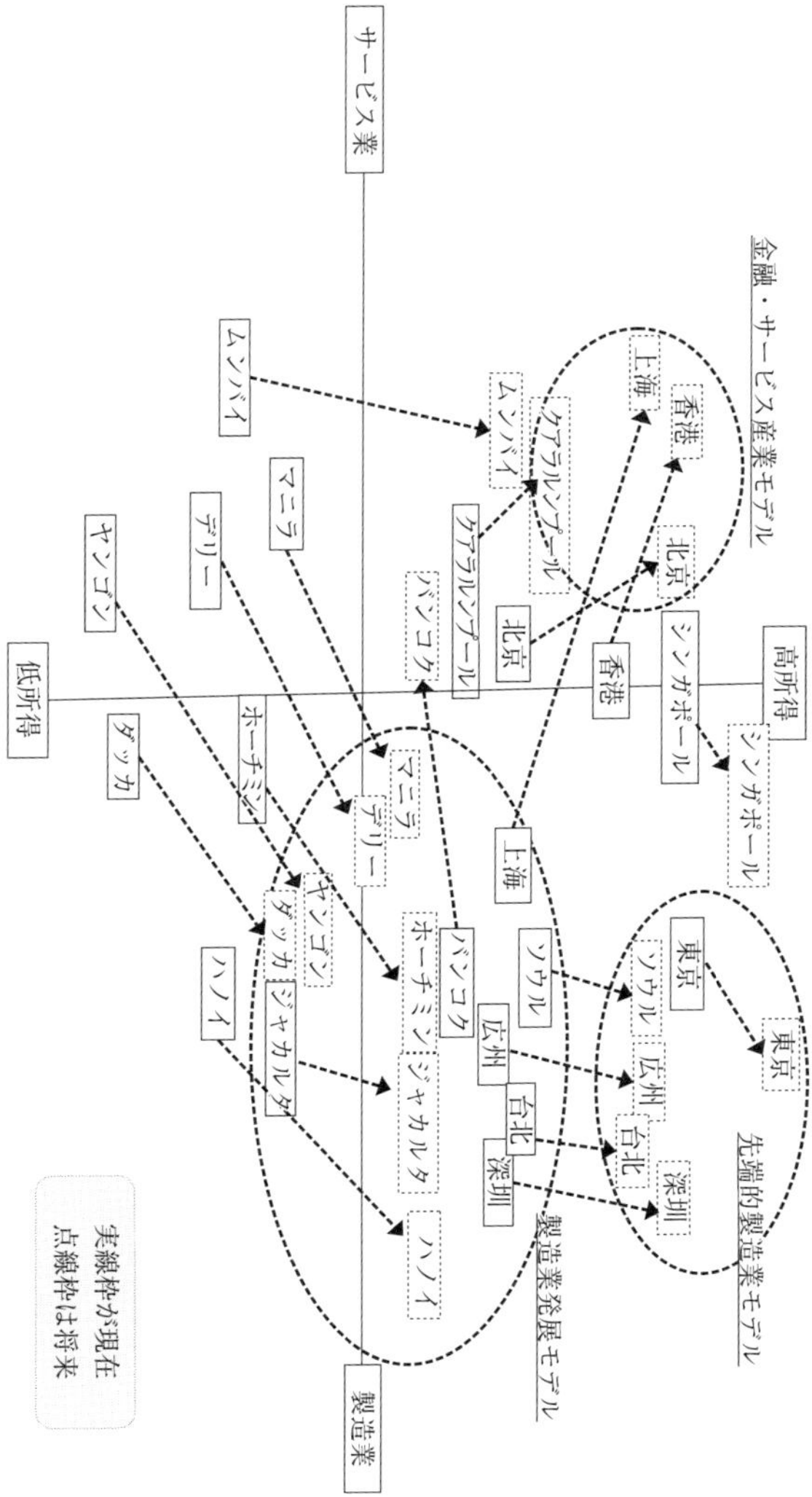

いう点である。右肩上がりの製造業発展モデルでは人件費の安い途上国が有利という後発優位の原理が働き、最初に製造業発展モデルに到達した都市は後発の都市に圧迫され、そのままでは衰退、淘汰されかねない。

後発の途上国は相対的に安い人件費を武器に、工業化で先行する国に対して有利になるだけではない。先進国からより新しい技術を導入でき、さらに成熟化し、価格の低下した設備機械などを使えるため、コスト競争力を高めることが可能となる。アメリカの経済学者アレクサンダー・ガーシェンクロンの提唱した「後発性の利益」が当てはまるのである。ガーシェンクロンは先進国と途上国の間でのキャッチアップから着想を得たが、先発途上国と後発途上国の間でも、同じ製造業による成長モデルを採れば「後発性の利益」を得られることになる。アジアの途上国が連続的な成長を遂げ、後発途上国の発展に勢いを感じるのはこのためである。

ただ、途上国においては外資が積極的に新技術や同じ性能で安い設備を後発途上国に導入しており、「後発性の利益」は途上国の内発的、自律的な発現というよりも、外発的なものであると指摘できる。

図5－2では、先にこの領域にいた上海、広州、深圳、バンコク、ジャカルタなどは後からきたハノイ、ホーチミン、マニラ、デリーさらにダッカ、ヤンゴンなどに労働集約型の輸出産業の生産拠点を奪われることになる。先にこのエリアにいた都市はそれぞれ新たなポジションへのシフトが必要になるわけである。

そうしたポジショニングの転換こそ、アジアの都市が途上国ステージから脱し、中進国・先進国ステージに進むカギを握っているのだ。そのステージ転換では個々の都市が持つ地政学、天然資源、人的資源、政治状況、自国企業の能力、産業集積の規模と質などが進む方向を分けることになり、さらに政治のリーダーシップも重要な役割を果たす。

図に戻れば、広州、深圳という広東省の二大工業都市は製造業そのもののレベルアップでステージ転換を狙うことになるだろう。両都市ともに周辺に世界で最も充実した部品、加工産業の集積を持っており、電子・電機、精密機器、自動車などモノづくりで優位性を十分に発揮できるからである。さらに両都市、とりわけ深圳は世界トップレベルのイノベーションを起こす企業群と「ボーン・グローバル（born global）」と呼ばれるグローバル市場から資金と人材を集め、グローバル市場にモノを売っていくスタートアップ企業が生まれる環境があるからだ。深圳については、新しい動きを第7章で詳しく触れたい。いずれにせよ、広州、深圳は製造業の高度化によって上方シフトして、後発国の都市群との競合を回避できる可能性が高い。

一方、１９６０年代から中国の製造業の中心であり、繊維、日用雑貨、家電などから始まり、80年代に上海宝山鋼鉄（現・宝武鋼鉄集団）や上海大衆汽車（上海フォルクスワーゲン）などの工場が稼働し、中国最大の産業集積を築いた上海は、自動車産業こそ今なお都市を代表する産業であるものの、経済成長の牽引車は金融、不動産、サービス産業にシフトしている。今後も同じ流れが続いていくのは確実で、図５－２でいえば左側にシフトしつつ、ＧＲＰを高めていくだろう。問題は深圳、広州や上海のように進むべき方向、すなわち都市戦略が定まり、それを実現する基盤、資源を持った都市はアジアではむしろ例外だということだ。

バンコクのポジショニングの難しさ

その意味でバンコクは最も悩みが深い都市のひとつといえる。バンコクを現在の中進国レベルの豊かな都市に押し上げたのは、外資の工場進出であり、バンコクから東部地域にかけては工業団地が並び立ち、東南アジア最大の自動車産業集積ができあがっている。だが、すでに人件費は輸出型産業にとっては高すぎる水準まで上昇し、恒常的な人手不足状態にある。

結果的に2010年あたりから盛んに言われ始めた「タイ・プラス・ワン」とう現象が進むこととなった。これは、タイに立地していた工場やその一部の生産工程が周辺のカンボジア、ラオス、ベトナム、ミャンマーなどに移転する動きを意味している。労働集約型でコスト競争力を失った工場や生産工程が移転するわけだが、周辺国の安定性や生産環境を全面的に信頼せず、危急の場合はタイの工場に生産を引き戻すことを暗黙の前提にしているため、タイにも生産能力を維持したうえでの「プラス・ワン」という発想である。

だが、「プラス・ワン」の移転先が安定し、問題がないと確信した企業は全面移管し、「タイグジット（タイ・イグジット）」と呼ばれるようにタイの拠点を閉鎖することになる。多くの工場が「イグジット」してしまえば、バンコクはマイナス成長に陥りかねない。かといって、バンコクがポスト製造業の戦略や内部資源を持っているわけではない。救いは、自動車産業の移転は難しく、当面はＡＳＥＡＮのモータリゼーション加速の追い風を受けられることや中国、日本や米欧、周辺国からの観光客が引き続き増加し、観光産業が雇用と付加価値を生み出していることだろう。

しかし、バンコクが図５－２でいう左シフトを指向したとして、製造業より高い付加価値を生み出せるのかは、疑問といえる。観光産業はアジア各国が虎視眈々と狙う競争の激しい分野であり、付加価値を従来以上に引き上げることは簡単ではないからだ。

その他の金融などのサービス業ではバンコクに競争力はない。バンコクは他の都市と差別化できる独自性、優位性を持っておらず、「製造業発展モデル」のサークルから左方のサービス産業のほうに押し出されれば、１人あたりＧＲＰはむしろ低下する懸念がある。

ハノイ、ホーチミン、マニラ、ヤンゴンなど後発ＡＳＥＡＮ諸国の主要都市やデリー、ダッカなど南アジアの大都市は、外資製造業を誘致しつつ、地場の製造業が成長することで右上方へとシフトし、「製造業発展モデル」のサークルに到達する。いわば、「アジアの成長の王道」を当面は進むことができるわけである。後発の途上国の人件費は、上昇してはいるものの、相対的にはまだ低く、外資にとってまだ十分に魅力があるからだ。しかもこうした国は人口が13億人を突破したインドはもちろん、１億6000万人のバングラデシュ、１億人のフィリピン、9300万人のベトナムなど多くが人口大国であり、製造業が急拡大したとしても本格的な労働力不足の到来にはまだ時間的余裕がある。あまり差別化を狙った戦略がなくても十分な成長力がある。そうした国の主要都市は周辺部に産業が立地するだけでなく、都市内でのサービス産業の発展も大きな成長機会をもたらす。

都市によって異なる成長モデル

ただ、こうした後発成長国の都市が「製造業発展モデル」のサークルのなかでまったく同じ場所に到達するわけではない。それぞれの都市の持つ地理的環境、歴史、風土、国民性などによって到達点は異なってくる。ベトナムのハノイとホーチミンはともに周辺に多数の工業団地を持ち、外資の製造業を誘致し、成長軌道を走っているが、明らかなちがいがある。

ハノイは市内北部や隣接するバクニン省にかけては自動車、二輪車、電子・電機など大手メーカーの大規模工場が並んでいる。自動車はトヨタ自動車、ホンダの組立工場があり、二輪車はホンダ、ヤマハの二大日系メーカーが生産を集中させている。電子・電機ではベトナム最大の製造業で、輸出の10％以上を担う韓国のサムスン電子のスマホ工場が立地している。ほかにも、日系製造業では、パナソニック、TOTO、キヤノン、リコー・イメージング（旧旭光学）など大手企業がハノイと周辺には多い。

これに対し、ホーチミンと周辺のビンズン省、ドンナイ省などは中小製造業の拠点が多いという特徴がある。これはベトナム政府が政治的に大手外資を北部に進出させ、もともと経済力のあるホーチミンとの格差を縮めようとしたことが背景にある。製造業が立地しているという点では変わりはないが、大まかにいえば、より技術レベルの高い、高付加価値のモノづくりをハノイとその周辺が担い、いわゆるサポーティング・インダストリーと呼ばれる部品製造、加工などの製造業をホーチミンとその周辺が担当する構図になっている。

今後、ベトナムの人件費が中国やタイと同じ道筋を経て、上昇し、輸出型生産拠点の立地が難しくなれば工場の海外移転などの波をかぶりやすいのはホーチミンのほうだろう。ただ、ホーチミンには証券市場はじめ金融、サービス産業の基盤があり、図５－２でいえば現状でもハノイより左側のサービス業に寄った側に位置しており、将来、製造業が成熟化した後のシフトの方向はハノイよりも左側への展開となるだろう。

マニラのユニークな優位性

マニラはＡＳＥＡＮはもちろん、アジア全体を見渡しても個性的で独自の成長モデルを持つ都市といえる。

フィリピンは１８９８年の米西戦争を経て、アメリカの植民地となった。その結果、英語（米語）は憲法で定められた公用語のフィリピン語（実質的にはタガログ語）と並ぶ準公用語となり、フィリピン国民の70％はビジネスの実用レベルの英語を話すといわれている。人口の10％弱にあたる９５０万人のフィリピン人が米欧、日本、香港、中東など海外で働いているのは英語能力が大きな要因となっている。

こうした歴史的、言語的な背景からフィリピンは英語を使ったコールセンター（コンタクトセンター）業務、請求伝票や船荷証券、病院の処方箋の作成などバックオフィス業務、アニメーション、ソフトウエア開発などの業務受託が大きな産業に育っている。いわゆるＩＴ－ＢＰＯ[4]（Information Techonology and Business Process Outsourcing）、あるいはＩＴ－ＢＰＭ（IT and Business Process Management）である。

当初、この分野では同じく英語が準公用語となっているインドが先行したが、フィリピンのほうが英語にクセがなく、委託企業の多くが米国企業だったため、米語を話すフィリピンが好まれるようになり、２０１０年頃にはコールセンター業務ではフィリピンがインドを上回るようになった。

フィリピンのＩＴ－ＢＰＯの収入はフィリピンの業界団体であるＩＢＰＡＰによると２０１５年に２１２億ドルと同年のＧＤＰの７・２％を占めた。このうちコンタクトセンターとも呼ばれる電話応対業務がほぼ半分を占めており、フィリピン・コンタクトセンター協会（ＣＣＡＰ）によると、２０２２年までにＩＴ－ＢＰＯの収入はさらに増加し、４００億ドルを突破する見通しである。フィリピンの最大の外貨獲得源といわれる海外で働くフィリピン人（ＯＦＷ）の本国送金を上回ると予測されている。また、ＩＴ－ＢＰＯの雇用者数は１１４万人（ＩＢＰＡＰ推定２０１６年）にのぼり、全雇用者数の３％近い水準に達している。

重要なのはこうしたＩＴ－ＢＰＯはマニラが圧倒的な中心で，それに次ぐセブやダバオとは大きな開きがある点である。まさにＩＴ－ＢＰＯは一般の製造業よりも高い所得を得られる都市型高付加価値産業であり，マニラは近郊の工業団地における電子・電機，自動車，玩具などの製造業とともにＩＴ－ＢＰＯを成長の牽引車にできるのである。図５－２でいえば，マニラが右肩上がりの直線で「製造業発展モデル」の領域に到達するにせよ，そのポジションは最も左側，すなわちサービス産業に寄ったポジションになると予測されるのは，そのためである。

活気にあふれ，次々と競争に参加する都市群

インドネシアは１９６０年代後半に始まったスハルト政権の開発独裁時代から重化学工業や電機，自動車産業などが進出し，製造業発展モデルの領域にすでに位置しているが，開発独裁のもたらしたネポティズムと華僑支配による商業・金融資本主導の産業発展のため，輸出型製造業の競争力は高くはない。エネルギー価格が急落した２０１６年の統計では輸出の約20％が石炭，ＬＮＧ，原油のエネルギー資源であり，10％のパームオイル，３％の木材を合わせれば輸出の３分の１が一次産品となっている。21世紀に入って，資源価格高騰の追い風を受け，経済は順調に成長したものの，一次産品輸出の拡大が通貨ルピア高を招き，工業製品の競争力を低下させる，開発経済学でいうところの，いわゆる「資源の呪い[5]」から解放されていない。

ジャカルタは東側に伸びるチカンペック高速沿いに工業団地が林立し，製造業が成長の原動

力にもなっているが、2億5870万人（2016年）の人口を抱えるため内需型で成長しているのは否定できない。2015年に韓国のPOSCOと地元の国有製鉄会社クラカタウが合弁で建設した高炉が稼働し、「産業のコメ」ともいわれる鉄鋼を自前で供給できるようになった点は産業国家としての将来に大きな期待を抱かせるが、ジャカルタが今以上に製造業のシェアを高める、すなわち右方に向かうとは考えにくい。ジャカルタの可能性は製造業の量的拡大ではなく、質的向上だろう。

インドのデリーやミャンマーの最大都市、ヤンゴン、バングラデシュのダッカなどは若くて豊富な労働力を抱えており、製造業の量的、質的拡大を進める、すなわち多くのアジアの国がたどる典型的なコースで「製造業発展モデル」の領域に到達するはずだ。

この3カ国はエネルギー資源に恵まれておらず、石油、天然ガス、石炭を輸入しなければならないため、逆に外資主導で輸出を拡大して、貿易収支の均衡を目指さざるを得ず、結果的に製造業の競争力を高める道を邁進するだろう。

ただ、ヤンゴン、ダッカは国内の産業基盤が弱く、電子・電機や自動車で成功するには時間がかかる。両都市が「製造業発展モデル」で左側に寄っているのは製造業の幅を拡げ、高度化がなかなか進まないと予想されるためである。デリーに関しては隣接するハリヤナ州や近隣のウッタル・プラデシュ州に二輪車、自動車、家電、素材などの産業基盤があり、後背地は産業の高度化に進むが、デリーそのものは政治都市、商業都市であり、製造業以外の分野でも成長

表5－2　世界とアジアの主要な証券取引所

（2017年11月末時点）

取引所名	時価総額（兆円）	上場企業数（社）
ニューヨーク証券取引所	2456	2296
ナスダック（ニューヨーク）	1100	2945
東京証券取引所（日本）	672	2560
上海証券取引所（中国）	560	1381
ユーロネクスト＊（上場はパリ・フランス）	490	1260
香港取引所（香港）	474	2096
ロンドン証券取引所（英国）	379	940
フランクフルト（ドイツ取引所）	252	502
ムンバイ（インド国立証券取引所）	250	1885
ソウル（韓国取引所）	194	2117
台北（台湾証券取引所）	118	922
シンガポール取引所	88	752

注：ユーロネクストはアムステルダム、ブリュッセル、パリ、リスボンにある証券取引所の運営と金融関連サービスを行う企業。本社機能はアムステルダムとパリに置かれ、株式上場はパリ取引所で行っている。

出所：野村資本市場研究所

を遂げるだろう。その意味で「製造業発展モデル」の左側に位置する都市とみてよい。

金融・サービスで成功する都市

製造業を発展させた後、さらに1人あたりGRPを高めていくひとつのコースは、金融・サービス産業を発展させることである。アジアの途上国、中進国・地域の都市でみれば、北京、上海、香港、クアラルンプール、ムンバイがそのコースを進むと予測できる。香港、上海、ムンバイはいずれも世界的な金融市場として実績があり、「製造業発展モデル」の領域の競争に巻き込まれることを避け、「金融・サービス産業モデル」の領域に向かうのが王道といえる。

表5－2はアジアの証券取引所の世界における地位を時価総額でみたものだが、上海、香港、ムンバイの市場はグローバルにみても巨大であり、それぞれが金融センターとなる潜在力を示している。

北京とクアラルンプールは事情が異なる。北京は中心部に近い西単《シータン》に国際金融街と名づけられた一帯があり、中国の中央銀行である中国人民銀行の本店を中心に、中国工商銀行、中国銀行、中国建設銀行、民生銀行、招商銀行など大手商業銀行や中国人寿、平安など保険会社の本店が軒を連ねる。国際金融機関であるアジアインフラ投資銀行（AIIB）の本部も、2017年に完成した。

銀行を核とする間接金融では金融都市ではあるものの、株式、債券、商品などの取引所はなく、直接金融の機能を持っていない。北京は世界の投資家が動かすマーケットを持たない、共産党がコントロールする金融機能のみを持った異質な金融都市であり、将来的に金融都市と定義づけられる可能性は低い。中国の金融都市はあくまで香港、上海である。

クアラルンプールもまた、証券市場はあるものの、世界的なマーケットではなく、通常の銀行活動の規模も限定的だ。

ただ、クアラルンプールには他のアジア都市が持っていない重要な金融機能がある。イスラム金融である。マレーシアはイスラム教の国であり、毎日のアザーン（お祈り）や食事のハラル（禁忌）などイスラム教が生活やビジネスのあちこちに顔を覗かせている。金融においても、イスラム教徒の生活を規定するシャリアが規範となり、不労所得や投機的な行為を禁止している。そのため金融で最も基本的な利子の付加が許されず、利子を手数料に置き換える「ムラバハ」、リース手法を援用した「イジャラ」など別の手法を採用している。

なかでもイスラム金融の中核となっているのは「スクーク」と呼ばれるイスラム債券である。マレーシアは世界のスクークの60％以上を発行しているイスラム金融の中心であり、発行額は着実に伸びている。今後、中東地域でインフラ開発や工業化で大規模なイスラム金融による資金調達が必要になるなかで、マレーシアは大きな役割を果たすのは確実である。マレーシア政府はすでにクアラルンプールとジョホールにイスラム金融センターの建設を進めており、クアラルンプールは、ある意味ではニッチな金融都市としての性格、機能を強めていくだろう。

都市がこうした金融や不動産、サービス産業を発展させるのに重要な要素になるのは高度な人材である。グローバルな金融や不動産ビジネス、サービス産業の開発などで活躍できる人材を内部資源として持っているか、外部から引き寄せることができる都市が「金融・サービス産業モデル」に到達する都市であり、その領域で優位に立つだろう。北京、上海、香港などの５都市はひとまずその要件を備えている。

デジタル化がカギを握る先端産業

アジアの都市間競争で最も注目すべき領域は「先端的製造業モデル」である。

前述したように、アジアの途上国は外資導入から始まり、製造業を拡大させることで経済発展するコースを、多くの国がたどってきた。その結果、多数の国が「製造業発展モデル」の領域に集中し、同じような製品をつくり、過当競争を展開することになりがちとなった。その後、人件費の高い国などがこの領域から押し出されることになるが、その行き先、すなわち次の発展モデルのひとつは、製造業をより高度化する「先端的製造業モデル」の領域なのである。

すでにこの領域に入っていると考えられるのは東京である。東京は製造品出荷額（2015年）では全国14位の8兆3742億円にすぎない。トップの愛知県の46兆4833億円の5分の1以下にすぎないが、付加価値額は3兆2912億円と全国9位に上昇する。ただ、それでも愛知県の付加価値額13兆8977億円の4分の1以下である。

それにもかかわらず東京の製造業に注目する理由のひとつは、付加価値比率（製造品出荷額を付加価値額で割ったもの）である。これでみると東京は39・3%でトップ、2位の静岡県の35・3%に大きく差をつけ、愛知県の30・2%とは大差がついている。先端的製造業の条件は製品のコモディティ化に巻き込まれずに高い付加価値を持つことにあり、東京はその条件をクリアしている。

アジアでみれば、「先端的製造業」は大きく二つのアングルで判断すべきだろう。一つは製品に具体化される技術、すなわち「プロダクト・イノベーション」であり、もう一つは生産工程に盛り込まれる技術「プロセス・イノベーション」である。

アジアで両方のアングルで高い付加価値を生み出している製造業を持つのは発展の歴史的順序に従えば、日本、韓国、シンガポール、台湾、中国の5カ国・地域である。そのなかで「先端的製造業モデル」に戦略的に取り組み、そこに到達する潜在力を持った都市は東京、ソウル、深圳、広州、台北（新竹も含む）に絞られる。

この領域に到達するには従来型のモノづくりでは不足しており、高度なデジタル技術が不可欠だからである。つまりプロダクト・イノベーションでは半導体、センサー、ロボット、新素材、ディスプレイなどの要素技術、それらを動かすソフトウエア、通信ネットワーク技術などが欠かせない。

一方、プロセス・イノベーションではIoT（モノをインターネットで結ぶ）や人工知能（AI）が中核となり、拡張現実（AR）などを利用する技術力が必要となる。

いずれにせよ、デジタル革命を先導する企業、都市、国家でなければ先端的製造業モデルの領域には到達できない。東京以外で、到達しつつあるのは製造業大国、中国のなかでも深圳、広州の2都市とサムスン電子、LGエレクトロニクスを両輪とする高レベルの電子産業を持つソウル、TSMCはじめ半導体、通信などでイノベーションを起こす力を持つ企業を抱える台北（新竹含む）だけであり、これらの都市には企業だけでなく、公的な研究開発機関、優秀な大学があり、産学官連携が機能しているという共通性もある。

シンガポールはこれら5都市に勝るとも劣らない高い研究開発能力を持ったイノベーション都市だが、ハイテク製造業の生産拠点が濃密に立地しているわけではなく、研究開発とモノづくりが必ずしも連携できていない。シンガポールそのものも金融、サービス業で世界トップを戦略的に目指しており、「金融・サービス」と「先端的製造業」の中間的なポジショニングを目指しているようにみえる。

東京、ソウル、深圳、広州、台北など5都市が現実に世界をリードするイノベーション都市となるかは、アジアの将来を決めるだろう。また、そこにキャッチアップしようという都市が続くかも、アジアの都市間競争の重要なポイントとなるはずである。

【第5章　注】

（1）国家たいまつ計画は、中国の独自技術の開発に主眼があるが、政府がインキュベーション施設を整備したり、研究開発の補助金を提供するといった旧来型の研究開発支援にとどまり、そこにナショナリズム的な要素も強く入っている。中国政府が成果として宣伝する大東電信とシーメンスが共同開発した移動体通信規格「TD-SCDMA」は第3世代としては中国である程度普及したものの、世界では無視され、第4世代の登場で消え去った。

もうひとつの成果という、百度の検索エンジンも中国国内のみしか通用しない。政府主導による「上からの研究開発」には限界がある。

（2）中関村はもともと大学の集まる界隈で、実験機材や試作品をつくろうと部品探しをする人のために自然発生的にできた街だった。１９９０年代後半には周辺にインターネット関連やソフトウエアのビジネスを立ち上げようとする若者が集まり、中国最大の起業の街になり、中関村から米ナスダックに直行して、上場する企業も現れた。ハードよりソフト、ビジネスモデルに軸足のある電子産業集積だったが、次第にハードにも力をつけてきた。ハードからスタートした深圳とは性格も雰囲気もやや異なっている。

（3）韓国政府はゲーム、映画、テレビドラマ、アニメ、漫画などコンテンツの輸出拡大に力を入れており、２００９年に文化産業振興基本法31条に基づいて、ゲーム産業、映像産業なコンテンツの分野別に分かれていた支援組織を統合し、韓国コンテンツ振興院（ＫＯＣＣＡ＝Korea Creative Content Agency）が誕生した。クリエイターへの資金援助や海外への販路拡大支援などを行うほか、コンテンツビジネスに関わる人材の育成も行う。アジア、中東などで韓国のテレビ番組が多く放映されるのは振興院による資金、情報、人材などの面での支援の成果といえる。

（4）ＩＴ-ＢＰＯがインドやフィリピンで花開いたのは英語能力だけでなく、主力顧客の米国企業のオフィスアワーとの時差が好都合だったこともある。アメリカ西海岸での終業時間とアジアは業務の引き継ぎに好都合だった。ただ、現在はコールセンターやネットワークなどシステム管理は24時間体制であり、時差の優位性よりもコストと品質がＩＴ-ＢＰＯの競争力を決定している。フィリピンで製造業が多くの雇用を生み出すようになると、ＩＴ-ＢＰＯも人件費などの面で影響を受けることになり、次の競争力の源泉となるものを探る必要が出てくる。

（5）天然資源に恵まれた国は資源輸出の収入によって工業化、近代化を果たせるため、発展は容易と考えられがちだが、資源の豊富な途上国では現実は逆となる。もともと「資源の呪い」は１９７０年代にオランダで沖合ガス田が発見され、膨大なガス輸出収入を得られるようになってから、むしろオランダ経済は停滞したことから出てきたアイデア。資源輸出によって貿易黒字が増大すると、自国通貨が強くなり、工業製品や農産物の輸出競争力は低下する。さらに賃金も相対的に上昇するため、外国企業の進出も進まなくなる。中東の産油国、産ガス国ではもともと資源以外の工業製品の輸出があまりないため、「資源の呪い」にかかりにくいが、アジアの途上国は外資の導入と工業製品輸出が成長の源泉であり、インドネシアやマレーシアのように中途半端な資源輸出があると「資源の呪い」を受けてしまうことになる。

第6章　アジアの都市とエネルギー・環境

大都市はエネルギーの大消費地であり、同時に二酸化炭素など地球温暖化ガスの大排出源でもある。今や米国を抜いて世界最大の温暖化ガスの排出国となった中国はじめアジア各国の大都市は高めの経済成長を保ちながら、環境を改善していくことが重要な課題となっている。国際エネルギー機関（ＩＥＡ）は石油、石炭などエネルギーが起源の温暖化ガスの71％が都市から排出されていると分析、２０３０年にはそれが76％まで高まると予測している。一方で、１人あたりの二酸化炭素排出量でみると、東京、ニューヨークなど公共交通機関が整い、ビルの省エネ対策なども進み、エネルギー効率が高い先進的な大都市は、移動手段として自動車の利用が不可欠の農山村地域や省エネの進んでいない途上国の大都市よりも人口１人あたりの温暖化ガスの排出量は小さい。進化した都市こそ経済成長と地球環境を両立させる可能性を持っている。

今後、人口増加と生活水準の向上が並行して進むアジアの途上国の都市にとって、エネルギー利用の高度化や公共交通機関の整備、ビルや住宅の省エネを通じた「環境対応都市」こそ目指すべき目標であり、環境が良好な都市は優秀な人材、成長力のある企業、研究機関、大学などを引き寄せ、グローバルな競争力を高めることができる。環境は都市にとって重要な要素になってきており、国連のＳＤＧｓ[1]（Sustainable Development Goals）を都市も意識しなければならない。

1　環境と都市生活

表６－１は世界の都市別の１人あたりの年間の二酸化炭素排出量を示したものである。１人あたりの二酸化炭素排出量は先進国のほうが途上国より多いという先入観を持ちがちだが、必ずしもそうではない。表からわかるように、ネパールのカトマンズやスリランカのコロンボといった、製造業が発展していない途上国の都市では二酸化炭素の排出はきわめて少ないが、中進国段階になると、中国の上海、北京のように、１人あたりの二酸化炭素の排出で先進国と同水準という都市も多い。この統計は主に２００５年前後の時期の排出量のため、デリー、コルカタなどインドの都市の数値がまだ低いが、その後、インドは工業化とモータリゼーションの加速、生活水準の向上による電力消費の増大で急速に中国の都市と同水準の排出量に近づきつつある。

重要なのは、先進国、途上国ともに都市によって大きな差があることだ。ニューヨーク、ロサンゼルスは東京やソウル、パリの2倍以上の二酸化炭素を排出し、途上国同士ではバンコクはメキシコシティの2倍以上、リオデジャネイロの5倍以上の1人あたり二酸化炭素を排出している。さらに注目すべきはデンバーとシドニーだ。ともに自然豊かで、環境対応も先進的な都市のイメージがあるが、先進国の都市としては突出した1人あたり二酸化炭素の排出量になっており、両市の住民はエネルギー浪費型で、環境負荷の高い生活スタイルを採っているこ

表６－１　都市の二酸化炭素排出量

都市名	１人あたり二酸化炭素排出量	観測年度
カトマンズ	0.1	2000
バンガロール	0.8	2000
コルカタ	1.1	2000
デリー	1.5	2000
コロンボ	1.5	2000
リオデジャネイロ	2.1	1998
オスロ	3.5	2005
重慶	3.7	2006
ソウル	4.1	2006
メキシコシティ	4.25	2007
東京	4.9	2006
パリ	5.2	2005
マドリッド	6.9	2005
シンガポール	7.9	1994
ロンドン	9.6	2003
北京	10.1	2006
ニューヨーク	10.5	2005
バンコク	10.7	2005
トロント	11.6	2005
上海	11.7	2006
シカゴ	12	2000
ロサンゼルス	13	2000
フランクフルト	13.7	2005
シドニー	20.3	2006
デンバー	21.5	2005

とがうかがえる。

デンバー、シドニーが東京の4倍もの1人あたり二酸化炭素排出量になっているのは、移動の大半を自動車に依存し、家族それぞれが1台ずつ車を利用しているケースが多いからだ。東京は電車、地下鉄などの公共交通機関が発達し、料金も相対的に安く、運行時間が正確なため、住民は車よりも公共交通機関を優先的に利用する傾向がある。オフィスで利用される冷房など空調は、エネルギー効率の高いコージェネレーション（熱電併給）やヒートポンプ（潜熱利用）式の装置が多く、さらに家庭でもインバータ制御の省エネ型空調機器が大半を占める。照明では日本は早い時期から白熱球に代えて蛍光灯、近年ではLED照明が利用されている。こうしたライフスタイル、設備機器のちがいが1人あたり二酸化炭素の排出量が少ない理由となっている。自動車社会で、家電製品の買い換えサイクルも長く、照明は暖色系の白熱球を好む欧米とは、同じ先進国でもエネルギー消費、二酸化炭素排出で大きな差がついている。

途上国のなかでは中国は都市の生活スタイルが今世紀に入って劇的に変化した。自動車の普及に加え、空調利用の増加、冷蔵庫や薄形テレビなど大型家電の普及だ。先進国とちがって都市部の電気料金を抑制していたため、庶民に省エネ意識が働きにくかったという指摘もある。いずれにせよ中進国としては突出した1人あたり二酸化炭素の排出国になり、中国の大都市の多くは先進国の都市よりも排出水準は高い。

図６−１　アジア諸国・地域の１人あたり二酸化炭素排出量の推移

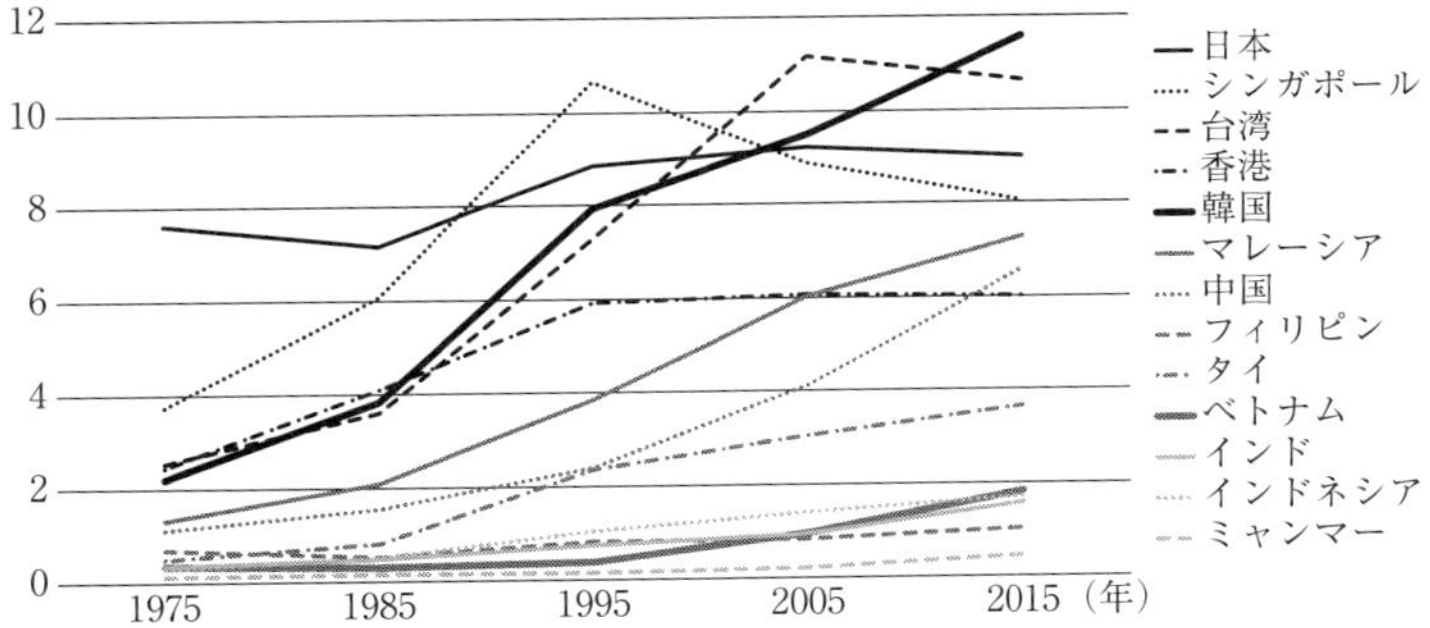

出所：IEA

二酸化炭素排出急増の中国とインド

図６−１はアジア諸国・地域の年間の１人あたり二酸化炭素排出量の推移である。２０１５年の時点で１人あたりでアジアで最も多くの二酸化炭素を排出しているのはブルネイだが、産ガス国で人口42万人の小国という事情から除外して考えれば、韓国が１人あたりで最も大量の二酸化炭素を排出している。先進国でみればオーストラリア、アメリカ、カナダなどに続く水準。台湾、日本、シンガポールが続く。ただ、日本、シンガポール、台湾はすでに減少モードに入っているのに対し、韓国はまだ増加傾向にある点が大きなちがいだ。石油精製や石油化学、鉄鋼産業などが二酸化炭素排出を押し上げているほか、半導体、液晶パネルなど電力多消費産業の活動が拡大している事情もありそうだ。

最も注目すべきは中国の動向である。中国は１９９５年から２０１５年の20年間に１人あたり二酸化炭素排出量が2・75倍に急増している。世界の粗鋼生産量の半分を占める鉄鋼産業や同じく世界生産の過半のセメントなどエネルギー多消費産業の生産能力の急激な膨張が背景にある。

中国は2012年に始まった習近平政権のもとで「新常態（ニューノーマル）[2]」を宣言し、鉄鋼、セメントの最大の需要部門であるインフラ建設を抑制する方針を示したが、実際には2期目に入った2017年秋以降もインフラ建設による成長モデルは変わっておらず、今後はペースは低下するにせよ、二酸化炭素排出の増加は続くとみてよい。

もうひとつの注目点はインドである。インドの1人あたり二酸化炭素排出量はまだ中国の4分の1程度、中国でいえば1986年頃の水準にすぎないが、2005年から15年の10年間で1・7倍に急増している。膨張する内需に対応するため、鉄鋼、化学、セメントなどの生産が増加していることから、今後、二酸化炭素排出も確実に伸びていくとみてよい。

これらは国の二酸化炭素排出量のデータだが、途上国では産業立地や自動車の普及率などの点で、首都をはじめとする都市部の二酸化炭素排出が農村部、山間部に比べ圧倒的に大きく、排出量の伸びは都市における二酸化炭素排出の増加を映し出している。二酸化炭素は窒素酸化物やPM2・5などとちがって、直接的な健康被害にはつながらないが、地球温暖化の主因でもあり、アジアの都市にとって新たな課題として意識すべき時がきている。

図６－２　日本の最終エネルギー消費の部門別構成の推移

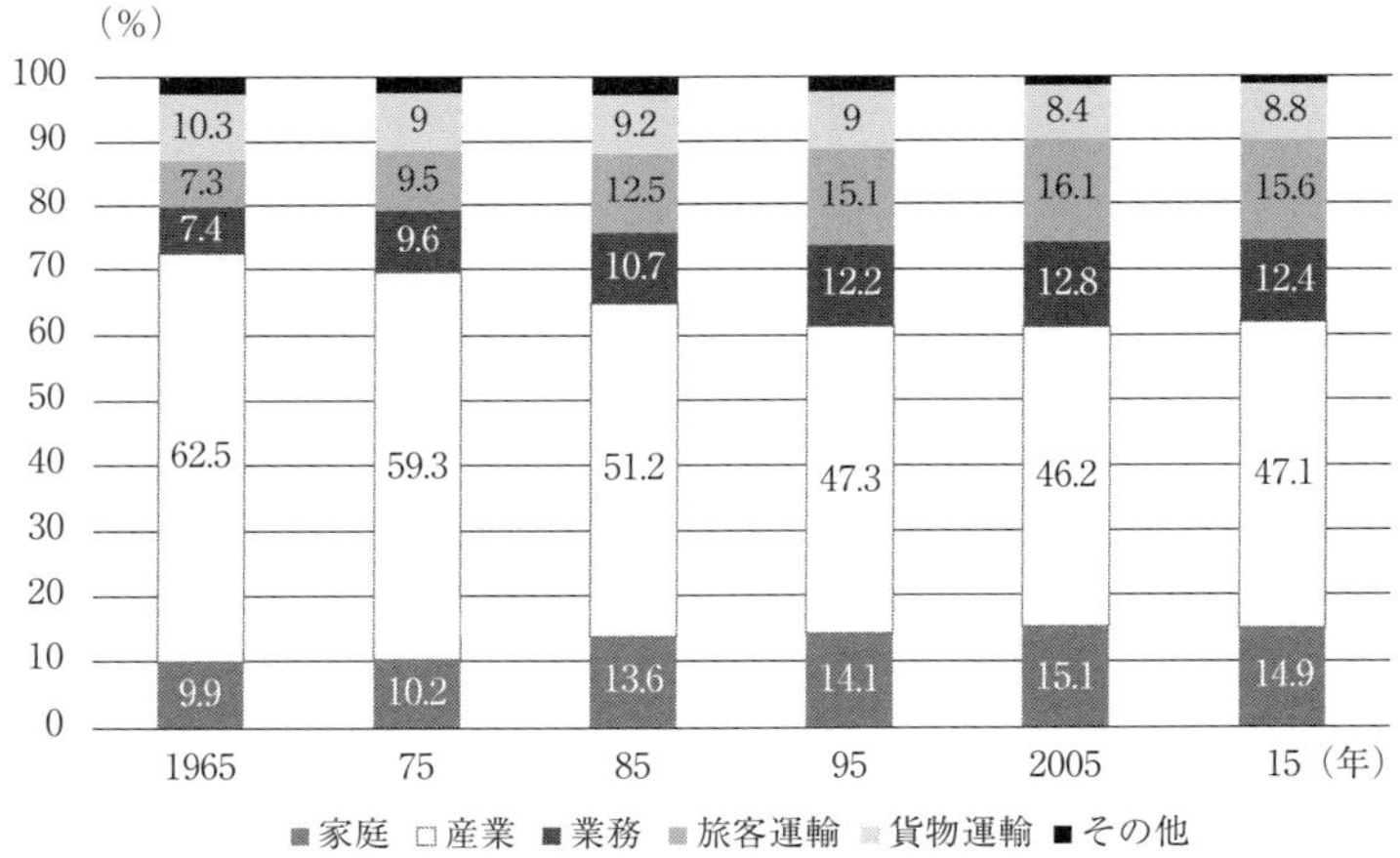

変化するエネルギーの用途

図６－２は日本のエネルギーが産業、家庭、運輸など、どの分野で消費されているかを構成比でみたものである。日本国内でも重化学工業の立地している都市は産業の比重が高く、大都市郊外のベッドタウンは家庭や運輸の比率が高いなどの差はあるが、国の発展、国民の経済水準の上昇によって構成比が変化していく構造は、さまざまな都市に共通している。

大きな特徴は、産業の比率が着実に低下していることだ。石油精製、化学、鉄鋼などの産業はエネルギーコスト削減のために、さまざまな技術革新、設備改善を進めている。また、エネルギー多消費型産業が中国やＡＳＥＡＮなどの途上国に移転するという流れもあり、比率が低下している。

図6-3　家庭内の用途別エネルギー消費構成の推移

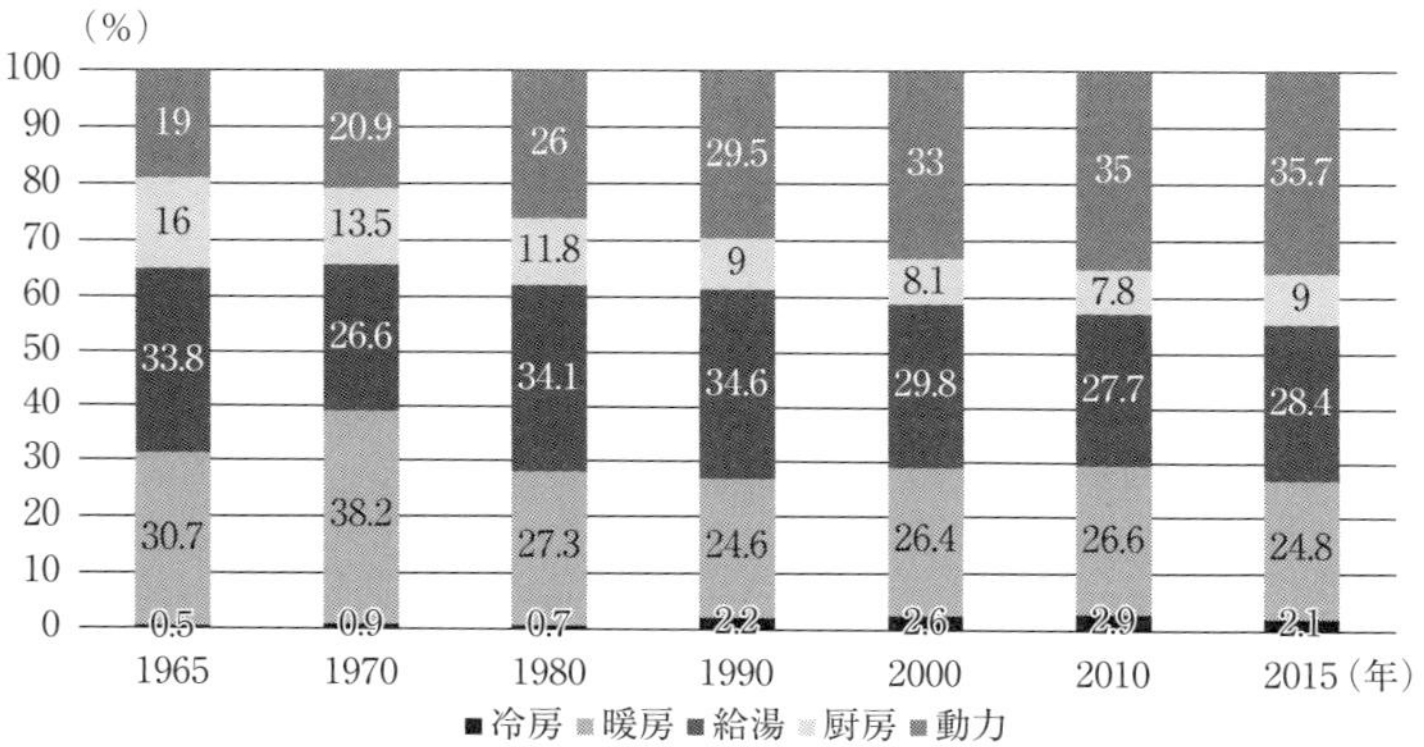

日本では高度成長の1965年に60%以上を占めた産業部門は、半世紀後の2015年には47・1%と、15ポイント以上も縮小した。代わって比率が高まってきたのは家庭用と運輸（旅客・貨物）である。1965～2015年の半世紀に家庭用は5ポイント、運輸は6・8ポイントも比率が拡大した。人は豊かになれば、多様な家電製品を購入し、空調や厨房器具、風呂など生活を快適にする目的でエネルギー消費を増やす。

家庭内でエネルギーがどのような分野、目的で使われているかを分析したデータは世界では少ないが、日本に関しては日本エネルギー経済研究所がまとめたエネルギー経済統計要覧（EDMC）がその推計を示している。図6-3は家庭内で冷房、暖房、給湯、厨房、動力（家電製品や照明など）に使われたエネルギーの比率の変化を追ったものだ。給湯や暖房の比率がほぼ一貫して低下、動力や冷房の比率が高まってきたことがわかる。1965年以降の日本は高度成長を経て、先進国に発展したが、今多くのアジアの国はこのプロセスのどこかに位置しているといってよい。つまり、アジアの都市の家庭のエネルギー消費のこれからの動向は、日本の戦後を振り返れば、ある程度予測がつくのである。

図は構成比の推移を示したが、絶対値の増減はやや異なった動きを示している。「給湯用」は1980年以降、構成比は一貫して低下しているが、1世帯あたりのエネルギー消費量でみると、給湯用は1997年度まで伸び続けており、「暖房用」も1995年度にピークアウトした。家庭のエネルギー消費全体は家電製品の増加、大型化などで増え続けたため、給湯、暖房などの比率が下がっただけである。

ただ、伸び続けた家電製品向けの「動力用」も2002年度から減少に転じている。結果的に日本の1世帯あたりの年間エネルギー消費量は1995年度をピークに減少局面に入り、2015年度は95年度比27・0%減と急激に縮小している。減少の理由にはいくつかあるが、家電製品や暖房・給湯機器の性能向上、エネルギー効率の改善がひとつの大きな要因であり、さらに住宅の高気密化、断熱機能の改善もあるだろう。

アジアで家電製品はどう普及するか

表6－2は、アジア諸国で所得に対応して家電製品がどの水準まで普及するかを推定したも

表6－2　アジアにおける家電製品の世帯普及率と所得の関係（推定）

（単位：ドル）

家電＼普及率	10%	30%	50%	90%
冷蔵庫	600	1400	2300	9000
洗濯機	800	1800	3100	12300
エアコン	1400	4700	9900	71100
電子レンジ	1800	5600	11600	76800
食洗機	21300	68400	n.a.	n.a.

注：1人あたりGDP（ドル）水準。
出所：大和総研2014年度「新興国における主要物品の需要拡大予測」調査報告書

のである。東南アジア、南アジアでは高温で食品が傷みやすいため、冷蔵庫がまっさきに普及するが、冷蔵庫はコンプレッサーを使って冷却するため、電力消費の多い家電製品であり、エアコンも同様である。このふたつが普及することでアジアの大都市ではエネルギー需要の増加、二酸化炭素排出の増大が進むことになる。この表で冷蔵庫が普及率50％に達する1人あたりGDPが2300ドルの水準はちょうど2017年のベトナムの水準であり、冷蔵庫が30％、エアコンが10％の普及率になる1400ドルは2017年のカンボジアの水準である。こうした家電普及のタイム・スケジュールがアジア各国で着実に進み、電力を中心に家庭のエネルギー消費は伸びていくことを想定しなければならない。所得水準が高い大都市においては家電の普及はこのペースよりもさらに速い。

気温上昇が進む都市

アジアの都市における冷房需要の増大は、ヒートアイランド現象など、都市化の影響と地球温暖化の両面から起きている問題である。先に触れたエネルギー経済統計要覧（ＥＤＭＣ）は、「冷房度日」「暖房度日」というコンセプトで都市の気温変化を追っている。「冷房度日」とは気温が24度を超えた日の平均気温と24度との温度差をその日数とかけ算したものである。たとえば、気温が30度の日が３日と28度の日が２日あれば(30－24)×３＋(28－24)×２＝26となる。「暖房度日」は気温が14度を下回る日の平均気温と14度との温度差を同じように日数とかけ算する。

冷房度日は東京では１９６５年度には２３７度日だったが、１９９０年度には４５１度日、２０００年度には５１１度日、２０１０年度には６０３度日と、着実に上昇している。福岡では１９６５年度に３２７度日だったものが１９９０年度には５８０度日、２０００年度には５０６度日、２０１０年度には６０１度日と、やはりコンスタントな上昇を示している。もちろん気温は猛暑、冷夏など年ごとに大きくぶれるが、全体的な傾向として大都市の平均気温は上昇し、冷房需要は高まっている。

逆に「暖房度日」は東京では１９６５年度に１００６度日だったが、１９９０年度には７６８度日、２０００年度には８４９度日、２０１０年度には８９９度日と低下傾向にあり、暖房の必要性は薄れつつある。世界の多くの都市においては暖房以上に、冷房の需要が高まってきていることは、かつて真夏でも冷房の必要がなかった札幌や欧州のロンドン、アムステルダムなどでビルに冷房装置が導入されるようになっていることでわかる。それは大都市み

図6－4　日本の自動車貨物輸送と宅配便

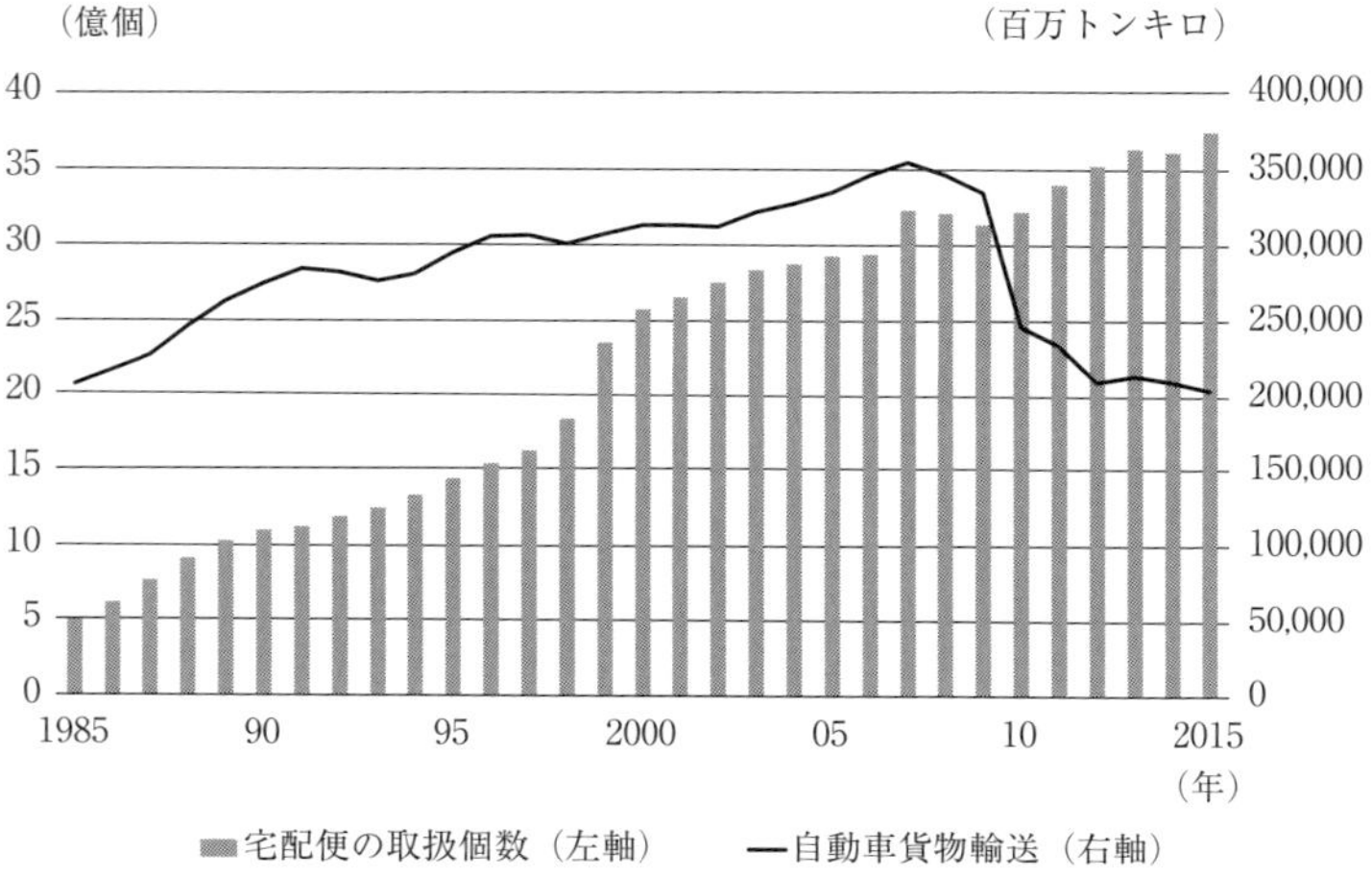

ずからが二酸化炭素はじめ地球温暖化ガスの排出を拡大させてきた結果でもある。

日本やシンガポールなど先進的な大都市では、ビルの屋上緑化や透水性の舗装による地下からの水分蒸散など、ヒートアイランド対策も進み始めているが、アジアの途上国、中進国の大都市は、冷房機器の急増などで、むしろ都市中心部の気温上昇はこれから本格化するおそれがある。

もうひとつ都市でエネルギー消費を増大させ、環境負荷を高めているのは輸送分野である。通勤や出張などの旅客輸送、原材料や商品の配送のための貨物輸送は今、アジアで急伸している。これも1980年以降の日本が先行事例となっている。

都市間、地域間の長距離トラック主体の自動車貨物輸送は1990年代以降、低成長と生産拠点の海外移転などで成長が鈍化、２００７年をピークに急激な減少に転じた。対照的に都市内の貨物輸送は、日配品などの多頻度配送を必要とするコンビニエンスストア店舗の増加やネット通販、テレビショッピング、スーパーの宅配サービスなど、配達の必要なサービスの拡大によって、２０１０年以降、勢いを増している。図６‐４に示すように、日本国内の宅配便の取扱個数は１９８５～２０１５年の30年間に７・６倍に増加した。消費のスタイル変化が都市のエネルギー最終需要を押し上げる構造である。

今、アジアではコンビニとネット通販の急成長に対応した宅配便は急成長している。業界首位のセブンイレブンをみれば、フランチャイズ、エリア・ライセンシーなどいくつかの出店形態を包括すれば、２０１７年末時点でタイに１万２６８店、韓国に９２３１店、台湾に５２２１店、中国に２５９９店、フィリピンに２２８５店など、アジア全域にコンビニ文化を拡散させた。コンビニはサンドイッチ、パン、サラダなど商品の入れ替え頻度が高く、１日に３～４回の配送を必要とする商品を扱っており、貨物輸送や冷蔵・冷凍ショーケース、店内照明などエネルギー多消費型商業施設だ。アジアの都市に日本のコンビニチェーンのブランドが立ち並んでいるのは、都市の環境にとっては大きな挑戦ともいえるのだ。エネルギーに限らず、都市のさまざまな分野の需要構造が人口動態ではなく、ビジネスモデルやライフスタイルの変化によって引き起こされ、それが二酸化炭素排出の増大など環境を揺さぶる現象は今後、さらに拡大し、後発の途上国にも波及していくだろう。

また、中国では世界最大のｅコマース企業になったアリババ集団やそれを追う京東商城（ＪＤ）などネット通販は急膨張し、その配達を柱とする宅配便の取扱個数は２０１７年に４００億個を突破した。インドでも首位のフリップカートやスナップディールなどが急成長、東南アジアでは米アマゾンが浸透する一方、域内最大手のラザダの台頭も目立つ。

こうしたｅコマースは、アジアの都市の消費構造をショッピングモールやショッピングセンターなどリアル店舗主導からネットで注文し、自宅や勤務先に配送というかたちへと変質させつつあり、都市内の物流からさらに交通にも大きな変化を引き起こしている。その一部は交通渋滞やトラック輸送の増大による二酸化炭素排出の増加や大気汚染につながっているとみるべきだろう。

2　都市生活を脅かす環境悪化の弊害

経済発展と環境悪化のトレードオフ

２０１４年あたりから冬場、ニューデリーはじめインド北部は連日、濃いスモッグに包まれ、視界が10ｍ以下に低下したり、息苦しくなったりするほどの状況になる（写真6－1を参照）。微小粒子状物質「ＰＭ２・５」を主体とする大気汚染である。２０１７年の11月から12月にかけては１㎥あたり１０００マイクログラムを超す深刻な汚染を記録する日もあった。[3]インド工

写真6－1　PM2.5など大気汚染が深刻化するインドのニューデリー市内。同じ撮影場所で汚染の軽微な日と深刻な日の状況を比較した。（NTT コミュニケーションズ・インディア提供）

科大学（ＩＩＴ）ボンベイ校が米研究機関とインドの大気汚染状況について共同研究した報告書によると、２０１５年時点でインドのほぼすべての地域で、国民はＰＭ２・５が平均10マイクログラムの環境で暮らしており、29州・6連邦直轄地のうち、21州・6連邦直轄地では40マイクログラム以上だった。大気汚染による死者は年間１１０万人に達し、死亡者数の10・6％に相当するという。このまま放置すれば２０５０年には大気汚染による死亡者数は年間３６０万人に達するおそれがある、と報告書は指摘している。

かつてＰＭ２・５といえば、中国の陝西省、山西省、河北省から北京市、天津市にかけてが世界最悪の汚染地帯といわれていたが、中国政府の環境規制の強化によって、汚染は改善に向かっている。環境保護省によると17年12月の京津冀地域（北京市、天津市、河北省）のＰＭ２・５濃度は73マイクログラムと、前年同月比で51・３％の減少となった。中国の主要３３８都市を対象にした調査では17年通年のＰＭ２・５濃度は平均43マイクログラムで、16年比６・５％減となった。中国では少しずつだが、明らかに大気汚染は改善しており、最悪期は抜け出したようだ。

ただ、改善のスピードは各都市、地域によって異なっている。北京市は大規模な国際会議やスポーツイベントのたびに大気汚染の実態が世界に知られ、２０１４年11月のアジア太平洋経済協力会議（ＡＰＥＣ）の際には政府が工場を臨時に強制閉鎖し、自動車の通行も規制して一時的に汚染物質を減らし、快晴を演出したことで「ＡＰＥＣブルー」などと揶揄された。それを受けて、北京市政府は市内の石炭火力発電所と汚染物質の排出工場の閉鎖、移転を進め、17年３月に最後の石炭火力発電所が閉鎖された。

こうしたやや乱暴ともいえる対策[4]で、北京市では大気汚染は急速に改善に向かっているし、全国的にも中国政府は新規の石炭火力発電建設プロジェクトの大半を撤回させている。ただ、石炭を代替する天然ガスや原子力発電の新設は石炭火力の削減ペースには追いついておらず、17年末には国内ガス田の生産停滞もあって、天然ガスの不足で火力発電の稼働が低下、電力不足に陥る事態も起きた。

アジアインフラ投資銀行（ＡＩＩＢ）は18年１月、北京市内の農家21万世帯の燃料を石炭から天然ガスへ転換するプロジェクトなど大気汚染対策に２億５０００万ドルの融資を決めた。

ＡＩＩＢは中国が主導して２０１６年1月に業務を開始したが、中国向けへの融資実績はそれまでなかった。中国向けの第1号の案件が北京市の大気汚染対策向けだったことは、中国にとって、都市の環境改善が最優先になっていることを象徴しているだろう。

改善に向かう中国に代わって、インドで大気汚染が急激に悪化したのは、２０１４年のモディ政権の誕生とともに投資ブームが起き、製造業の成長が加速、インフラ建設なども劇的に進み始めたからだ。主要な汚染源のひとつでもある自動車は２０１７年に販売台数が４００万台の大台を突破、ついにドイツを抜いて世界第4位の自動車市場にのし上がった。ＰＭ２・５に最も直接的に関係するのは石炭火力発電所である。インドの発電電力の構成（２０１５年）は石炭が76％、天然ガス４％、原子力３％、水力12％、再生可能エネルギー６％となっており、石炭が圧倒的に多い。石炭火力が発電電力量に占める比率は２０１２～13年までの中国の水準に近い。

中国はその後、大気汚染の軽減と二酸化炭素排出削減を目的として、天然ガス火力と再生可能エネルギー、原子力に転換する動きを加速させている。発電設備容量でみれば石炭火力は２０１６年には59％まで低下しており、さらに２０２０年までに55％まで下げる方針。人口が増加し、ビジネスが活発化するアジア都市では環境は経済成長との二律背反だけでなく、エネルギーの安定供給ともトレードオフの関係に陥りつつある。

環境を悪化させる大都市と住民

北京やデリーのＰＭ２・５の状況をみるまでもなく、都市住民にとって最も身近で深刻な環境問題は大気汚染である。アジアの大都市の大気汚染源は火力発電所と自動車が圧倒的に大きく、産業用が続く。先進国では発電所は都市から離れた場所に立地し、長距離送電線で電気を送ることが一般的である。東京が使う電力のうち、都内で発電されているのは５％足らずにすぎず、千葉県や茨城県、福島県が主力供給地となっている。２０１１年3月以前は新潟県と福島県に立地する原子力発電所が大きな首都圏の電力を支えていた。人口稠密地帯での発電所の立地が、土地取得コストや反対運動など経済的、社会的に困難なためである。

これに対し、途上国では政府や電力会社は電力の需要地である都市の近郊に発電所を立地させようとする。遠距離の送電線建設のコストや送電によるジュール熱損失（電力が送電線の抵抗で熱エネルギーとなり、失われる）を回避するためだ。結果的に途上国で人口の多い大都市ほど発電所からの大気汚染の影響を直接受けやすい。

すでに１９９０年代から大気汚染が深刻化していたジャカルタをみれば、２０１７年末時点でジャカルタの都心部から１００㎞圏内で稼働する石炭火力発電所が8カ所22基にのぼっており、さらに２０２４年までにバンテン州セランなど4カ所7基が新規に稼働する予定だ。インドネシアの電力需要は２０１２～16年の期間で年率５・３％の勢いで増加しており、首都など主要都市の電力需要を賄うため都市近郊に石炭火力を新設、増設せざるを得ないからである。

図６－５　インドネシアの発電電力の電源構成

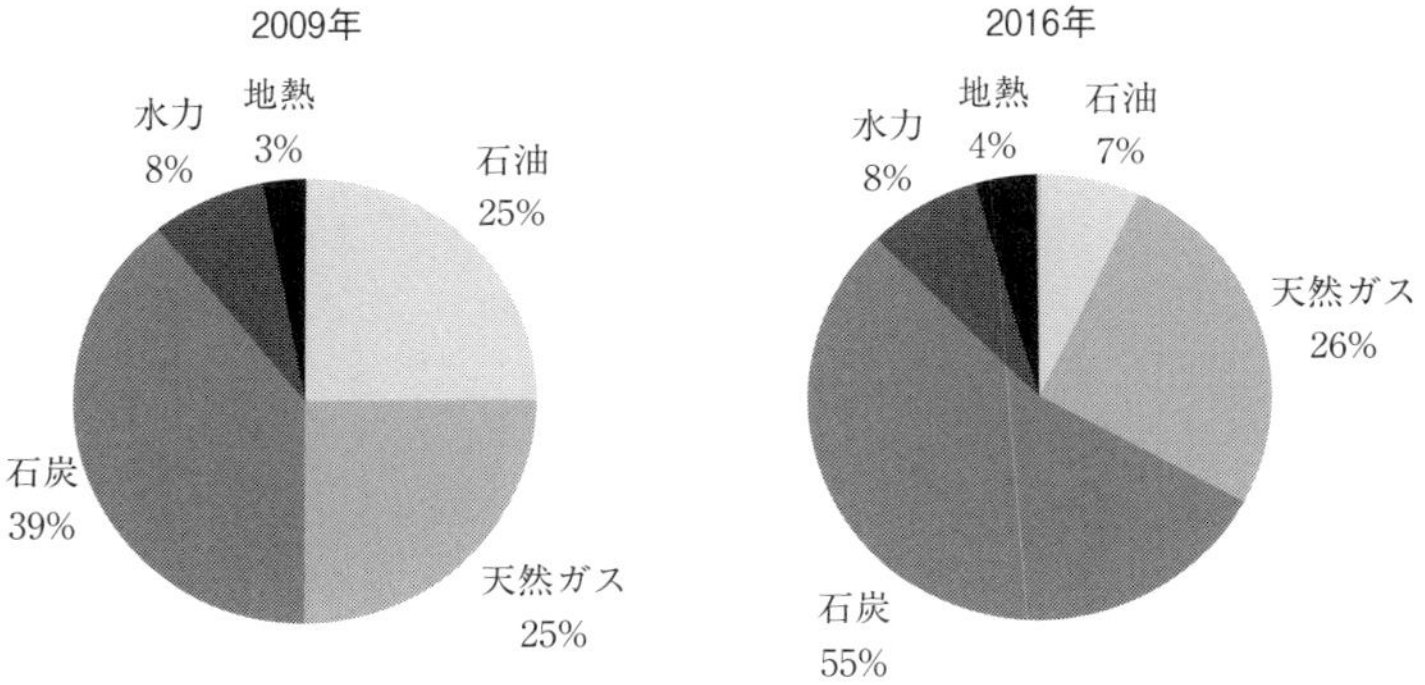

図６－５はインドネシアの発電電力量の電源別構成の変化を２００９年と16年で比較したものだ。わずか７年間に発電電力量の電源構成は激変、石油火力が激減し、石炭火力が39％から55％に急膨張した。そのかなりの部分がジャカルタ首都圏の電力を賄うための石炭火力であり、それによって首都圏の大気汚染が悪化するという自縄自縛の構造が明確になっている。

もちろん石炭火力だけが原因でもなく、石炭火力発電でも最新鋭の設備は高温高圧で石炭を燃焼させる超超臨界発電[5]（ＵＳＣ）や石炭ガス化複合発電（ＩＧＣＣ）など環境負荷の低い「クリーン・コール」技術があるが、そうした設備は初期投資が大きく、運転にも技術が必要なため、電力需要の急増に対応せざるを得ない途上国には荷が重い。

結果的に石炭よりもクリーンな天然ガスへのシフトが中進国や途上国の一部で始まっている。

インドネシアは天然ガスの大産出国であり、長年、世界最大のＬＮＧ輸出国だった。日本向けでは１９９０年代の最盛期には年間１８００万トン近い液化天然ガス（ＬＮＧ）を輸出していた。だが、大気汚染の広がりを受けて、天然ガスは国内の発電用に使うべきだという世論が２００３年あたりから高まり、ＬＮＧの輸出にさまざまな制約が生まれている。ガス田の枯渇など生産低下もあり、インドネシアの対日ＬＮＧ輸出は２０１６年には６６０万トンまで減少した。

今後、さらに多くの天然ガスを輸出用のＬＮＧから国内の発電用、都市ガス用に振り向けざるを得なくなる可能性が高い。それにとどまらず、インドネシアは２０１８年から年間80万トンのＬＮＧ輸入を開始することも決めた。大気汚染の深刻化からＬＮＧ輸出国でありながら、国内向けにＬＮＧ輸入を迫られるという矛盾した状況に追い込まれているためだ。

インドネシアはかつてアジアで唯一の石油輸出国機構（ＯＰＥＣ）の加盟国であり、アジア最大の石油輸出国でもあったが、内需の増大と国内油田の枯渇によって、２００３年に石油純輸入国（輸出と輸入を合計し、輸入超過の国）に転落し、ＯＰＥＣを脱退した。天然ガスも２０２０年代の初めには純輸入国となる可能性が高まっている。今後、国内で巨大ガス田などが発見されない限り、ジャカルタなど大都市の大気汚染緩和のため、天然ガスの輸入依存度が急激に高まるだろう。

石炭火力発電に対する反対運動は、インドネシアだけではない。中国はもちろん、インド、タイ、そしてＡＳＥＡＮで最後発の途上国であるミャンマーでも起きていることに留意すべきである。

ミャンマーでは2015年11月の総選挙でアウンサンスーチー氏率いる国民民主同盟（NLD）が大勝し、長年の軍政から民政に移行した。スーチー政権のエネルギー政策は石炭火力と原子力に否定的なスタンスをとっており、民政移行とともに、国民の間で環境重視の考えが一気に強まった。

それを象徴するのが、ミャンマー東部のモン州の州都モーラミャインで起きた石炭火力発電所への反対運動である。タイの大手素材メーカー、サイアム・セメントが主導してミャンマー資本との合弁で建設したセメント工場に石炭火力発電所を新たに併設する計画に対し、環境悪化を懸念する地元住民が反対運動を起こしたもので、7000人が参加するデモや建設撤回を求める署名が大統領府に提出された。モーラミャインはインドシナ半島を横断する東西経済回廊の西の終点で、将来的に多くの外資製造業の進出が見込まれており、サイアムのセメント工場はその先駆けとして地元経済への貢献が期待されていた。これに住民が背を向けたわけで、外資導入を成長の第1ステップとしてきたアジアの国としては異例ともいえる動きだ。

さらにミャンマーでは2018年になって、輸入LNGを燃料とするガス火力発電のプロジェクトが相次ぎ、認可された。ミャンマーと日本、タイの3カ国共同の大深水港湾と工業開発区の構想が進むダウェーのある南部タニンダーリ管区のカンバウに、仏石油大手のトタルとドイツの機器メーカー、シーメンスが合弁で建設するもので、発電能力123万キロワットの大型発電所となる。中部エヤワディ管区のミラウンジャインには地場企業と中国メーカーが組んで、やはり39万キロワットのガス火力発電所を建設する。ＬＮＧ輸入のために浮体式の貯蔵・気化施設（ＦＳＲＵ）を建設総工費25億ドルで建設する。

両プロジェクトとも建設投資は外資が賄うとしても、投資回収のために国内の電気料金にコストが上乗せされる。１人あたりＧＤＰが約１２７２ドル（２０１７年）という経済水準のミャンマーの消費者にとってはきわめて重い負担となるのは間違いない。高価なエネルギーであるＬＮＧをミャンマーのような途上国が導入することは、スー・チー政権の石炭火力忌避、原発忌避という政策傾向はあるにしても、ヤンゴンをはじめとする都市における大気汚染の深刻化を明確に示しているだろう。

高まる住民意識

バンコクから東南約１８０㎞の距離にあるタイ東部ラヨーン県のマプタプット工業団地をめぐる公害訴訟と政府、市民、企業の対応は、アジアの大都市近郊の産業集積をめぐる環境問題に新たなページを開く出来事となった。

マプタプット工業団地は１９８８年に開発が始まった重化学工業主体の開発エリアで国営石油会社であるＰＴＴの製油所や化学プラント、鉄鋼や非鉄金属の加工企業など環境負荷の高い産業が集中的に立地している。海外経済協力基金（ＯＥＣＦ）など日本が資金援助して開発されたもので、日本企業ときわめて深い関わりを持つ工業団地だった。

だが、生産が軌道に乗り始めた1996年頃から大気汚染や水質汚濁などが指摘されるようになり、住民によるデモなど公害反対運動が高まった。2001年には工業団地内に建設計画が発表された石炭火力発電所に対し、住民グループが建設差し止めを求める申し立てを国家人権委員会に対して行った。

さらに07年になると、住民は稼働中や計画中のプラントなどマプタプット工業団地内の企業に対し、操業や建設の見直しなどを求める行政訴訟を起こした。09年に地元の裁判所が国家環境委員会（NEB）にマプタプットを汚染管理地域に指定するよう求める命令を出し、状況は住民側優位に動いた。同年9月には中央行政裁判所がマプタプットにある石油化学プラントなど76プロジェクトに事業停止を命じ、うち64事業が停止、凍結させられた。

この住民の要求を大きく採り込んだ判決に、日本企業含む外資には衝撃が走った。タイ政府は外資の投資熱が冷めることをおそれ、凍結解除に動き始めたものの、住民側は反対運動を激化させ、事態は泥沼化した。政府はアナン元首相を委員長とする公害解決委員会を設置、環境アセスメントなど住民側の意向を汲んだ解決策を提示し、10年9月には凍結されていた64事業のうち62事業が再開を認められた。

タイでは06年9月に軍部によるタクシン首相追放のクーデターが起き、国内がタクシン派、反タクシン派の衝突で混乱が続くなかでのきわめて難しい政治的解決だった。ただ、政府や権

写真６－２　台湾・高雄市の市内を走るライトレール（LRT）

力者の命令さえあれば住民無視で工業化が進む多くの途上国とちがい、タイは住民運動が政治を動かす時代になった。金銭的に豊かになることだけではなく、豊かな自然、環境を享受することにも人々の意識が向き始めたことを示すものである。こうした環境への主体的な取り組みの原動力は都市住民であることも間違いない。

台湾第二の都市でアジア有数の港湾もある高雄市は、台湾で最も大気汚染が深刻といわれる。悪名高い市内の交通渋滞による車の排気ガス、大陸から西風に乗って飛来する大量の汚染物質、周辺の工業地帯からの排出の三大要因が重なり、地形的にも空気が滞留しやすいという条件が汚染を深刻化させた。大気汚染の度合いを測る台湾の大気品質インデックス（ＡＱＩ）では台北市や新北市が冬場でも最悪段階になる日が例外的であるのに対し、高雄は２０１７年には最悪段階の日数が年間66日に達した。市民の市政への最大の不満が大気汚染といわれる。

高雄市は渋滞緩和を狙って市内に台湾で初のライトレール（高雄捷運環状軽軌）を建設、第１フェーズが２０１７年９月に完成した（写真６－２）。ライトレール自体は自動車の利用を減らし、渋滞を緩和することに元来の目的があったが、大気汚染の深刻化を受けて、高雄市は冬場の期間に限り、ライトレールの乗車料金を無料にする措置をとった。市内を走るバスも無料化された。公共交通機関の利用促進によって市内での自動車通行量を減らし、排気ガスを削減する、というアジアでは珍しい試みだ。運賃収入の減少など市の財政負担は決して小さくはないが、汚染に対する即効性のある対策として、他のアジア都市でも公共交通機関無料化が検討され始めている。

3　アジア都市のエネルギー戦略

エネルギー政策は第一義的には国、すなわち中央政府の責任だが、エネルギー安定供給や環境問題は住民の生活に直結しており、都市にも関わってくる問題である。特に電力自由化と再生可能エネルギーの時代になったことで、都市にとってエネルギーは、より密接な行政テーマになっている。自由化に伴う新規参入者や再生可能エネルギーは発電規模が小さく、建設・運営主体が地元密着の企業だったり、自治体そのものであるからだ。

世界的にも電力の自由化、規制緩和が進むなかで、地方や都市の単位でエネルギー戦略を構築する時代に向かいつつある。アジアでは電力自由化は日本が先行、再生可能エネルギーの導入では日本、中国、韓国、台湾、タイなどが進んではいるが、全体としてはまだ緒についたばかり。アジアの都市はどのようなエネルギー戦略を描くべきなのか。

まず、日本を例に、都市とエネルギーの関係を再検討してみたい。日本では、2000年4月の大口電力自由化（2000キロワット以上の大口需要家向け電力小売り）で自由化がスタートした。その後、段階的により小規模の需要家向けに自由化範囲が拡大され、ついに16年4月に一般家庭も電力の購入先を自由に選べる電力小売り全面自由化に至った。同時期に再生可能エネルギーについても、2003年に電力会社に再生可能エネルギーを一定比率まで導入することを義務づけるRPS法（Renewables Portfolio Standard）が施行されるなど、本格的な利用が始まった。だが、太陽光や風力発電の導入が加速したのは2012年に再生可能エネルギーの固定価格買い取り制度（FIT）がスタートしてからである。(6)

こうした自由化、再生可能エネルギーの導入は基本的には東京電力、関西電力など全国の電力10社が新規参入者や再生可能エネルギーの供給申し込みを受け、それぞれの電力会社の系統（電力ネットワーク）に取り込むかたちとなる。工場であれ、オフィスであれ、一般家庭であれ、電力ユーザーのもとにつながる送電・配電網を保有、運営しているのは電力会社だからである。新規参入者の発電所や太陽光や風力の発電設備を持つ事業者が系統に接続する際に系統の安定性を確認し、需給バランスを考えなければ、電力の安定供給はできない。

電力会社は需要規模に差はあるが、地域に密着した存在であることは同じである。発電所の建設は立地地域の住民の理解がなければ難しく、立地の見返りに地元に雇用や公共施設、インフラの建設などのメリットがもたらされることが通例となっている。電力は使いたいが、発電所の立地は拒否するという「ＮＩＭＢＹ（Not In My Back Yard）」は先進国だけでなく、途上国にも広がり、アジアでも顕著な動きとなっている。主に石炭火力発電所や原子力発電所に対して起きるＮＩＭＢＹなど立地反対の動きを解決し、電力供給を支えてきたのは日本では電力会社であり、地元自治体は電力会社の動きを支援することはあっても立地交渉などの前面に出ることはなかった。特に原発に関しては、自治体はむしろ住民を代表して安全性を監視するという立場で電力会社に対峙してきた。

エネルギーを都市の競争力に

日本において、行政は電力の安定供給の主体ではなく、主に料金、安全、環境の面での監視役だった。料金規制や安全は経済産業省、発電所の排出ガスや水質などは環境省が所管、それと重なるかたちで発電所の立地地域の県や市町村が安全や環境を監視していた。

電力会社は民間企業とはいえ、公的責任を意識したかたちで事業を運営してきた。1952年に誕生した日本の9電力（後に沖縄電力が加わり10電力になった）体制は、供給責任を負う代わりの地域独占だった。

だが、前述のように電力小売り自由化が進むなかで、地域独占は崩れ、電力会社と新規参入者の競争に加え、電力会社同士の競争状況に変わってきた。2020年の送配電網の法的分離までは従来の電力会社の供給責任は基本的に残るにせよ、地域の電力供給は市場化が進む。そのなかで、行政体としての都市がこれから意識すべきエネルギー政策の柱は、安定供給、電気料金、エネルギー構成だろう。

たとえば、原発の再稼働が遅れ、石炭やLNGを燃料とする火力発電所の新設もめどが立たない状況が東京、大阪など大都市で長期間続けば、電力会社だけでは安定供給を担保できなくなる。不足する電力を電力取引所などで調達すれば、コストは上昇する。そうした状況で、電力の需要ピークとなる真夏や厳冬期にどこかの大型発電所でトラブルが起きれば、電力供給のカットや最悪の場合、停電も起きかねない。

2018年1月下旬に首都圏では電力供給の余力が1%を切りかねない、ぎりぎりの状況が起きた。大雪と低温で電力需要が急増したうえ、首都圏へのピーク時の電力供給源である福島県のガス火力発電所や茨城県の石油火力発電所が同時に故障して動かなくなったためだ。供給不安が生じたため、東京電力は東北電力など他社からの電力融通を受けるとともに、あらかじめ契約を結んでいた大口顧客に対し、供給を削減する「ネガワット（負の供給）」取引を発動した。

これは単発的な事象だが、仮に首都圏で電力供給の潜在的不安定性が拡大し、電気料金も高騰すれば、東京は都市としての競争力を維持できるだろうか。ほかに電力供給に余裕があり、料金も安い都市があった場合、企業の拠点立地や住民の居住地の選択にエネルギー供給の条件は影響を与えないだろうか。都市活動の電力化はますます深まっている。交通、通信、生活の大半は石油、石炭一次エネルギーの消費ではなく、電力という二次エネルギーによって成り立っている。別の言い方をすれば、電力は都市活動のエネルギー面でのプラットフォームである。電力供給の安定性とコストを軽視した都市は21世紀を生き残れない。

さらに電力を生み出すエネルギー源の構成も、企業にとっては拠点立地の選択で大きな要素となる。風力発電など再生可能エネルギー由来の電力を使っていることは、環境重視企業の証であり、もはや無頓着ではいられないからだ。すでに社会的責任投資（ＳＲＩ）の観点で、より環境に優しい企業の株式購入を進めるファンドや投資家は増加しており、企業も環境報告書のなかで、自社の事業所で使用する電力に関して再生可能エネルギーが占める比率を明らかにするケースが増えている。割高な再生可能エネルギーを敢えて購入し、「グリーン電力証書」などを得る企業もある。

再生可能エネルギーの調達が容易で、コストも安い都市があれば、企業の誘致で大きな優位性になってくるだろう。企業だけでなく、研究所、大学なども同じである。そうした環境意識の高い企業はエクセレント・カンパニーであり、一般的に事業の競争力も高い。優秀な企業には優秀な社員が集まり、そうした人々が住民となることで都市そのものの教育や文化水準を含めた競争力が高まることも期待できる。実は環境とエネルギーは都市が意識すべき経営の重要項目になっている。

福岡県南部に位置するみやま市は人口3万7000人の小さな都市だが、再生可能エネルギーを柱とする独自の電力供給を展開することで都市の競争力を高めつつある。主体はみやま市が55%、地元企業が40%などを出資する官民の電力新規参入事業者「みやまスマート・エネルギー」。同社が供給する電力の大半は市内のメガソーラーと一般住宅に取り付けられた太陽光発電パネル、バイオマス発電などに由来する再生可能エネルギーで、これを市内だけでなく、JR九州の駅向けなどに販売している。自治体がみずから電力供給を担い、再生可能エネルギーを売り込みのポイントにしている点に都市のエネルギー戦略の新たな切り口が示されている。

実は大都市には回収可能な未利用エネルギー源が豊富にある。ビルや地下道、下水道などにこもる熱や屋上空間への太陽光発電パネルや小型風力発電機の設置だ。そうした小さなエネルギーを一つひとつ集約し、新たなエネルギー源とし、再生可能エネルギーとして供給することは大都市のエネルギー戦略の一つになり得るだろう。都市はエネルギーの消費地だけでなく、エネルギーを生み出す場所にもなっていくべきなのだ。

都市では今後、クラウド向けデータ蓄積、人工知能（ＡＩ）や拡張現実（ＡＲ）、ビットコインなどの仮想通貨の利用などの拡大や電気自動車（ＥＶ）の増加で、電力需要が急増するのは確実である。(7) その多くは予想以上に巨大な電力需要となる。すでに世界にある大小合わせて1万カ所を超えるといわれるデータセンターは世界の電力消費の２％以上を占めているといわれる。都市がより高付加価値の産業を誘致し、育成しようとすればするほど、電力需要は膨張する。

原子力と都市・地域

都市とエネルギーの関係で最も難しいものは原子力発電である。２０１１年の東京電力の福島の原発事故を機に、日本はもちろん世界で、原発に対する見方が変わった。日本では耐震性や津波対策など原子力安全委員会の新安全基準に対応し、審査にパスすれば再稼働できるはずだが、進んでいない。最終的には地元の自治体が了解するかがカギを握るからだ。

自治体も原発が立地している直接の地元である市町村と隣接する市町村、その上の都道府県の間に温度差が生じるケースが多い。日本最大の原発である東電の柏崎刈羽原発は、立地する柏崎市と刈羽村は雇用や地元小売店、飲食店の売り上げ、税収など経済的事情で安全が確認されれば再稼働に前向きである一方、新潟県は県民全体の原発に対する不安感の解消に重きを置き、慎重姿勢を崩さない。立地地域においても市町村と県など地域間の対立、利益相反は今後も拡大する可能性は高い。

原子力をめぐる、より大きな対立構造は、エネルギーの生産地と消費地の間にある。原発の立地する福島県と新潟県は潜在的な事故への不安を抱えながら、大消費地である東京都に電力を供給している。しかも、福島県と新潟県は東北電力の管内であり、両県の原発を東電が利用することは、電力の「地産地消」からはずれている。この問題はアジアで原発を展開していく時に各国国内で先鋭化しかねない争点でもある。

今、アジアで稼働中の原発を持つのは日本、韓国、中国、台湾、インド、パキスタンの6カ国・地域である。[8] 加えて、バングラデシュが首都ダッカ北方120㎞のパブナ県ルーパーでロシア製原発の建設を進めている。2013年に着工、2020年代初頭にも稼働するといわれている。

ベトナムは2009年に南部ニントゥアン省に4基の原発を建設する計画を国会が承認し、ロシアと日本に2基ずつ発注し、建設を進めるはずだったが、2016年に住民の反対や財政の逼迫などを受け、中止になった。

ほかに原発建設を検討している国はタイ、インドネシア、フィリピンなどがあるが、構想のみで進んでいない。フィリピンは1970年代に当時のマルコス政権が原発の建設に入ったが、その後のマルコス政権の崩壊などで中断し、そのままの状態。それをドゥテルテ政権は再

図6－6　世界の電力需要の伸び

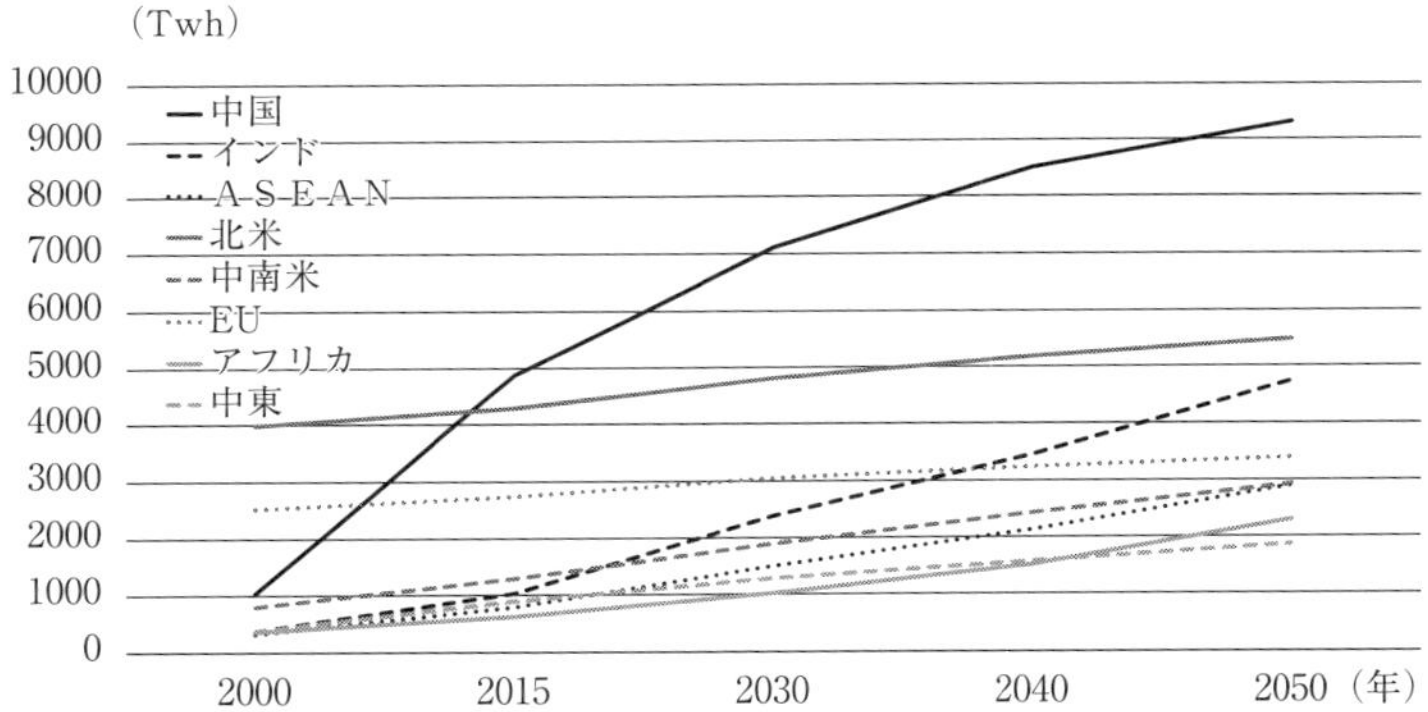

出所：日本エネルギー経済研究所「アウトルック2018」

開できないか、検討している。ただ、アジア各国とも福島第1原発事故によって、住民の原発への不安感情が高まり、計画への反対運動が活発化、立地は困難になっている。中東ではアラブ首長国連邦（UAE）のアブダビで韓国が受注し、建設を進めていた原発の初号機が18年にも完成する見通しだ。

アジアのエネルギー需給の見通し

図6－6は世界の国・地域別の電力需要（日本エネルギー経済研究所「アウトルック2018」）の2000年からの実績と2050年までの見通し（レファレンスケース）を示したものだ。一目瞭然だが、中国の伸びと需要規模はすさまじい。2000年には北米の4分の1強にすぎなかったが、2015年には北米をやや上回る規模に成長。2030年には1・5倍、2050年には1・7

図６－７　アジアの発電電力の電源別構成

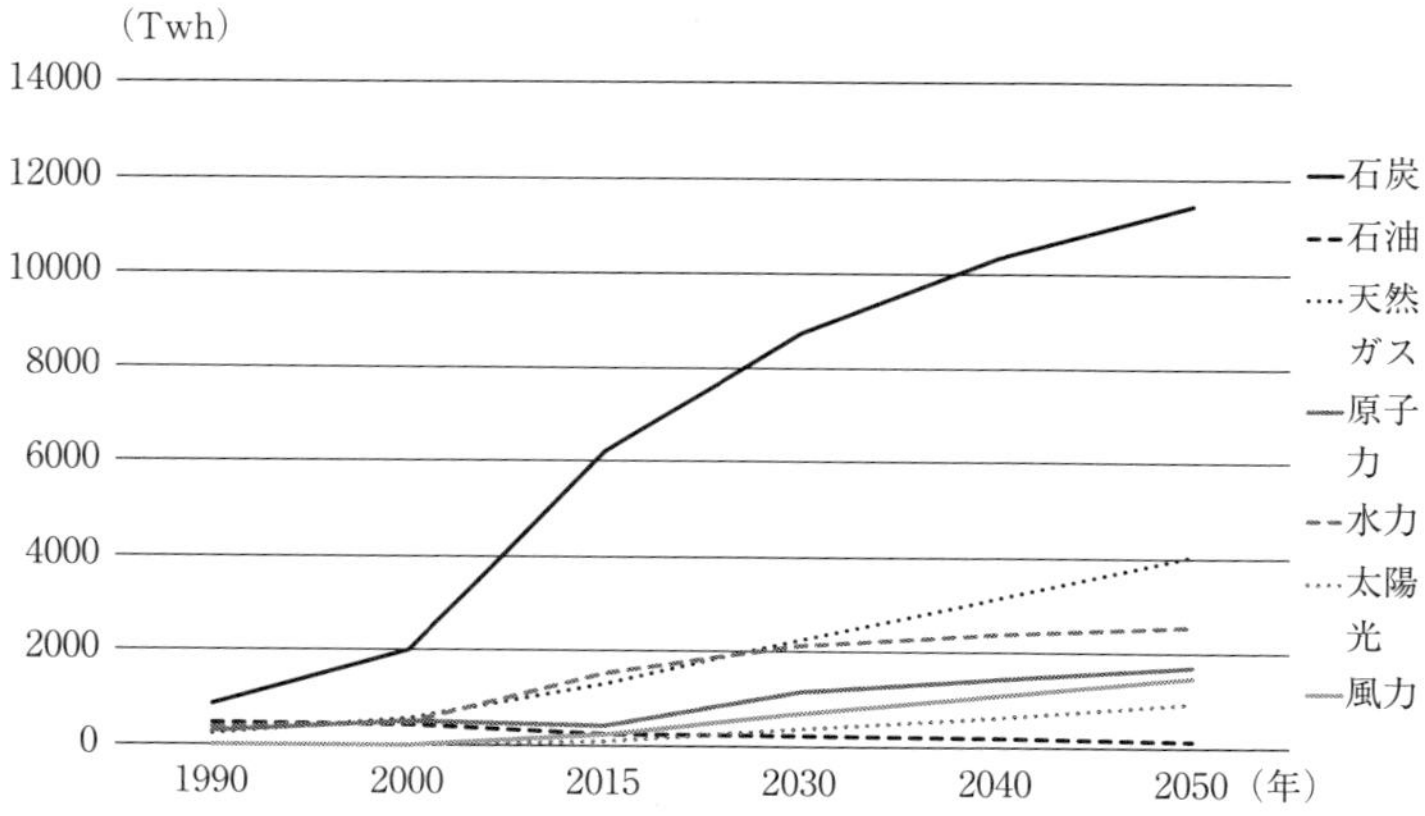

出所：日本エネルギー経済研究所「アウトルック2018」

倍になると予測されている。ＡＳＥＡＮも２０１５年から２０３０年までに倍増、２０５０年までにさらに倍増する勢いで増加する。２０００年から２０５０年の半世紀でみれば中国、ＡＳＥＡＮともに10倍近く、インドは12・５倍に膨張する見通し。アフリカや中東の伸び率も高いがアジアは別格の伸びを示す。

では、その急膨張する電力需要は何のエネルギーによって賄われるのか。前述の「アウトルック２０１８」に基づいて、各エネルギーの推移をみたものが図６－７である。石炭は圧倒的な電源の柱であることがわかる。２０１５年から２０５０年の期間に石炭のアジアでの消費量は５・７倍になる。これに天然ガス、水力、原子力と続くが、石炭との量的な格差は大きい。これだけの量の石炭を追加的に燃焼させるとすれば、その調達は輸送とエネルギー安全保

図６－８　アジアの電源構成の推移

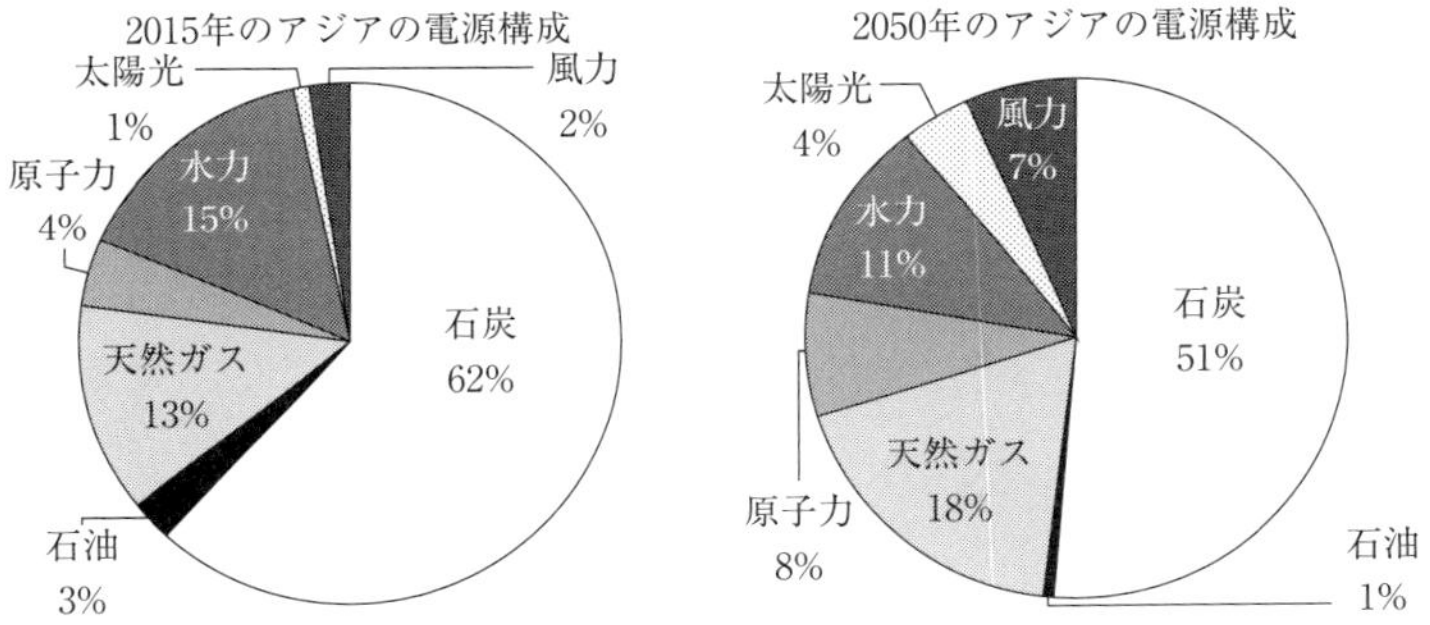

出所：図６－７に同じ

障の両面で大きな課題となる。それ以上に懸念されるのは環境負荷である。

図６－８は先のエネルギー別電源構成を２０１５年と２０５０年の断面でみたものである。この間の変化をみると、石炭は量的には急増していてもシェアは10ポイント以上低下、代わって天然ガス、原子力、太陽光、風力がシェアを高める。特に太陽光と風力の合計は３％から11％に伸びる。

原子力、水力、太陽光、風力の二酸化炭素を排出しない「カーボンフリー」の電源は２０１５年の22％から２０５０年には30％まで高まる。アジアの石炭火力発電の増加による二酸化炭素排出増などの問題はカーボンフリーの電源の増加によって、ある程度緩和されることになる。だが、アジアの電力需要の伸びは資源問題、輸送、環境負荷の三つの観点で、世界にとって不安をもたらしかねない。

問題解決のカギは電力需要の伸びの中心となる都市

のエネルギー利用の高度化にある。世界全体の都市化率は２０１７年で55％程度とみられるが、２０５０年には67％まで上昇する。人類の３分の２以上は都市に住むわけで、都市がエネルギーの需要増を抑制できれば、地球環境問題などへの波及は大きい。公共交通機関の拡充による自動車利用の縮小、ビルや商業施設、工場、一般家庭の省エネルギーの高度化が二本柱となるだろう。

自動車そのものは電気自動車の普及が２０２０年以降、加速すると予想され、エネルギー効率の面では内燃機関の車だけの世界に比べ、改善するが台数増のもたらすインパクトは大きい。いかに自動車の総量を抑制するかが大きな課題となるだろう。地下鉄、モノレール、ライトレールなど都市交通の整備などハードな対応に加え、交通管制の高度化による渋滞削減、複数人乗車の自動車の優先、公共交通機関と自動車の有機的な組み合わせなどソフト的な対応も意味を持ってくる。

省エネは建物の断熱性能向上、最新鋭でエネルギー効率の高い空調機器や家電製品の導入、コージェネレーション（熱電併給）の拡大など地道な設備対応の積み重ねが大きな意味を持つ。人工知能（ＡＩ）利用による効率改善も将来的には期待できるだろう。だが、人口増加と経済成長、生活水準の向上が並行して進むアジアでエネルギー需要の伸びを抑制し、環境負荷を軽減していくのはきわめて難しい。そして、エネルギーの調達や環境負荷の問題は、アジアの都市にとって最大の壁となって立ちはだかるだろう。

【第6章　注】

（1）国連が2015年9月に採択した「持続可能な開発のための2030アジェンダ」で定めた国際的な目標。貧困、飢餓、教育、衛生、不平等など人にかかわる分野から環境、エネルギー、資源など地球規模のテーマ、平和など人類全体が長らく追求してきた問題まで含まれる。それに対して個人、組織、企業がどんな貢献をするかを自らに課していく。企業は国連に登録し、達成状況などを報告することでSDGsの認定を受け、それが事業活動をする際に取引先や顧客へのアピールにもなる。

（2）中国の習近平政権は2013年から成長モデルの転換を表明、インフラや不動産開発を牽引車とする強引な成長ではなく、実需に見合い、環境にも配慮した成長を強調している。中国が一定の発展レベルに達したという認識が背景にあるが、成長の原動力はやはりインフラ投資などであるため、景気に落ち込みの兆しが見えると、インフラ投資を拡大せざるを得ず、なかなか新しい成長モデルへの転換はできていない。開発経済学でいう「中進国の罠」の克服の道筋を中国的に表現したものが「新常態」といえる。

（3）1000マイクログラムは世界保健機関（WHO）が安全と認定する基準の40倍にあたり、健康な人であっても呼吸器疾患などを起こしかねないレベルである。

（4）中国政府は環境保護行政を強化し、さまざまな場面で国民にアピールしている。2015年あたりからは汚染源となっている工場への立ち入り検査や違反を発見した場合は即時の操業停止など、きわめて厳しい対応をとるケースが増えた。対象は中国企業だけでなく、外資系企業も含まれ、影響を受ける日本企業も多い。工場の操業停止や閉鎖は地方経済には打撃だが、過剰生産能力の削減には役立っており、マクロ的には影響は小さい。中国側にはむしろ環境対策機器などを新たな産業として育てようという考えもうかがえる。

（5）日本が開発したクリーン・コール・テクノロジーは高温高圧で石炭を燃焼させることで、大別としてエネルギー効率を50％近くまで高めることのできるＵＳＣと、石炭を乾留し、ガスを発生させ、ガスタービンや燃料電池の燃料にする方式の二つがある。いずれも初期の設備投資は大きいが、エネルギー効率や環境対応の面では効果は大きい。

（6）この背景にはその前年（２０１１年）に東日本大震災によって原子力発電が大きく見直されたこともある。再生可能エネルギーの普及のため、太陽光発電や風力発電への投資が魅力的となる水準にまで買い取り料金を高める政策。各国が採用したが、ドイツ、スペインなど予想以上の再生可能エネルギーが導入され、ＦＩＴのコストを電気料金に上乗せしたため、電気料金が高騰した。日本でも２０１７年段階で一般家庭で月額８００円程度まで増大しており、ＦＩＴの引き下げとともに導入量の上限設定も必要になりつつある。

（7）人工知能は大きな電力を消費する。囲碁でトップ棋士を破った囲碁ソフト「アルファ碁」を動かすには、棋士の大脳が働くためのエネルギーの1万倍以上といわれる。ＡＩが増大すれば、予想以上の電力需要が生まれるとの指摘もある。

（8）北朝鮮は小規模の原発があるが、稼働していない。

第7章 「都市力」がアジアを牽引する

第1章でみたように、世界の大都市を人口規模でみたランキングのトップ10のうち8都市はアジアの都市である。だが、アジアは都市化で世界に先行しているわけではない。図7－1は世界とアジアの都市化率の歴史的な推移と2050年までの予測を示したものである。日本、中国など東アジア地域は2010年時点で都市化率で世界平均を上回ったが、先進国（高所得国）とは開きがある。東南アジア、南アジアは2020年時点の予測でそれぞれ18・8％、37・1％にとどまっており、世界平均の56・2％とはまだ大きな格差がある。2050年に至っても東南アジア、南アジアは都市化が世界平均より遅れていると予測されている。

東アジアは明らかに急激な経済成長と都市化が今後も連動して進み、高所得国家の都市化率に近づいていくだろう。東南アジアは最大の人口国インドネシアが、都市への人口集中が進みにくい島嶼国家という事情があるにせよ、予測される経済水準の上昇に比べて都市化は進まない。これは東南アジアが「ポスト労働集約型産業」の時代に向かうとき、知識集約型産業の成長、個人消費の拡大など都市の発揮すべき牽引力の不足に直面する懸念を抱かせる。

図7-1　世界とアジアの都市化の推移

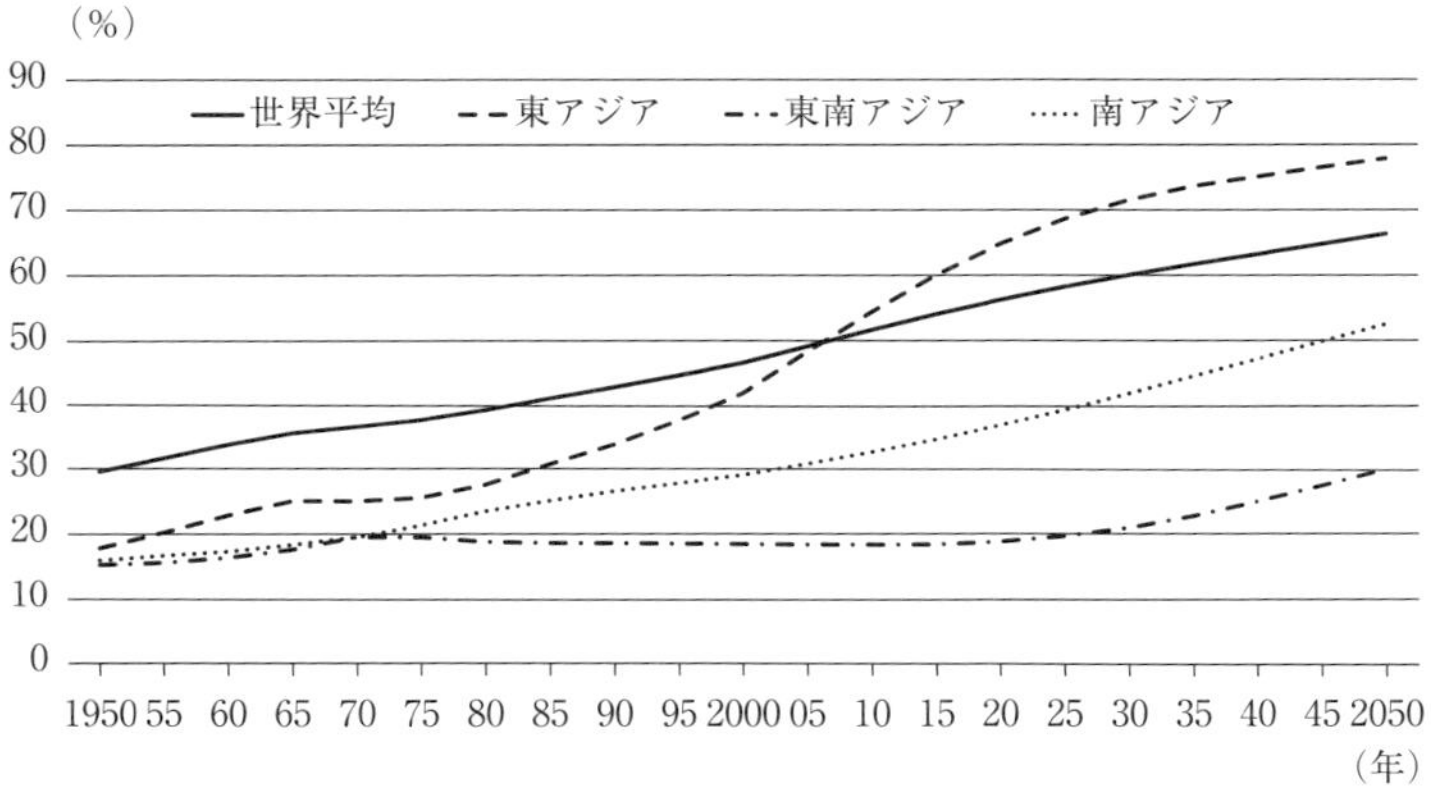

出所：国連人口統計

南アジアはインド、パキスタン、バングラデシュという人口密度の高い国家が並んでおり、都市化が今後も速いペースで進むことになるが、逆に国民の経済水準が十分に上がらない段階で都市化だけが先行すれば、都市はスラム化し、治安、衛生、環境など20世紀的な都市問題を残したまま大都市がさらに膨張するという状況に陥りかねない。

重要なのは都市が経済成長を促進し、国民の経済水準の向上が都市をさらに進化させるというメカニズムが働くことである。それには都市の進化を方向づけし、促進する政策立案能力、経営能力を高めることが重要になる。

本章では深圳、ホーチミン、シンガポール、ヤンゴン、デリーの5つのアジアの都市を取り上げ、都市の成長と進化について考えてみたい。

1　深圳――「新・深圳モデル」に注目せよ

都市型発展の原型「経済特区」

中国で都市を語るのであれば、３０００年の歴史を持ち、金、明、清などの王朝が都を置いた首都・北京か、20世紀前半に「世界の魔都」と呼ばれたグローバル都市で、21世紀に入って再び世界経済を牽引する巨大都市となった上海を取り上げるのが常道かもしれない。だが、今日、世界のビジネスパーソンズ、経営者が最も注目する中国の都市は深圳である。

イノベーションの進展、スタートアップ企業の集中、ＩＴ産業の急成長、グローバルかつ自由で開放的なビジネス環境など、中国共産党一党支配体制が強化され、ビジネス環境にも影を落とす中国全体の現状とはまったく異質で、劇的な成長を示しているからである。都市が「国家を変える」という可能性でみれば、これから中国全体を変化させる可能性を持った都市は深圳しかないだろう。やや大げさにいえば、深圳は起業やイノベーションの環境を独自に創り上げた都市のまったく新しいモデルとして、今後、世界全体にも大きな影響を与えるかもしれない。

深圳は言うまでもなく、中国を世界第2位の経済大国に押し上げた「改革・開放」政策の青写真を描いた鄧小平によって生み出された町といってよい。広東省南部にあり、香港に接する町で、漁業が主産業だった深圳に1980年に中国初の経済特区が置かれ、外国企業の工場を誘致し、人件費の安い中国の労働力と結びつけることで、短期間に劇的な発展を遂げた。今では1980年代の面影などまったく感じさせない深圳で唯一、町の歴史を感じさせてくれるのは、公園や大通りでみかける鄧小平の写真や像、スローガンである。また、1997年に亡くなった鄧小平の存在を依然としてここまで感じさせてくれる町も、中国にはほかにない。

他の地域とは制度、規制の異なる「経済特区」を設け、外国企業を招き入れ、輸出型の製造業を起こそうという鄧小平の構想に、地理的、物理的、歴史的に適した場所はいくらでもあっただろう。にもかかわらず、鄧が深圳を選んだのは、おそらく政治的な理由だろう。

1976年に毛沢東の死去と四人組逮捕によって終結した文化大革命から数年しか経っていない時代に鄧が外資を招き入れ、加工貿易による輸出型産業を興すという「資本主義のにおい」に満ちた試みを始めるには、リスクがあった。かつて鄧に「走資派」のレッテルを貼り、失脚させた頑迷固陋な保守派の牙城だった政治都市・北京から遠く離れ、彼らの目の届かない場所で密やかにスタートする必要があった。

そして、市場経済とグローバル・マーケットへの窓口である香港と目と鼻の先であることも、深圳にとって発展の要因となると判断した。その後の深圳をみれば、鄧小平の読みが恐ろしいほど的確だったことがわかる。

1980年に人口33万人の地方都市だった深圳は、今や人口1250万人の中国有数の大都市となり、域内総生産（ＧＲＰ、２０１６年）では上海、北京、広州に次ぐ第４位。２０１７年には深圳の成長を後押ししてきた香港をも上回った。中国的表現を使えば「出藍の誉れ」である。

深圳の成長スピードは中国の主要都市を大きく上回っている。２００１年と16年の名目ＧＲＰを比較すると、深圳が９・９倍に増大しているのに対し、北京は６・９倍、上海は５・４倍、広州は７・２倍、天津は９・３倍、重慶は８・８倍と、いずれも深圳には及ばない。政府の財政支援という面では、天津は温家宝前首相の出身地という背景から、浜海新区など新たな巨大開発区の建設など、積極的なインフラ投資を受けて成長率を高めることができた。

重慶は２００７年11月に薄熙来が市のトップである共産党委員会書記に任命されたことで、同氏のリーダーシップによって外資の直接投資が急増、特にパソコン、スマホなど電子産業が急成長した効果が、成長率の高さに表れている。

これに対し深圳は、中央からの目立った支援もなく、軽減税率など外資優遇策なども次第に減っていくなかで、自然体でこれほどの成長を達成した点に注目すべきだろう。

深圳モデルの成功

鄧小平が１９７８年末にスタートした「改革・開放」政策で経済特区に指定された深圳には、外資企業の工場が林立するようになった。80年代は主に縫製、玩具、日用雑貨など典型的な労働集約型産業の集積が進んだ。だが、89年6月4日に北京で起きた天安門事件によって中国は先進各国から経済制裁を受け、外資の投資は急減した。その影響も薄れた92年あたりから再び深圳など華南地域への外資の投資が急増、分野も家電、映像音響機器、電子部品などに進化した。

こうした一連の外資の進出を促したのは、来料加工や進料加工など外資にとってリスクとコストを低減できる仕組みだった。来料加工は外資が生産設備と原材料すべてを深圳などに持ち込み、それらを使って地元企業に委託生産してもらい、全量を輸出するというもので、輸入する設備、原材料はすべて免税扱いになる。外資と中国企業の関係は委託のみ。進料加工は外資から中国企業が生産を受託するものの、使う原材料は購入し、輸出や国内販売の時に外資に売り戻す形式である。

いずれにせよ外資にとっては単独で工場を建設して進出するより、リスクは低い。この方式では深圳などには「華南モデル」と呼ばれる特別な優遇もあった。また、外資企業には中国事業が黒字化し法人税の納税義務が発生してから2年間は免税、その後の3年間は半分に減税する「2免3減」や、深圳など経済特区のみの低減税率など優遇策があり、深圳の成長の追い風となった。

だが、2008年に新しい企業所得税が導入され、09年に華南モデルなどが廃止されると、外資にとって付加価値の低い製品分野では深圳に進出してモノをつくるメリットは一気に薄れた。加えて、深圳特区内は外来人口への依存が深かったため、他の沿海都市部に先駆けて人手不足に陥り、法定最低賃金は毎年10％前後の勢いで引き上げられ、上海と全国のトップを競う状況となった。鄧小平の始めた「深圳モデル」による成長は、２００５年頃には事実上、終焉したのである。

問題は、「外資依存型の労働集約型輸出向け生産」拠点という「深圳モデル」はすでに中国全体に広がっており、深圳の成長鈍化は中国経済全体の先行指標だったことである。深圳という都市に与えられた次なるミッションは、このじわじわと減退する傾向から抜け出し、新しい成長モデルを創出することにあった。

この停滞からどうやって回復へと反転させるか。２０００年頃には深圳では他の地域に先行して電子・電機産業が急激に成長していた。当時、中国国内市場で最大の家電商品だったカラーテレビはＴＣＬ、康佳など深圳に本拠を持つメーカーが台頭し、深圳周辺ではパソコンや携帯電話の生産集積も急成長していた。パソコンは中国のトップメーカー聯想《レノボ》が深圳の隣の恵州に主力の生産拠点を置いたことで、関連部品メーカーも集結し始めていた。

その後、２００５年頃になると深圳一帯は「山寨機」と呼ばれるノーブランドの低価格携帯電話の一大生産拠点となった[1]。当時、世界の携帯電話市場で高いシェアを握っていたノキア、サムスン、ソニーなどとちがって、機能を省いた単純な携帯電話にすぎなかったが、1億台を大きく超えるような生産規模になるにつれ、組み立てメーカーにとどまらず、地場の部品メーカー、組み立てメーカーが育った。パソコンも世界有数の生産規模を誇り、マザーボードや電子部品、キーボードなど部材の集積ができあがった。世界で最大級の電子産業集積が深圳と広州、東莞、恵州など珠江デルタ地帯に生まれたわけである。

深圳の優位性は、かつての安くて豊富な労働力と世界への輸出窓口である香港に近いということから、電子機器をつくるのに必要な部品や加工、組み立ての企業集積を生産インフラとして使えるように思い切った変身を遂げたことにある。

活気ある「深圳の秋葉原」の躍進

深圳の歴史を整理すれば、外資に始まった製造業の拠点が拡大するにつれ、地元の部品産業を育成することになり、幅広い部品調達が可能になったことで、外資や国内の完成品メーカーがさらに集結するようになり、そこに商機を見つけた部品産業が発展するという相乗効果が深圳を中心に回り始めた。当然ながら外資の高度な生産技術は周辺の地場メーカーに自然に移転され、生産ラインで働く人たちの習熟度も上がり、モノづくりのレベルも着実に向上、深圳周辺で生産される製品の技術レベルは着実に上がっていった。

こうした流れのうえで特筆すべきことは、台湾のEMS（エレクトロニクスの受託専門メーカー）の存在である。世界最大のEMSである台湾の鴻海《ホンハイ》精密工業の中国法人である富士康《フォックスコン》は1988年に深圳市に中国大陸で最初の工場を建設。周辺に次々と工場を建設し、深圳の一角はさながら富士康の城下町と化した。富士康は一時、中国全体で120万人、深圳市周辺で50万人を雇用していたといわれる。EMSの急成長も深圳を世界的な産業集積に変える原動力になった。

ここまでの深圳に欠けていたのは新しい技術、商品、サービスをみずから生み出す創造性であり、中国全体が同じ構造問題に直面していた。変化の兆しは深圳の中心部に位置する「華強北」にあった。華強北は電子部品、製品を取り扱う店が軒を連ねる「中国版の秋葉原」。1980年代から電子部品を求める人々が集まる場所だった。現在は2万店以上の電子・電機関連のさまざまな店舗が秋葉原の30倍の面積に立ち並び、一日50～60万人が訪れる。

これだけの部品や情報があれば、そこに電子製品を開発するベンチャー企業が立ち上がるのは当然だ。秋葉原と同じように、大学や大学院で学ぶ学生や教員が研究開発した技術、商品を華強北で集めた部品で完成させ、一部は展示・販売するようになった。よい商品をつくれば、深圳や広州に進出している日本、韓国、台湾、米欧の企業の目にとまり、ビジネスになるというチャンスが現出したからだ。

華強北が台頭する以前に「中国版の秋葉原」と呼ばれていたのは北京の中関村だった。中関村は面積的には華強北ほど大きくはないが、周辺ではベンチャー企業も誕生していた。2000年前後に中関村で流行したTシャツには「NASDAQ（ナスダック）まで18カ月」というロゴがプリントされたものだった。「NASDAQ」は言うまでもなく、米国の新興企業向けの株式市場で、マイクロソフトやグーグルが上場している。当時すでに中関村で起業したネット企業が上場し、巨額の資金を得ていたことから中関村ではNASDAQ上場がひとつの目標になっていた。中関村がグローバル市場を資金調達の機会とみていたのに対し、深圳はグローバル市場を当初から自分たちの技術、商品を売り込む場と考えている点に大きなちがいがある。

華強北のアドバンテージ

華強北と中関村を分けた決定的な要因は、アイデアを具体的な商品にするモノづくりのインフラにあった。設計図をもとに試作品をつくり、問題点を洗い出し、さらに量産試作でコストと品質を検証する課程が大量生産品には欠かせない。中関村には部品やソフトウエアはあっても、モノを実際につくる生産ラインも1品の試作を請け負える加工業者もない。巨大な産業集積を近隣に持っていたことが華強北の強みとなった。言い換えれば華強北を抱える深圳は「想像」を「創造」に変える、世界でも数少ない場となったのだ。車で60分以内のエリアに電子・電機製品の組み立てに必要な部材はすべてそろい、加工、組み立ても請け負う産業集積があった。

そうして深圳から生まれたメーカーは数知れない。世界的にも大手となった企業でいえば、華為《ファーウェイ》技術、中興通訊（ZTE）、OPPO、VIVOなどスマホや通信系電子機器メーカー、SNSの微信（Wechat）やゲームで世界最大級の企業であるテンセント（騰訊）、電気

表7－1　国際特許出願件数の企業別ランキング（2016年）

順位	企業名	国名	件数
1	中興通訊（ZTE）	中国	4123
2	華為技術	中国	3692
3	クアルコム	米国	2466
4	三菱電機	日本	2053
5	LGエレクトロニクス	韓国	1888
6	HP	米国	1742
7	インテル	米国	1692
8	京東方科技（BOE）	中国	1673
9	サムスン電子	韓国	1672
10	ソニー	日本	1655

出所：世界知的財産機構（WIPO）

自動車（ＥＶ）では世界トップクラスの比亜迪（ＢＹＤ）汽車、商用ドローンで世界市場の70％のシェアを握るＤＪＩなどだ。総合家電メーカー、ＴＣＬは液晶テレビで世界トップ5に入る大手だが、中核部材の液晶パネルは子会社の華星光電（ＣＳＯＴ）が生産しており、その巨大工場群が深圳の光明新区に集中して林立している。

家電や電子機器の大手メーカーはこれまでも中国各地にあった。国有の軍需企業などから転じた四川省綿陽の長虹電子や江蘇省南京の熊猫電子、山東省青島に本拠を置く白物家電メーカーの海爾《ハイアール》集団などだ。

そうした伝統的メーカーと深圳で発展したメーカーのちがいは、研究開発への姿勢だ。長虹電子など伝統的な国有メーカーは合弁などを通じて外資から技術移転を受け、それを中国市場向けに改良するなど受け身で、後づけ的な研究開発にとどまっていたが、華為技術、ＺＴＥなどは世界有数の研究開発成果を生み出し

表7－2　国際特許出願件数の国別ランキング（2016年）

順位	国名	件数	世界シェア（%）
1	米国	56595	24.3
2	日本	45239	19.4
3	中国	43168	18.5
4	ドイツ	18315	7.9
5	韓国	15560	6.7
6	フランス	8208	3.5
7	英国	5496	2.4
8	オランダ	4679	2
9	スイス	4365	1.9
10	スウェーデン	3720	1.6

出所：世界知的財産機構（WIPO）

ている企業である。表7－1は、２０１６年の世界の特許出願件数の企業別ランキングである。トップはＺＴＥ、２位が華為技術と深圳本社の企業が１、２位を占めた。実は華為技術は２０１４、15年と2年連続で1位で、ＺＴＥが3位だったことをみれば、深圳企業の１、２位は決して２０１６年だけのまぐれ当たりではないことがわかる。

表7－2は、同じ国際特許出願件数②の国別ランキングである。米国は依然として世界トップで、日本がそれに次いでいるが、3位に中国が台頭していることが注目すべき点である。中国の国際特許出願は今や、毎年、世界の2割近くを占めるところまで拡大している。表7－3は国際特許出願の中国国内での企業別ランキングだが、上位10社のうち7社が深圳企業になっており、中国の国際特許出願の46・6％（２０１６年）、すなわちほぼ半分を深圳に本拠を置く企業が行っている。

表７－３　国際特許出願件数の中国企業ランキング（2016年）

国内順位	社名	本社所在地	出願件数	世界順位
1	ZTE	深圳＊	4123	1
2	華為技術	深圳＊	3692	2
3	京東方	北京	1673	8
4	華星光電	深圳＊	1163	16
5	アリババ	杭州	448	34
6	小米	北京	298	64
7	宇龍計算機	深圳＊	256	79
8	吉端科技	深圳＊	201	95
9	DJI	深圳＊	197	98
10	テンセント	深圳＊	172	109

注：＊は深圳を拠点とする。トップ10に７社入っている。
出所：中国国家知識産権局統計

別の言い方をすると、世界の国際特許出願の９％近くは「深圳発」というわけである。一都市にすぎない深圳が、特許出願でドイツ、韓国を上回っていることは驚きだろう。かつて日本はじめ先進国企業の模倣を商品開発の主要な手段としていた中国企業は今や、みずからのイノベーションでグローバル市場での存在感を高めつつあり、その牽引車が深圳という都市なのである。

新興企業の台頭

もちろん特許出願だけが企業の力を測るバロメーターではない。また、特許をたくさん保有していることが商品開発の成功や市場シェアの獲得を約束するものでもない。だが、研究開発に力を入れる意欲こそ企業を伸ばす力であり、そうした企業に優秀な人材や有用な情報、有利な資金が流入してくる。深圳はまさにそうしたヒト、モノ、カネ、情報が集ま

図７－２　都市別の企業スタートアップの活発さ（2016年）

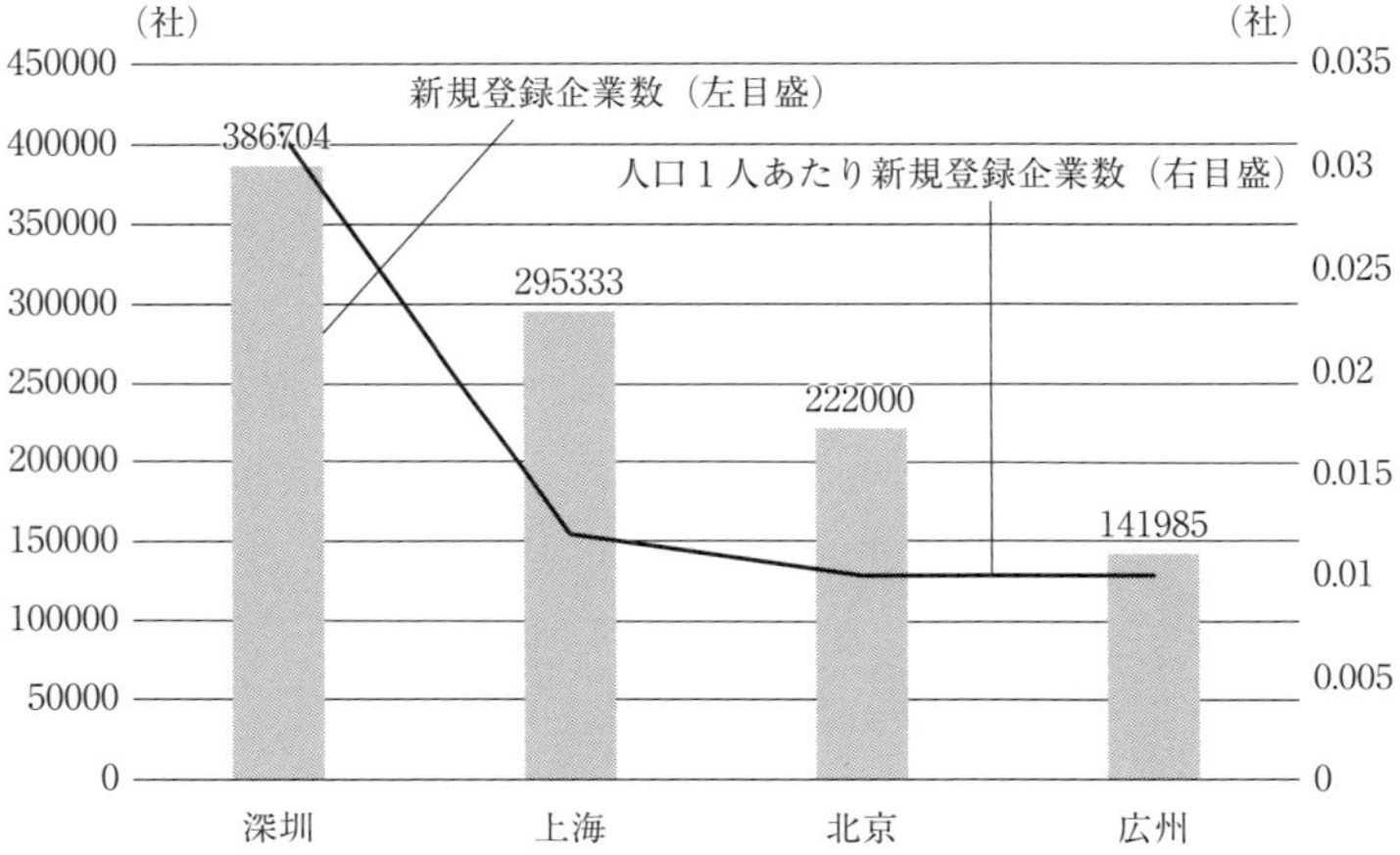

出所：国民経済・社会発展統計公報などからJETRO広州事務所作成資料

る中国でも傑出した都市になったといえる。

意欲的な人材が生み出した研究開発成果にヒト、モノ、カネ、情報が力を与え、生まれるのが「スタートアップ企業」、すなわち新興企業である。図７－２は深圳、上海、北京、広州の４都市で２０１６年に登録（設立）された企業数すなわち起業件数と、それを各都市の人口で割った１人あたり新規登録件数をみたものである。起業件数で深圳は中国で都市別トップの年間40万社弱。１日１０６０社が設立されている計算。１時間に44社というペースで新たに企業が誕生している。日本で２０１６年に新規に設立された企業数（株式会社と合同会社の合計）は11万４１９２社で、うち東京都だけでみれば２万５８４１社である。日本全体の新規設立企業数の3倍以上の企業が深圳で毎年立ち上げられている。東京都と比べれば15倍もの数の起業が深圳で毎年起きている計算となる。この起業の勢いこそ深圳を「世界のイノベーションの都」「スタートアップの首都」と呼ばれるほどの都市に押し上げたのである。

新しい動き

２０１５年あたりから「起業が活発化する環境」「企業活動が勢いづく環境」などを森林や河川湖沼などの自然環境になぞらえて、「エコシステム（生態系）」と呼ぶ動きが出てきた。その用語に従えば、まさに深圳はエレクトロニクス、ソフトウエア、デジタライゼーションなどの研究開発が活発で、その成果を事業化する「エコシステム」が整った都市ということになる。

結果は一目瞭然である。表７－４は深圳のスタートアップ企業で世界的に注目されている企業の一例である。すでにＤＪＩはドローンの世界トップメーカーだが、他の企業もグローバル市場での存在感を急激に高め、投資マネーも流入している。

中国では大学発ベンチャーが１９９０年代末以降、注目されてきた。そのなかには北京大から生まれ、デスク・トップ・パブリッシング（ＤＴＰ）などソフトウエア開発で成長した北京方正集団や清華大学から生まれた半導体関連の清華紫光集団などがあるが、いずれも中国を代表する大学から国のバックアップを受けて発展したもので、両社の生まれた北京にエコシステ

表7-4　世界で注目される深圳のスタートアップ企業

企業名	業種	設立年	特徴
大疆創新科技（DJI）	ドローン	2006	「ファントム」シリーズなど商用ドローンで世界シェア70%
科比特航空科技（MMC）	ドローン・ロボット	2008	送電線監視、消防、農業など特殊業務用ドローンの大手
優必選科技（UBTECH）	知能ロボット	2012	会話や積木ができる知能ロボット開発
創客工場科技（Makeblock）	教育用ロボット	2012	理工系の教育用ロボットの開発
光峰光電技術（AP-POTRONICS）	ディスプレイ	2004	レーザー蛍光表示装置で世界最先端の技術
深圳市柔宇科技（ROYOLE）	ディスプレイ	2012	世界で最も薄いカラーフレキシブル・ディスプレイやセンサーの開発
虚擬現実技術（3 Glasses）	VR 装置	2014	VR ヘッドマウンティング・ディスプレイの開発。国内で70%のシェア
創達雲睿智能科技（EEGSmart）	脳波作動技術	2015	脳波で装置や器具を操作する「ブレーン・コンピューティング・インターフェース（BCI）」の開発
光啓科学（KUANG-CHI）	新素材	2010	メタマテリアル（人工材料）開発で世界のトップクラス

出所：JETRO 広州事務所資料

ムがあったとはいえない。それゆえに北京では多くの優秀な人材がいながら、グローバル市場で注目されるスタートアップを輩出できなかった。北京に本社を置き、「中国のアップル」ともいわれた斬新な商品、販売手法で急成長したスマホの小米《シャオミー》などは例外的な存在かもしれない。

　いずれにせよ、深圳は中国共産党の介入や中国政府の強力な支援も影響力もほとんどないままに地場のエコシステムで育った企業都市なのである。最近になって中国中央は深圳への関与と支援を強めつつある。市内の南山区に建設された南山ソフトウエアパークは世界トップクラスの施設を備えた巨大な研究開発地区で、テンセントや「中国版グーグル」ともいえる検索エンジンの百度など地元企業が開発拠点となる自社ビルを建設し、米アップル、マイクロソフトや台湾系企業も集結している。

また、欧米系のスタートアップ企業支援のラボ、コワーキングスペース運営会社などインキュベーターの拠点が多数進出している。そこに中国だけでなく、米欧系のスタートアップ企業も集まり、ヒト、モノ、カネ、情報が〝イノベーションの炉〟に投入され、臨界点に達すると核分裂反応のように強烈なエネルギーを発生させ、グローバル市場に浸透する商品やサービスが生み出される、といったメカニズムが自然に構築されている。中国中央や広東省政府の支援はあるにせよ、深圳という「場」を創り出しているのはまぎれもなく、だれにも束縛されない、自由で、国境を飛び越える民の力なのである。

ソフトウエア型都市への変貌――「新・深圳モデル」

こうした潮流を敢えて呼ぶとすれば「新・深圳モデル」がふさわしいかもしれない。１９７０年代末、鄧小平が構想した深圳の発展モデルが政府主導のモノづくりに特化したモデルだったとすれば「新・深圳モデル」はまったく異なるものだ。

ただ、深圳発のモデルが「改革・開放」政策の波に乗って中国全土に広がり、中国経済を根

図7－3　深圳の域内総生産と製造業比率

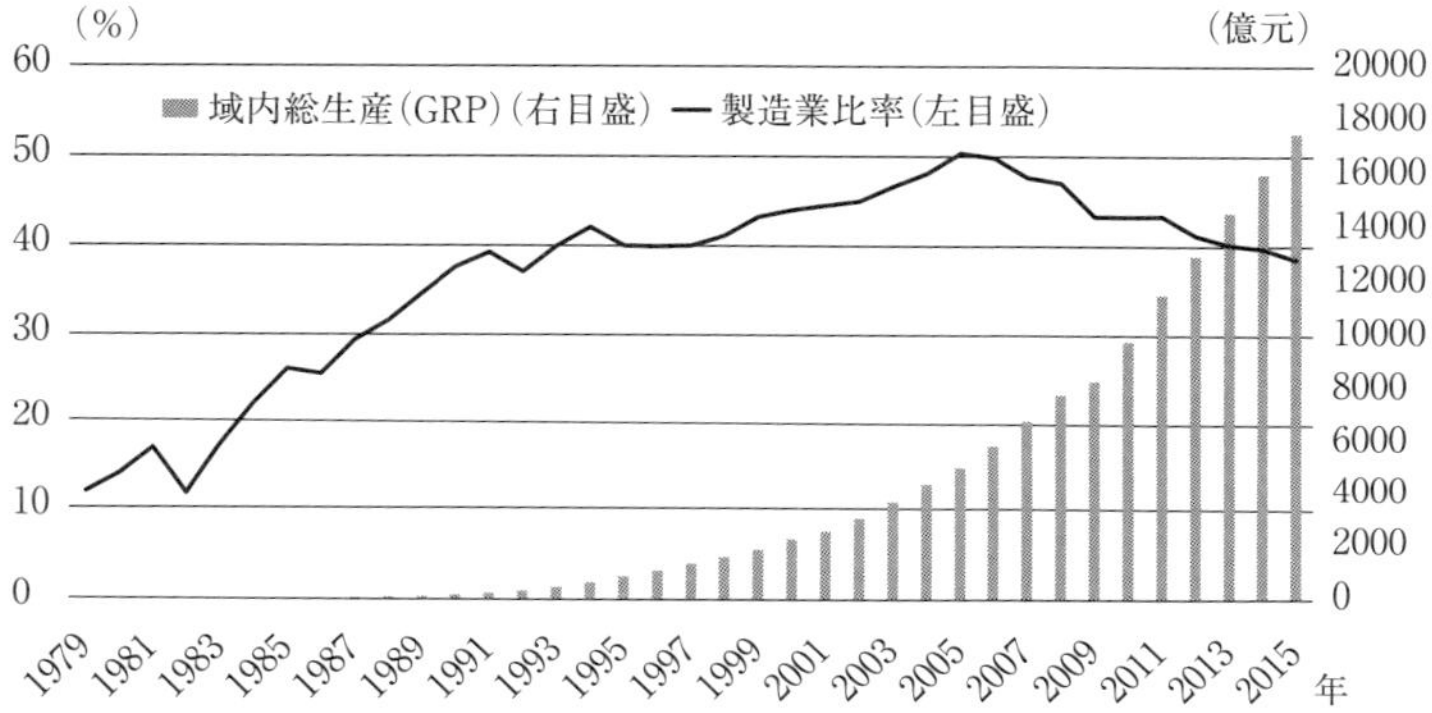

出所：深圳統計年鑑

底から変えてしまったように、「新・深圳モデル」は鉄鋼、セメントなど素材や家電製品、自動車など国有製造業を主体とし、財政資金を注ぎ込んで、成長率を高める今の中国の経済システムをこれから大きく変革する可能性は十分にある。

図7－3は、深圳の域内総生産（GRP）とそれに占める製造業の比率の推移をみたものである。深圳のGRPの伸びは中国の主要都市で最も高いが、重要なのはGRPの伸びは加速しつつも、製造業の比率が2005年の50・3％をピークに急激に低下していることだ。2015年には38・5％まで下がった。これは深圳がハードウエア生産に依存する都市からソフトウエアやシステム、サービスなどに成長の軸足を移していることを雄弁に物語っている。外資の製造業の誘致からスタートし、安い賃金の出稼ぎ労働者を大量に使うモデルで成功し、ハードウエア生産を伸ばして成長した都市が大きく変貌

しようとしているわけだ。これほどドラスティックに都市の経済基盤を変革し、成長力を高めている都市は世界でもきわめて珍しい。

深圳は東京、大阪、名古屋など日本の都市にも明確なメッセージを投げかけている。日本では北京、上海、香港が中国の成長のエネルギーを体現していると考えられてきたが、中国の未来を示しているのは深圳であると、認識を改めるべきだ。

2　ホーチミン——「激動の20世紀」を耐えた民族力

首都の活気を上回る勢い

ホーチミンは勝者の名前を冠せられた「敗者の都市」である。１９７５年4月30日、北ベトナム軍のソ連製戦車が、南ベトナムの首都、サイゴンの中心部にある大統領府に突入した。戦車が大統領府のフェンスを突き破り敷地に突入する様子は「サイゴン陥落」の映像として世界に配信された。南ベトナムの崩壊とともにベトナム戦争は終結、１９７６年サイゴンは都市名を北ベトナムの英雄ホーチミンに改められた。

世界で名前を変更した都市は少なくない。アジアでもミャンマーのかつての首都ラングーンは１９８９年に現在のヤンゴンに変更されたが、これは英国が名づけたラングーンを本来のヤンゴンに戻したものだ。敗戦によって都市の名を変えられたホーチミンには、アジアの植民地

写真７－１　ホーチミンの統一会堂（かつての南ベトナムの大統領府）はホーチミンの歴史を見守ってきた。

の歴史の悲劇を感じざるを得ない。モダニズム建築の名作ともいわれる大統領府は今は「統一会堂」と名づけられ、観光名所の一つとなっている（写真７－１）。

今、ホーチミンはベトナム最大の都市、経済の中心として首都ハノイをも上回る繁栄の道を疾走している。ベトナムにおけるホーチミンの経済力は外資の直接投資によく表れている。２０１７年６月までの地域別の累積投資額は１位がホーチミンで全体の13・６％を占め、２位が北に隣接するビンズン省の９・４％、３位が東南に隣接するバリア・ブンタウ省の８・７％。４位にようやくハノイが登場するが、８・６％と、ホーチミンとは大きな開きがある。

５位に再びホーチミンと東で隣接するドンナイ省が入っており、ホーチミンと周辺だけでベトナムへの直接投資の40％超を吸引していることになる。豊富な人口と南ベトナム時代の市場経済の経験などホーチミンが外資に評価される理由はいろいろあるが、最も重要な繁栄の要因は、実は地理的位置にある。

ＡＳＥＡＮの〝重心〟

ＡＳＥＡＮの10カ国の首都をすっぽりカバーする円を描こうするとき、どこの都市に中心を置くと最もコンパクトな円が描けるかといえば、ホーチミンである。ホーチミンから最も遠い首都はジャカルタだが、それでも直線距離で１９００㎞足らず。マニラとミャンマーの首都ネピドーは１５００㎞、ハノイとシンガポールは１１００㎞、クアラルンプールは９５０㎞である。ＡＳＥＡＮの事務局は現在はジャカルタに置かれているが、加盟国の首都からの距離の公平性を考えればホーチミンに置くほうがよいと思わざるを得ないほどホーチミンはＡＳＥＡＮの中心に位置しており、ＡＳＥＡＮ域内ビジネスを展開するとき、その利便性に気づかされる。

もうひとつのポイントは、ＡＳＥＡＮの人口重心がホーチミン近くにあることだ。正確な人口重心の測定は大量の人口分布データを解析しなければ出せないが、各国の人口分布を簡易的に分析すると、重心はホーチミンあたりとなる。

まず東西方向で考えると、経線でホーチミンより東側には、インドネシアのジャワ島に1億4000万人、スラウェシ島に1800万人、カリマンタン島（マレーシアのサラワク州とブルネイ含む）に1700万人、フィリピンに1億人、ベトナムの中部に2000万人が住んでおり、合計すると2億9500万人と、ちょうどASEAN全体の半分となる。

南北方向で考えると、緯度でホーチミンより北側にはタイの6900万人、ミャンマー5300万人、カンボジア1600万人、ラオス650万人、フィリピン（ミンダナオ島はホーチミン以南のため除く）主要部に8000万人、ベトナムのホーチミン以北に7500万人で約3億人となり、やはりASEAN全体の半分となる。大雑把な計算にすぎないが、ホーチミンはASEANの人口重心に最も近い大都市という点に間違いはないだろう。人口重心が重要なのは人口へのアクセスが労働力確保と個人消費の両方のカギを握るからだ。

物流の優位性で躍進

距離的にもASEANの真ん中に近く、消費の裏づけになる人口分布でも重心近くに位置していることは、他の都市にはないホーチミンの優位性である。そうした優位性は、まずは物流に示されつつある。ASEANの港湾をコンテナ取扱量でみれば、ホーチミン港（サイゴン港と呼ぶケースも多い）はシンガポール、ポートケラン（マレーシア）、レムチャバン（タイ）

写真７－２　ホーチミン郊外で外洋に面したカイメップ・ターミナル。ASEAN の物流ハブになりつつある。（写真提供：商船三井）

に次ぐＡＳＥＡＮ第４の大型港であり、取扱量は東京、川崎、千葉を合計した京浜港をはるかに上回っている。

貨物取扱量も年々、着実に増加している。写真７－２はホーチミン中心部から車で１時間足らずの場所にあるカイメップ・ターミナルである。商船三井と現地企業の合弁のターミナル運営会社が保有、運営している。

ホーチミンは直接、外洋の南シナ海に面しているわけではないため、河川をバージ（はしけ）や小型船で下り、外海に出たところに立地するさまざまなコンテナ・ターミナルなどで大型船に積み替える。カイメップは水深が15メートル超と深く、欧州向け、北米向けやアジアを回る大型のコンテナ船やばら積み船なども着桟できるため、ホーチミン港の中核ターミナルとなっている。ホーチミンおよび周辺のビンズン省などからの輸出製品を一手に集め、世界に送り出している。

注目すべきは、ホーチミン港はベトナム国内だけでなく、メコン河を行き来するバージや小型船を使いプノンペン周辺などからもコンテナを集荷していることだ。また、ホーチミンからプノンペンを通ってバンコクに至る全長約１０００kmの「南部経済回廊」と呼ばれる幹線道路を使い、カンボジアやタイ東部からも荷物を集めている。今やインドシナ半島のハブ港湾になりつつある。

バンコクの外港のようになっているレムチャバン港やカンボジアの海の玄関ともいえるシアヌークビル港は、タイランド湾の奥に入りこんでいるのに対し、ホーチミンは南シナ海に直接出られる位置にあるため、ＡＳＥＡＮ全体で海上物流のハブになっていく可能性がある。これまでＡＳＥＡＮのハブだったシンガポール港はマラッカ海峡の出入口という重要な場所を占めるものの、インドシナ半島の経済発展が加速するなかで、ＡＳＥＡＮでは南に偏った位置にあることの不利が次第に顕在化している。

そうした地理的な条件からくるホーチミンの優位性は、実は目新しいものではない。かつて南ベトナムの首都として繁栄していた歴史がそれを証明している。ホーチミンにとってこれからの最大の課題は、地理的条件を超えた都市の競争力を何によって創り出すかにある。現状は近辺に外資の工場進出が続き、何の不安もない。

だが、10年後には経済水準の向上に伴って人件費が劇的に上昇するのは確実で、競争力は次第に低下してくる。第5章でみたように、アジアの途上国の都市は製造業誘致という同じ成長モデルを志向しており、ホーチミンの地位はヤンゴン、ダッカ、マニラ、デリー、チェンナイなどに脅かされる可能性が高いからだ。

グローバル企業を引き寄せる都市機能の整備

ホーチミンの未来は集積する製造業の高度化、研究開発機能の誘致、物流ハブ機能の強化とともに高度人材を引き寄せ、グローバル企業が地域統括拠点を置くような都市機能を築き上げることだろう。ホーチミン市人民委員会は2011年に「2025年までのホーチミン市開発計画」を発表した。トゥーティエム、ヒエップフオック、タイバックなどに新都市区を建設、ハイテクパークなども新たに造成し、都市域を拡大する構想だ。市の中枢機能を担っている1区、3区、4区などに加え、新たに2区、7区などビジネス、商業地区をつくるとともに、市内の各地点を高架鉄道などで結び、都市機能を強化する。

高架鉄道は1区にあり、ホーチミンの中心的な場所であるベンタイン市場から9区のスオイティエン公園を結ぶ1号線（19・7㎞、14駅＝ベンタイン市場周辺は地下鉄）が2020年に開業する予定だ。これ以外にベンタイン市場からホーチミンの空の玄関であるタンソンニャット国際空港を経由して郊外に延びる2号線が着工している。

ホーチミン市は1号線、2号線など高架と地下鉄を組み合わせた都市鉄道8路線、トラム1路線、郊外のモノレール2路線を整備する。問題は建設予算が予定を大きく超過し、財政を圧迫していることに加え、工事が遅延していることにある。ベトナム政府は第4章3節でみたように、インフラ構築を公的資金で賄うポリシーが根強く、加えて他のASEAN諸国に比べても財政収支均衡を重視しているため、都市への投資が抑制的になっている面がある。従来のアジア開発銀行（ADB）や各国のODA（政府開発援助）だけでなく、PPP（官民パートナーシップ）を含めた新たなインフラ向け資金調達手法の導入が、今後のホーチミンの発展を左右することになる。

外資を利用した新都市の誕生

外資の民間資金を導入して都市開発を進めている事例は、ホーチミン中心部から北に30㎞のビンズン新都心にある。1000ヘクタールの敷地にビンズン省が省の庁舎を移転するとともに、東急電鉄が7500戸の高層、低層の住宅と商業施設、業務施設などを建設する「ビンズン・ガーデンシティ」プロジェクトを進めている。すでに省庁舎の移転はほぼ完了し、東急も高層のコンドミニアムなどが完成、居住者が急増している(3)。さらに東部国際大学など高等教育機関もキャンパスを移転、海外の大学のサテライトキャンパスも誘致している。周辺には日系企業も多数進出している工業団地が広がっており、ベトナムでは初めてともいえる産学官連携の職住接近型の総合開発となっている。東急は東京・渋谷から西に伸びる田園都市線沿線に高度成長期以降に展開したプロジェクトをモデルとしており、ホーチミン郊外の住宅・商業地として、ホーチミン圏の都市機能を高める。外資が資金とともにそれぞれの国での経験を持ち込み、現地化する開発プロジェクトは途上国の都市周辺の乱開発を防ぎ、長期的な視野に立った街づくりにつながるだろう。

3　シンガポール――〝李王朝〟の統治と奇跡の半世紀

シンガポールはしばしば「都市国家」と呼ばれるように、「国」であるとともに一つの「都市」でもある。東京23区とほぼ同じ７１９㎢の面積を持つ。このなかにはシンガポール島以外に62の島もあることは、意外と知られていない。ウォール街を抱え、世界の金融の中心であるニューヨークのマンハッタン島やマカオ、モナコのように市街地しかない場所ではない。面積でいえば、ペルシャ湾岸のバーレーン（７６５㎢）や香港特別行政区（１１０４㎢）とほぼ同じ規模である。面積はシンガポールの５倍あるがアラブ首長国連邦（ＵＡＥ）のドバイも似た性格を持つ都市といえる。

国際金融の拠点

シンガポールは「六つの顔」を持っている。第一の顔は、外国為替、株式、債券、デリバティブなどの幅広い取引やシンジケートローンの組成など「国際金融の顔」である。シンガポールはマレーシアからの分離・独立の3年後の1968年にドルを中心とするオフショア市場を設け、アジアにおける外貨取引の有力市場となるとともに、1984年にシンガポール国際金融取引所（SIMEX）を開設、日経平均先物など先物やデリバティブの取引をアジアでは先行してスタートした。SIMEXはその後、証券取引所（SES）と合併し、現在はシンガポール証券取引所（SGX）となっている。先物やデリバティブの取引開始は早く、世界の金融の先端に追いつく姿勢は強い。

21世紀に入って、中国経済の台頭とともに人民元取引なども拡大している。華僑を中心とする国家であり、もともと中国との関係は深いが、「建国の父」であるリー・クアンユー元首相が鄧小平氏や江沢民元国家主席との親交を深め、シンガポールの対中投資を拡大させただけでなく、中国が1990年12月に上海、91年7月に深圳に株式市場を開設した際にアドバイスや支援をしたことで、中国との金融の結びつきが深まった。人民元取引では香港に次ぐ規模を長年、誇ってきた。

一方、インド向けの融資などインドとの金融ビジネスも拡大している。インドに進出する多くのグローバル企業にとって航空便、船便などでのインドへのアクセスがよく、インド系住民も多いシンガポールで資金調達や決済などさまざまな金融業務を行いたいというニーズが拡大しているからだ。地理的に中国とインドの中間点という「地の利」を活かした金融センターとなっている。

国際物流の拠点

第二の顔は、シンガポール港とチャンギ国際空港の海と空の両方の「国際物流ハブ」の顔である。世界で最も船の航行が多いマラッカ海峡の出入口で、米欧、アジア向けなどのコンテナ船の定期航路になっていることから、集まったコンテナを仕向地別に積み替える「トランスシップ」の一大拠点となった。1990年代から21世紀初頭にかけてはコンテナ取扱量で世界トップを香港と争っていたが、2010年に上海に抜かれ、それ以降は2位の座にあり、取扱量は頭打ちとなっている。

123カ国の600港湾と航路で結ばれており、ネットワークの広がりは強みとなっている。チャンギ国際空港は国際旅客数で世界5～7位、航空貨物取扱量で世界10～15位の地位にある。海、空ともにシンガポールからの貨物は少なく周辺諸国発の荷物の積み替え、すなわちハブ機能が中心である。その強みはハンドリング能力の高さであり、シンガポール政府は1997年に港湾庁を民営化し、PSAコーポレーションとして港湾の設計、管理、運営をシステムとして提供するビジネスに乗り出している。

チャンギ国際空港も管理、運営部門が２００９年に民営化され、チャンギ・エアポートグループ（ＣＡＧ）として、世界の空港の運営受託、空港運営会社への投資や、新空港建設のコンサルティングなどを行っている。港湾、空港ともにみずから培ったノウハウ、経験をシステム化し、ビジネスにしている点が大きな特徴といえる。

重化学工業の拠点

第三の顔は、石油精製、石油化学など「重化学工業」である。シンガポールには英蘭系メジャーのロイヤル・ダッチ・シェル、米エクソンモービル、シンガポール石油精製（ＳＲＣ）などが製油所を持ち、合計日量１５４万バレルの石油精製能力を持つ。ＡＳＥＡＮ最大であり、産油国であるインドネシアや自動車、二輪車が普及しているタイをも上回っている。ガソリンや軽油などシンガポール国内市場の石油製品需要は日量20～25万バレルとみられ、精製能力の70％以上は輸出向けである。

産油国でも大消費国でもないシンガポールで石油精製が成功したのは、大きく三つの理由がある。まず一つ目として、シンガポールは中東から原油タンカーが日本、韓国、中国など消費国に向かう途中であり、そこで精製して付加価値をつけ、再輸出することに物流上で一定の意味があった。いわゆる「中間地精製」の考え方で、日本の石油政策である「消費地精製」とは異なるが、軽油、石油製品の需給に応じて輸出先を変えるなど、機敏に対応できる地理的条件が備わっていた。

　二つ目の理由は製油所は投資額の大きな設備であり、シンガポール周辺には石油需要はあるものの、製油所を持たない多くの途上国があったことだ。ベトナムは今やシンガポールの３倍近い石油製品需要がある国だが、最初のズンクワット製油所が稼働したのは２００９年で、それまでは産油国でありながら石油製品は全量を輸入していた。ズンクワット製油所では需要を満たせないため、２カ所目のニソン製油所が２０１８年稼働に向け建設が進んでいるほか、３カ所目も計画されている。石油製品需要の伸びる途上国が周辺に多いことがシンガポールの石油精製の強みとなっている。

　三つ目は、物流や交通ハブとして多くの船舶、航空機が寄港するため、船舶用のバンカーオイル（重油）やジェット燃料の需要が大きいためだ。いずれにせよ、戦略が見事に当たったといえる。

　石油化学では基礎化学品のエチレンの生産能力が４００万トンと、ＡＳＥＡＮではタイに次ぐ規模。内需ではなく、ＡＳＥＡＮやインド、中国などアジア向け輸出が大半である。シンガポールは埋め立てでつくった人工島のジュロン島にこうした石油精製、石油化学のプラントを集中させており、オフィスや住宅地と明確に分けることで環境問題を回避するとともに、世界的にも存在感のある重化学工業を育成した。

　石油精製、石油化学でもうひとつ重要なポイントは、ガソリン、軽油、ナフサなどのコモディティを売買するトレーディングの市場を国内に設けたことだ。生産と輸送する船の手当なども含めた機動的な取引がシンガポールの強みとなっている。さらに今後、タイ、フィリピン、ベトナム、インドなどアジアで輸入が拡大する液化天然ガス（ＬＮＧ）の取引にも進出する計画を進めている。こうした産業と金融の連携もシンガポールの持ち味となっている。

地域統括機能

第四の顔は「地域統括機能」である。アジア・大洋州を東京からカバーすることは市場や地域情勢の変化が激しくなるなかで難しくなっている。結果的に、アジア・大洋州地域を統括する機能をアジアのどこかに置こうという企業が日本や米欧企業で21世紀に入って着実に増加している。シンガポール政府はそうした統括機能を持つ現地法人を税制優遇などで積極的に誘致している。

シンガポール経済開発庁（ＥＤＢ）は、優遇する統括会社を以下の四つのタイプに分け、異なる優遇を与えている。①地域統括本部（ＲＨＱ＝Regional Headquarters）②国際統括本部（ＩＨＱ＝International Headquarters）③グローバル・トレーダー・プログラム（ＧＴＰ）④金融財務統括センター（ＦＴＣ）である。

①は「ＲＨＱとして統括する国が3カ国以上」が必要で、それがＲＨＱを大きく越え、国際的な統括機能を持つ場合は②のＩＨＱとして認定される。③はオフショアの貿易活動において

経営管理や市場開拓、投資・財務、物流管理などの機能を持つ統括会社で、④はシンガポール以外の国に金融財務の機能を提供する統括会社を指す。①は15％の軽減税率、②と③は５％または10％の軽減税率、④は10％の軽減税率がそれぞれ適用される。シンガポールの法人税率は17％であり、②～④ではかなり大きな減税メリットを享受できる。

シンガポールがこうした優遇策で地域統括機能を誘致するのは、税収効果だけでなく、雇用創出、オフィスや住宅の需要開拓、出張者増による宿泊、飲食や空港などの利用拡大などを期待しているからだ。外資の統括会社が生み出す雇用は、単純な事務にとどまらず、中堅管理職や経営層、弁護士や会計士などプロフェッショナル・ビジネスなど高度人材にも広がる。高度人材が集中することで人材プールが拡大し、さらに外資の統括会社を呼び込みやすくなるという好循環がシンガポールでは実際に起きている。

アジアでは、後発の途上国が外資の生産拠点を誘致し、経済水準が上がるとともに富裕層、中間層が厚みを増し、「タイの中間層」「マレーシアの中間層」といった国別のマーケットから「アジアの中間層」といった共通性のある国境を越えたセグメント市場が形成されつつある。

さらに近年のｅコマースの急激な拡大、発展によって、アジアを統括して事業運営する必要がますます高まっている。同時にグローバル企業にとって各国のビジネス規模が拡大するにつれ、管理業務の集中とその統一性も求められるようになっている。その意味で、シンガポールの「地域統括会社」の誘致はきわめて理に適った戦略といえる。

表7－5　シンガポールに地域統括機能を置く日本企業

企業名	業種	開設時期	目的
三菱商事	商社	2012年	金属資源のトレーディング
テルモ	医療機器	2012年	域内各国子会社の連携、物流の効率化
SG ホールディングス（佐川急便）	物流	2012年	地域戦略の立案、資金調達、ネットワーク拡大
住友化学	化学	2013年	域内のグループ会社に対する企画、人事、経理、システムなどの支援
旭硝子	化学	2013年	市場調査、販売戦略の企画、推進
ヤマトホールディングス	物流	2013年	市場調査、事業開発や域内子会社へのガバナンス強化
日立製作所	電機	2014年	事業・販売戦略の立案、実行、域内におけるビジネス領域の拡大
第一生命保険	金融	2015年	域内でのガバナンスと経営管理・支援体制の強化
東京ガス	エネルギー	2015年	ASEAN での事業投資と管理
資生堂	消費財	2015年	域内でのマーケティング機能の強化、意思決定の迅速化

出所：JETRO 資料より筆者作成

こうした地域統括本部の誘致のための優遇策はマレーシアとタイも実施しているが、シンガポールが圧倒的に多くの本部を獲得している。ただ、タイは生産拠点が集中しているため、バンコクに生産管理、購買、工場向けの人材管理などの機能を中心にした地域統括機能を置く日本企業なども出ている。

ジェトロがシンガポールに地域統括機能を置く日本企業にアンケート調査（2015年実施、90社が回答）した結果は、「地域統括機能を設置したことによる経営面での効果」について「期待した以上の効果があった」が5・6％、「期待した効果が実現した」が66・7％、「当初期待した以下の効果しかなかった」が6・7％、「わからない」が20％という回答だった。ポジティブな評価が全体の72％にも達しており、シンガポールの狙いは企業の成果ともかみ合っていることがわかる。

表7－5はシンガポールに地域統括機能を置いている日本企業の代表的な例である。パナソニックや総合商社などは古くからシンガポールに地域統括拠点を置いているが、最近になってますます増加していることがわかる[4]。

先端産業とR&Dの拠点

第五の顔は「先端産業と研究開発機能」である。第5章でみたように、シンガポールは先端産業と研究開発（R&D）拠点の誘致を推進してきた。建国当初の1960年代後半の縫製業や家電製品の組み立てなど労働集約型産業が、人件費の上昇とともに途上国に移転する現実に直面し、持続的成長には先端的な産業で先頭を走り続けるしかないという判断があるからだ。

同時に都市国家として自動車など関連産業など裾野が広く、発展に一定規模の国内市場が必要な産業の育成は困難という判断がある。隣国のマレーシアが国策で自動車メーカーのプロトンを設立して失敗し、国家の重荷となり中国の自動車メーカーに売却しなければならなくなったことをみれば、シンガポールの判断はきわめて合理的だった。

一方で、自国の人的資源に限界がある以上、先端産業分野での外資の誘致、研究開発人材の招聘は不可欠といえる。シンガポール政府は外資企業に対し、電子・電機、情報通信、医療・ヘルスケア、バイオ、環境・水資源、ロボティクス、物流など奨励分野を決め、優遇策を与えている。生産拠点も優遇しているが、力を入れているのは研究開発拠点である。

研究開発拠点を設けた外資に対しては、二つのルートで優遇策が与えられている。ひとつは内国歳入庁（ＩＲＡＳ）によるＰＩＣ（Productivity and Innovation Credit）と呼ばれる制度で、研究開発に支出する人件費と消耗品費について、４００％の損金算入または支出額の40％の補助金を得られる制度。もうひとつは、ＥＤＢ（経済開発庁）が管轄するもので、「パイオニア優遇制度」「経済拡張支援（ＤＥＩ）」「企業向け研究開発支援（ＲＩＳＣ）」の三つがある。研究開発の成果による増収分の法人税の減免やシンガポールに貢献している大きな研究開発には、補助金が支給される仕組みだ。アジアではここまで踏み込んだ外資に対する研究開発支援をしている国はない。

シンガポールの研究開発環境として見逃せないのは、大学の水準の高さである。英タイムズ・ハイヤー・エデュケーション（ＴＨＥ）が毎年発表している大学の世界ランキングのうち、アジアに限った場合、２０１８年のトップは3年連続となるシンガポール国立大学（ＮＵＳ）、第5位が南洋理工大学で、シンガポールから2校トップ10に入った。日本の大学では東京大学がようやく8位に入っているだけだ。日本は、2位に清華大学、3位に北京大学が入った中国や、4位に香港大学、5位（同率）に香港科技大学、7位に香港中文大学の計3校が入った香港にも引き離されている。シンガポールは英語力の高さが有利な面もあるが、グローバル競争のなかで優秀な研究者を引き寄せていることが背景にあり、シンガポールの大学の水準の高さが企業の研究開発拠点の誘致にも効果を発揮している。

「集客力」の魅力

第六の顔は「観光とＭＩＣＥ」である。ＭＩＣＥは打ち合わせ（Meeting）、招待（Incentive tour）、会議（Convention・Conference）、展示会（Exhibition）の英語の頭文字を並べたものだが、世界の都市が活性化、増収策として重視している。

シンガポールはもともと国際会議や大規模な展示会、見本市などが頻繁に開かれる都市だったが、アジアの域内でも東京、横浜、香港、上海、バンコク、ソウルなどが国際会議の誘致などに力を入れ始め、さらにシンガポールの物価上昇でアジアでは「割高な都市」になったことで人気が低下、競争に勝ち抜けなくなっていた。実際、１９９６年にはＧＤＰの８・７％を占めていた観光収入は２００３年には４・１％、２００４年には５・４％に落ち込んだ。従来の「清潔で、整った街並み、南国らしさ」だけでは都市間競争に勝ち抜けなくなっていた。

停滞を打開する戦略として打ち出されたのが、カジノを含む統合型リゾート（Integrated Resort＝ＩＲ）の導入だった。シンガポールでは経済が悪化した１９８０年代にもカジノ導入構想が台頭したが、1985年にゴー・チョクトン首相によって却下されている。2005年4月、リー・シェンロン首相はそれまでの賭博排除のポリシーを捨て、カジノ付きIRの誘致を発表した。背景には中国に返還された香港とマカオが中国需要を背景に高成長路線に乗り、特にマカオのカジノが隆盛を極めていたことにある。

シンガポール政府はマリーナベイとセントーサ島の2カ所に1社ずつのIR開設を認め、入札で、マリーナベイを米サンズ、セントーサ島をマレーシアの華僑系のゲンティン・グループが落札した。2010年1月に「リゾート・ワールド・セントーサ」、7月に「マリーナベイ・サンズ」が開業した。リゾート・ワールド・セントーサに65・9億シンガポール・ドル（約5300億円）、マリーナベイ・サンズに80億シンガポール・ドル（約6400億円）の総工費をかけた。両IRともカジノの面積は1万5000㎡以下に抑えられており、カジノよりもアトラクションやショッピング、飲食などを前面に出した構成となっていて、日本、韓国、中国やASEANから多数の観光客を集めている。

マリーナベイ・サンズは屋上のスカイパークにある「インフィニティ・プール」が映像で世界中に紹介され大きな話題になったことで、かつての「マーライオン」に代わるシンガポールのランドマークとなった。二つのIRの集客効果もあって、シンガポールのGDP伸び率は開業の2010年に15・2％と建国以来の最高を記録した。

表7－6は米マスターカードが毎年発表している「世界の都市別国際旅行客数ランキング

２０１７年版」の上位20都市を示したものだ。シンガポールは第5位と、バンコクに次いでアジアでは2番目で、インバウンド観光客が急増している東京をも上回っている。１９９０年代の６００万～７００万人のほぼ2倍の旅行客を集めており、ＩＲを起爆剤として低迷を脱した。

もうひとつ注目すべきはトップ10にアジアの6都市が入っていることである。バンコクがトップになるのは中国、日本からの旅行客が増えているためで、明らかにアジア域内での旅行客がアジアの都市を経済的に活性化させている構図がうかがえる。米欧からの観光客が世界の都市を潤わせる時代は過ぎたとみるべきで、アジアの都市はアジアの旅行客の取り込みに知恵を絞るべきなのだ。

表７－６　国際旅行客数ランキング（2017年版）

順位	都市名	人数（万人）
1	バンコク＊	2020
2	ロンドン	2000
3	パリ	1610
4	ドバイ	1600
5	シンガポール＊	1345
6	東京＊	1250
7	ソウル＊	1244
8	ニューヨーク	1240
9	クアラルンプール＊	1210
10	香港＊	925
11	イスタンブール	924
12	バルセロナ	890
13	アムステルダム	870
14	ミラノ	840
15	大阪＊	790
16	台北＊	780
17	ローマ	730
18	上海＊	665
19	ウィーン	663
20	プラハ	640

注：＊はアジア地域（中東を除く）の都市。
出所：マスターカード調べ

シンガポールは成功した国家だが、成功の最大の要因は、常に変化してきたことといえる。産業政策も目まぐるしく業種を変化させ、高度化、高付加価値化を図ってきた。港湾や空港が頭打ちになれば、港湾や空港のシステムを世界に輸出するビジネスに注力している。そこには怠惰で変化を忘れれば、たちまち没落し、世界から顧みられなくなるという絶えざる恐怖心があるように思える。都市国家シンガポールの生き残り策が多くのアジアの都市の教訓、モデルになるのは間違いない。

ただ、大きな問題がひとつ残る。政治体制である。シンガポールは選挙で政権が交代する民主主義国家だが、1965年の独立以来、人民行動党が一院制の議会の大多数の議席を占め続けている。選挙では野党の支持率も高まってきているが、野党が議席を獲得する可能性がある選挙区が判明すると、たちまち選挙区の区割りを与党有利に変更する「ゲリマンダー」が頻繁に行われ、あからさまに野党を封じ込める戦略を採っている。世界の国の報道や言論の自由、民主主義の水準を調査、公表している米国の伝統ある国際的NGOのフリーダム・ハウスはシンガポールを「言論・報道はまったく自由ではなく、民主的な選挙は実施されていない」との厳しい評価を下している。

建国の父、故リー・クアンユー（李光耀）元首相以来、リーダーの英明さと公平さに期待する政治制度を採り、国家として成功を収めてきた。だが、長男のリー・シェンロン氏が首相を務めるなど、リー一族支配の実態は否定できない。今はまだその問題は深刻化はしていないが、傑出したリーダーを得られなくなった時に「李王朝」とも揶揄されるシンガポールの弱みが表面化する可能性がある。

4　ヤンゴン――「複雑系」が抱える潜在力と矛盾

波乱に満ちた歴史

アジアの都市でこれほど強烈なランドマークとなる歴史遺産を持つ都市はほかにはないだろう。ヤンゴンのシュエダゴン・パゴダ（仏教寺院）は街の中心部にあって、圧倒的な存在感を示す。高さ１０５メートルの巨大な仏塔をさらに60もの中小の仏塔が囲む。夕暮れ時には多くのヤンゴン市民が境内を埋め、祈りと寛ぎの時間を得る。

だが、シュエダゴン・パゴダが見つめてきたヤンゴンの歴史は決して平和で安定したものではなかった。19世紀以降だけをみても１８２４年の第一次英緬戦争に敗れたミャンマーは多くの領土を英国に割譲させられ、続く第二次、第三次の英緬戦争も敗北し、１８８６年にミャンマーは英領インドの一州となった。

第一次世界大戦中に独立運動が起き、第二次大戦では後に「建国の父」と呼ばれたアウンサン将軍は日本と協力し、英国を追い払った。戦後、英国は再植民地化を図ったが、ミャンマー人は抵抗運動を展開、１９４８年に独立を勝ち取った。ただ、その後も国内にはさまざまな勢力が分立、社会主義、軍政、民主化と揺れ動き、2011年のテイン・セイン大統領の就任で、悪名高き軍政の権力機関「国家平和発展評議会（SPDC）」が解散され、民主化の旗手、アウンサンスーチーは自宅軟禁から解放され、2015年11月の総選挙で民主派が大勝し、16年3月、事実上のスーチー政権が誕生した。

テイン・セイン政権時代にミャンマー経済は自由化が進み、成長率は高まった。首都は2006年にネピドーに移されたが、ヤンゴンは変わらずミャンマーの中心都市であり、ASEANで最も成長と変化を遂げつつある都市である。

前節で、シンガポールの発展と優位性を紹介したが、1965年のシンガポール独立にあたってリー・クアンユー初代首相が語った有名な言葉がある。「シンガポールはいつの日か、ラングーン（ヤンゴンの旧名）のような街になりたい」。にわかには信じがたい言葉だが、当時のラングーンは英国の統治下で築かれた道路や水道、港湾、中心街などのインフラが整っており、東南アジア随一の都市だった。マラヤ連邦（現マレーシア）から分離され、決して望んだわけではない独立に踏み切ったシンガポールにとって、ラングーンは仰ぎ見る近代都市だったのだろう。

英国の統治時代は今もヤンゴンの街に刻まれている。河川港であるヤンゴン港に近いシューレ・パゴダは東京でいえば日本橋のような起点で、ここから放射状に道路が各地に延びている重要な場所だ。周辺を見渡せばキリスト教会、ヒンズー寺院、モスクが軒を連ねるように立地している。竹山道雄の不朽の名作で映画化もされた『ビルマの竪琴』以来、日本ではミャンマーは仏教国というイメージが強いが、実際はイスラム教徒、ヒンズー教徒、キリスト教徒も多い多宗教国家である。

もともと仏教が主体だった国家を多宗教国家に変えたのは英国の狡猾な植民地経営である。インドから建設労働者や官吏として多数のイスラム教徒やヒンズー教徒をミャンマーに招き入れた。同時に山岳民族のカレン族などをキリスト教に改宗させた。多民族、多宗教の国にすることで国内に重層的な対立状況を生み出し、英国に対する統一的な植民地解放運動が起きるのを妨げる、いわゆる「分断統治」である。

複雑系の街

英国人によって近代的な都市として整備されたヤンゴンは「複雑系の街」となった。中心部には中華街、インド人街が一本の道を隔てて分かれて存在する。郊外に向け車を走らせれば交差点代わりに英国特有の「ラウンドアバウト」があり、道の路程標にはマイル表示が残る。道を走る自動車の95％はトヨタ、日産、ホンダ、スズキなどの日本車だが、その大半は右ハンドルの輸入中古車だ。ミャンマーは英国統治時代の影を消すため、軍政時代に道路を右側通行（左ハンドル）に切り替えたが、走っている車の大半は右ハンドル車である。１人あたりＧＤＰが１０００ドルをようやく超えたばかりの段階で、公共交通機関の不足からモータリゼーションが加速し、道路の渋滞は東南アジアでも有数となっている。
電力不足も深刻で、地方都市やヤンゴン郊外でも停電は頻発するが、アウンサンスーチー率いる政権政党の国民民主聯盟（ＮＬＤ）は環境問題に敏感で、石炭火力発電には反対姿勢。国内で産出する天然ガスを発電用に使いたくても、その多くは外貨稼ぎのためにパイプラインでタイに輸出されており、長期契約に拘束されている。

ミャンマーの矛盾をヤンゴンは集約して抱え、都市としての発展にはそうした複雑系、矛盾した状況を解きほぐしていく必要がある。外国政府の支援や外資の投資に頼らざるを得ない。
ヤンゴン中心部から車で南に向かい、バゴー川にかかる橋を渡り、バナナが実り、サトウキビ畑や水田が広がる農村を抜けると、いきなり近代的な工業団地が広がる。ティラワ経済特別区（ＳＥＺ）である。日本の住友商事、丸紅、三菱商事とＪＩＣＡの日本側とミャンマーの官民が共同出資して開発した工業団地だ。総開発面積は２４００ヘクタールで、すでに第１期として４００ヘクタールが造成され、日本の39社を筆頭にタイ10社、韓国5社、台湾5社のほかシンガポール、マレーシア、米国、中国などの企業のべ78社（２０１８年3月時点）が購入。ほぼ完売したため、追加の造成が進められている。

ティラワＳＥＺに進出した日本企業ではフォスター電機、ワコール、江洋ラヂエーター、エースコック、ヤクルト、丸紅ファーティラザー（ＭＦＭ）などのメーカーのほか、物流企業も進出している。ヤンゴンでは北部のヤンゴン空港に近いエリアに、１９９８年にミンガラドン工業団地が完成し、日本の縫製会社などが多数進出しているが、敷地の残りは少なく、新規の進出はより近代的な工業団地で、減免税などの優遇措置や電力などのインフラが整っているティラワSEZに向かっている。

発展する都市の苦難

すでにたびたび触れているが、21世紀に入って、人件費上昇と人手不足によって中国やタイから外資の生産拠点が脱出する動きが続いている。中国、タイからの移転先はベトナム、カンボジア、フィリピンなどだったが、労働力の豊富さ、賃金水準の低さなどの面で、ミャンマーへの期待感が2012年あたりから急激に高まり、16年のアウンサンスーチー政権の誕生とともに米国などのミャンマー軍政と関係者に対する制裁措置が緩和されたことで、日本企業のミャンマー進出が一気に加速している。

ただ、ミャンマーのなかで二つの意味で外資の受け皿になる場所は限られている。一つは中国、インドがそれぞれ陣地のように場所を押さえていることだ。中国は南西部沿岸のチャオピュー、インドはさらに西のシットウェーを押さえている。とりわけ中国はチャオピューから雲南省昆明まで原油と天然ガスのパイプラインを完成させており、チャオピュー沖の鉱区で産出する天然ガスを輸送するとともに、中東から輸送した原油を内陸に輸送する構想を持っている。

中国にとってチャオピューは、マラッカ海峡や南シナ海をバイパスする陸上のエネルギー輸送路の拠点となっている。同時に中国企業向けの工業団地がチャオピューにできており、入居も進んでいるという。チャオピューに関してはある種、中国の租借地に近い状態といえる。

もう一つ外資の進出を阻んでいるのは、やはりインフラである。ミャンマーには北部の古都・マンダレーが人口規模も大きく、外資にとって有望だが、深い内陸で原材料、部品の輸入や完成品の輸出などが難しく、加工貿易型の輸出産業の立地には不適。内需型の食品、農業資材、日用品などの工場の立地しか望みにくい。電力や水道、道路などの面でもヤンゴンに比べ、水準は低い。ヤンゴンとマンダレーのほぼ中間に位置する首都、ネピドーは人工的につくられた新しい都市で、官庁や政府機関、議会などの関係者が住民の中心で、工場などを誘致できるような環境ではない。

ミャンマーでは外資が進出しやすいヤンゴンに、これからも外資と国内の企業の本拠、生産拠点が集積する「一極集中型」になる可能性が高い。

人材育成と教育への注力

ミャンマーの場合、ベトナムなどに比べ、労働力の国内移動は比較的活発で、ヤンゴンに隣接する穀倉地帯のバゴー県の農村では地元の若者はティラワSEZの工場に働きに出て、不足した農業労働力を北部、東北部からの出稼ぎで賄うというタイに類似した労働力移動がみられる。実際、ティラワSEZの周辺には他地域からの出稼ぎ労働者のための居住施設が続々と建設され始めており、労働力を地方から吸引する動きが今後ますます拡大するだろう。

ティラワSEZが外資に対するショーウィンドウ効果を発揮すれば、ヤンゴン周辺に新しいSEZが開発される可能性は高い。日本の官民はミャンマー南部でタイ国境に近いダウェーの開発も目指しており、日本、タイ、ミャンマーの3カ国のプロジェクトとなっている。ただ、ダウェーは大型タンカーや資源運搬船が着桟できる深水港を建設し、製油所、石油化学、製鉄など重化学工業を誘致するプロジェクトで、労働集約型のティラワSEZなどとは目的やコンセプトが異なる。

ヤンゴンは労働集約型産業の外資を郊外のSEZに吸引しながら、都心部では外資のオフィスが増え、オフィスワーカーの需要も高まる発展プロセスをたどる。そこで問題になるのは人材だ。

ミャンマーは軍政時代に大学を民主派の拠点として警戒し、抑圧してきたため、大学進学率はアジアでも低いレベルにある。2015年の大学進学率（短期大学なども含む）は男性が12・1%と、ラオスの17・3%、カンボジアの14・3%を下回り、ASEANで最低である。女性は14・9%とやや高く、カンボジアの11・8%を上回るが、ラオスの16・5%より低く、ASEANでは下から2番目である。工場労働者だけでなく、中堅の管理職層やエンジニアが今後、不足する可能性は高い。

ヤンゴンが今後目指すべきは、外資の誘致やインフラ整備だけでなく、高等教育機関の整備による人材育成だろう。とりわけミャンマーのGDPの40％弱を占める農業はかつてアジアの輸出米の代表だった「ラングーン米」の面影がないほど疲弊し、コメもアジアでは最低品質とされている。農業専門家の不足が背景にあり、農業分野でも高等教育機関や研究所の整備が必要なのは明らかだ。ヤンゴンは大都市だが、農業地帯の中心でもあり、周辺地域の農業振興はヤンゴン自体の安定的発展にも欠かせない。

5　デリー――「アジアの中心」を目指して

インドの都市間競争

インドの首都デリーはデリー・スルタン朝、ムガル帝国など歴代王朝の首都として発展したオールドデリーと、英国が植民地経営のための行政機関を置くため整備したニューデリーに分かれる。長らくニューデリーを首都と表記することが多かったが、実態はデリー都市圏で一体化されており、デリーという呼称が適切だろう。

デリーとムンバイ（旧名・ボンベイ）の関係は、中国の北京と上海の関係と相似形である。首都で政治都市であるデリーに対し、ムンバイには証券取引所や金融機関、大手企業の本社などが集中している。ひとつ異なるのは、中国では中央銀行である中国人民銀行は経済都市・上海ではなく、北京に本店が置かれているのに対し、インドの中央銀行であるインド準備銀行は本店がムンバイにあることだろう。中国人民銀行は中央銀行とはいいながら共産党の下に置かれた機関で、党と政府からの独立が担保されていないのに対し、インド準備銀行は政府からの独立性、中立性が高いことを示唆している。

デリーは行政上は中央直轄の特別な地域であり、ハリヤナ州に囲まれ、東でウッタル・プラデシュ州と接している。ハリヤナ州はインド有数の工業地帯であり、1人あたりGRPは2300ドル前後と国内では経済水準の高い地域。インドの乗用車市場で50%超のシェアを維持しているスズキのインド法人であるマルチ・スズキ・インディアの工場は同州のグルガーオンとマネサールにあることでも工業州としての力がわかる。ウッタル・プラデシュ州は2億人超の大人口を抱える州で、国家としてカウントすれば世界第5位にあたる。ただ、1人あたりGRPは700ドル足らずで、インドでも最貧地域のひとつだ。デリーは貧富の格差に挟まれた、まさしくインド的な場所にある。

インドは東部のコルカタ（旧名カルカッタ）、チェンナイ、西部のムンバイ、ゴア、アーメダバード、中央部のハイデラバード、バンガロールと、気候、風土、文化、地政学上の位置づけも異なる大都市が散在している。これらの都市はいずれもそれぞれ特徴があり、強みを活かして互いに切磋琢磨を続けている。

1947年の英国からの独立以降、デリーは政治都市として中心にあり続けたが、インド政治は問題を解決できない混沌と閉塞のなかにあり、中国における北京のような強力なリーダーシップを発揮する都市ではなかった。インドの三大財閥とされるタタ、リライアンス、ビルラの三グループは、タタとリライアンスがムンバイ、ビルラがコルカタに本社を置き、デリーに本拠を置く有力インド企業は少ない。ビルラ・グループが国民会議派と近く、さまざまな優遇策を受け、成長したものの、インドの経済人はデリーと距離を置く傾向が強い。

世界が注目するインドの産業分野はＩＴ－ＢＰＯといえる。ソフトウエアの制作、大手銀行の勘定系システムや航空会社の予約やｅコマース企業の受発注システムなどは、インドのＩＴ企業抜きには完成できないほどの実力を持っている。

牽引車となっているのはインドの三大ＩＴ企業タタ・コンサルティング・サービシーズ、インフォシス・テクノロジーズ、ウィプロ・テクノロジーズ。この三社もタタがムンバイ、インフォシスとウィプロがバンガロールに本拠を置き、デリーと距離を置いている。

躍進への大きな転機

行政の許認可を含む国内政治にしか力を発揮できない都市のままでは、デリーに発展の芽はないだろう。ただ、大きな転機が訪れつつある。２０１４年に政権に就いたナレンドラ・モディ首相である。モディ首相は西部のグジャラート州出身で同州の首相として、行政改革とインフラ整備、外資導入で大きな成果をあげ、乾燥地帯で農業生産もあがらず、貧困州だったグジャラート州を１人あたりＧＲＰが２０００ドル近い州にまで引き上げた。その実績が評価され、インド人民党（ＢＪＰ）としては二度目の政権に就いた。国民会議派時代の停滞したデリーの空気を大きく変えると期待されている。

実際、２０１６年11月の高額紙幣の刷新によって富裕層の不正貯蓄を洗い出し、17年７月には複雑で外資によって進出リスクともなっていた税金を簡素化するＧＳＴと呼ばれる新しい税体系に切り替えた。独立以来の懸案で60年以上実現しなかった改革を立て続けに断行した。

モディ政権とともにデリーのリーダーシップが強まっている。モディ政権が取り組んでいる重要政策のひとつが鉄道インフラの整備、アーメダバード―ムンバイ間の高速鉄道は日本のＯＤＡと技術支援で着工し、デリー―ムンバイ間の貨物鉄道の整備も動き始めた。

デリーとムンバイを結ぶ高速鉄道も現実的な話になりつつある。内陸の政治都市、デリーは国内の交通網のハブになる可能性を持ち始めている。モディ政権のもとで安定した高成長軌道に入ったことで、インドへの外資の直接投資は２０１６年に対前年比18％増の４６０億ドルに増加、外資の直接投資が伸びる時期を迎えている。外資の直接投資の行き先は地方であっても、その手続きや情報収集で、外資にとってのデリーの意味はこれから重要になってくるのは間違いない。

周辺諸国との関係

インド経済の成長加速は周辺のバングラデシュやネパール、スリランカなどにも波及し、インドが主導してきた南アジア地域協力連合（ＳＡＡＲＣ）が実質的な活動を強化するだろう。中国の習近平政権の進める「一帯一路」はインド洋における中国の影響力強化につながるとインドは警戒しており、その面でもＳＡＡＲＣの活動を強化する。地域協力、外交の面でデリーの存在感は高まるだろう。

経済都市としての基盤の弱いデリーにとって、南アジア、さらにアジア全体に影響力を持つ政治外交都市としての地位を確立することこそが、新たな進路といえる。中国の影響力は大きいものの、中国共産党のお膝元で閉鎖的な北京は、各国にとって対中外交の舞台であっても、多国間あるいはアジアを見渡す外交の舞台にはならない。東京とシンガポールがその役割を務めるとしても、アジアの成長フロンティアが西に向かうなかで、今後、アジアの政治、外交の新たな中心地として、デリーが持つ意味は高まるだろう。

【第7章　注】

（1）中国は「モノマネ国家」「模倣品大国」「パクリ常習国」と呼ばれてきた。先進国メーカーの商品の設計、概観デザイン、コンテンツを模倣し、安い商品として売り出すわけだが、高度なエレクトロニクス製品の模倣は簡単ではない。広東省から世界へ大量に輸出されたノーブランドの携帯電話にも、金型、材料から電子部品まで多数の企業がかかわる生産ネットワークが必要だ。山の中の砦を意味する「山塞」で多数の〝山賊〟のような事業者がかかわって安定した品質の携帯電話を生産したことが、今日の深圳のモノづくりの足腰になっている。

（2）特許は必ずしも出せばよいというものでもなく、件数が多ければ研究開発能力が高いことを意味するわけでもない。特許を申請すれば先行して類似の技術を持っている企業からのクレーム、アピールを受けるために一定期間、開示する義務がある。それは他者に技術開発のヒントを与えることにもなる。特許申請が多いからといって、特許が成立したり、本当に有用でビジネスにつながるものかはわからない。自社の研究開発能力を誇示するため、申請件数だけ増やそうとする企業もあるのだ。

（3）日本の私鉄の沿線開発は世界でも例がない開発手法といえる。住宅地と商業施設を鉄道駅を起点にその地域に合ったコンセプトで連続的に開発し、鉄道の結節点にはオフィス街なども構想し、職住接近も実現しようとする。その手法はベトナムやタイ、インドネシアなどには応用可能であり、首都圏で実績のある東急グループが手がけることに地元の期待は大きい。

（4）海外での日本はじめ外国企業の統括拠点の立地では治安、安全性が大きな要素となっている。海外からのテロリストの浸透を防ぎ、テロ計画などを事前に阻止する入国管理や警察の能力は東南アジアでは傑出しており、シンガポールの隠れた強みとなっている。

参考文献

穴沢眞（２０１０）『発展途上国の工業化と多国籍企業』文眞堂
石川幸一・朽木昭文・清水一史（２０１５）『現代ＡＳＥＡＮ経済論』文眞堂
石筒覚（２００３）『東南アジアの工業化と工業団地開発』地誌試研年報12号
大泉啓一郎（２０１０）『変わるアジア新興国の大都市』環太平洋ビジネス情報ＲＩＭ
――（２０１１）『消費するアジア』中公新書
大西康雄（２０１５）『習近平時代の中国経済』アジア経済研究所
郭四志（２０１１）『中国エネルギー事情』岩波新書
梶谷懐（２０１１）『現代中国の財政金融システム』名古屋大学出版会
春日尚雄（２０１４）『ＡＳＥＡＮシフトが進む日系企業』文眞堂
ガーシェンクロン、アレクサンダー（２０１６）『経済後進性の史的展望』池田美智子訳、日本経済評論社
グェン・ティ・タン・トゥイ（２０１３）「現代ベトナムにおける人口移動の要因と地域間格差」『東京経済大学学会誌』２７9号
厳善平（２００９）『叢書　中国的問題群７　農村から都市へ』岩波書店
呉浙（２０１４）『中国地域経済データブック』科学出版社東京
後藤康浩（２０１０）『アジア力』日本経済新聞出版社
――（２０１４）『ネクスト・アジア』日本経済新聞出版社
コトラー、フィリップ＆ミルトン・コトラー（２０１５）『コトラー　世界都市間競争』碩学舎・中央経済社
佐藤百合（２０１１）『経済大国インドネシア』中公新書

清水一史・田村慶子・横山豪志（2018）『東南アジア現代政治入門』〔改訂版〕ミネルヴァ書房
末廣昭（2009）『タイ　中進国の模索』岩波新書
――――・大泉啓一郎（2017）『東アジアの社会大変動』名古屋大学出版会
陳林（2014）「中国における人口移動の特性とその変容」『広島大学大学院文学研究科論集』第74巻所収
坪井正雄（2010）『シンガポールの工業化政策』日本経済評論社
トラン・ヴァン・トウ（2010）『ベトナム経済発展論』勁草書房
日中経済協会『中国経済データハンドブック』〔各年度版〕日中経済協会
日本エネルギー経済研究所　計量分析ユニット（2017）『エネルギー・経済統計要覧』一般財団法人省エネルギーセンター
日本貿易振興機構（JETRO）バンコク事務所（2013）『タイ・インフラマップ』JETROバンコク事務所
丹羽孝仁（2010）「タイにおける国内人口移動の空間的パターンとその変化」『季刊地理学』62号所収
林玲子（2014）「人口移動の国際比較～日本の移動指標を用いたモデル人口移動性向構築の試み」『人口問題研究』70巻1号、1～20ページ
平田潤・平塚宏和・重並朋生（2003）『ネットワーク型発展のアジア』東洋経済新報社
藤岡順一（2017）『ハードウエアのシリコンバレー　深圳に学ぶ』インプレス
村上望（2014）『アジアにおける経済特別区域（SEZ）開発戦略及びスキームの比較』日本工営技術情報
柳沢遊・木村健二・浅田進史（2013）『日本帝国勢力圏の東アジア都市経済』慶應義塾大学出版会
矢吹晋（2012）『一目でわかる中国経済地図』蒼蒼社
山本信人・井上真（2017）『東南アジア地域研究入門1　環境』慶應義塾大学出版会
――――・宮原曉（2017）『東南アジア地域研究入門2　社会』慶應義塾大学出版会

Asian Development Bank (2017) *Meeting Asia's Infrastructure Needs*

参考文献

BP (2017) *BP Statistical Review of World Energy 2017*

Brookings (2015) *Global MetroMonitor World's 300 Largest Metropoitan Economies*

Clark, Greg (2016) *Global Cities*, Brookings Institute Press

Demographia (2018) *Demographia World Urban Areas*

Doeringer, Peter and Michael Piore (1971) *Internal Labor Markets and Manpower Analysis*, Routledge

Mckinsey (2016) *Urban World: The Global Consumers to Watch*

WIPO (2017) *Who filed the most PCT patent application in 2016?*

中国国家統計局（２０１６）『中国統計年鑑２０１５年』

李建平・李閩榕・高燕京（２０１６）『中国省域経済競争力発展報告2015〜2016』中国・社会文献出版社

著者略歴

後藤 康浩（ごとう・やすひろ）

亜細亜大学都市創造学部教授

1958年福岡県生まれ。早稲田大学政治経済学部卒業、豪ボンド大学経営大学院修了（MBA 取得）。1984年、日本経済新聞社入社。社会部、アラビア語研修（カイロ）を経て国際部、バーレーン支局・欧州総局（ロンドン）駐在、東京本社産業部、中国総局（北京）駐在。その後東京本社で編集委員、論説委員、編集局アジア部長等を歴任。2016年同社を退社し、現職に就任。

主著

『強い工場』（2003年）『勝つ工場』（2005年）『アジア力』（2010年）『資源・食糧・エネルギーが変える世界』（2011年）『ネクスト・アジア』（2014年）いずれも日本経済新聞出版社刊。

アジア都市の成長戦略

――「国の経済発展」の概念を変えるダイナミズム

2018年６月20日　初版第１刷発行

著　者――――後藤康浩

発行者――――古屋正博

発行所――――慶應義塾大学出版会株式会社

〒108-8346　東京都港区三田2-19-30

TEL〔編集部〕03-3451-0931

〔営業部〕03-3451-3584〈ご注文〉

〔　〃　〕03-3451-6926

FAX〔営業部〕03-3451-3122

振替　00190-8-155497

http://www.keio-up.co.jp/

装　丁――――坂田政則

印刷・製本――藤原印刷株式会社

カバー印刷――株式会社太平印刷社

Printed in Japan ISBN978-4-7664-2524-6

好評の既刊書